JIAOYU ZIZHUAN

大夏书系·教育随笔

教育自传

刘良华 著

/第三版/

华东师范大学出版社

ECNUP

全国百佳图书出版单位

图书在版编目（CIP）数据

教育自传/刘良华著. —3版. —上海：华东师范大学出版社，2019
ISBN 978 - 7 - 5675 - 9573 - 6

Ⅰ.①教... Ⅱ.①刘... Ⅲ.①刘良华—自传 Ⅳ.①K825.46

中国版本图书馆CIP数据核字（2019）第165144号

大夏书系·教育随笔

教育自传（第三版）

著　　者	刘良华	
策划编辑	李永梅	
审读编辑	张思扬	
封面设计	奇文云海·设计顾问	

出版发行　华东师范大学出版社
社　　址　上海市中山北路3663号　邮编　200062
网　　址　www.ecnupress.com.cn
电　　话　021 - 60821666　　行政传真　021 - 62572105
客服电话　021 - 62865537
邮购电话　021 - 62869887　　地址　上海市中山北路3663号华东师范大学校内先锋路口
网　　店　http://hdsdcbs.tmall.com

印 刷 者　北京密兴印刷有限公司
开　　本　700×1000　16开
插　　页　1
印　　张　18
字　　数　266千字
版　　次　2019年9月第一版
印　　次　2022年1月第二次
印　　数　5 101-7 100
书　　号　ISBN 978 - 7 - 5675 - 9573 - 6
定　　价　55.00元

出 版 人　王　焰

（如发现本版图书有印订质量问题，请寄回本社市场部调换或电话021-62865537联系）

第一部分　童年

第二部分　求学

第一部分
童　年

故乡与故土

一、遥远的家乡

我出生那天，1968 年 2 月 3 日（阴历正月初五），《人民日报》报道：八个革命样板戏歌颂了历史主人翁工农兵，把被剥削阶级颠倒了的历史又重新颠倒过来。[1]那个年代好像特别重视文化（当时流行的说法是"文化革命"），不那么重视经济，乡村比较穷。

贫穷会给生活带来不方便和不安全，但对小孩来说，这不是什么严重的问题。儿童精神接近飞鸟哲学，飞鸟从不播种，但也从来不为食物担忧。儿童唯一的主题是寻找同伴，与同伴游戏，在游戏中"寻欢作乐"。

这里的村民严格遵守"日出而作，日落而息"的上古习惯。村里有煤油灯，有烛台，条件好的家里有手电筒，

1　八个样板戏是：京剧《红灯记》、《智取威虎山》、《沙家浜》、《海港》、《奇袭白虎团》，芭蕾舞剧《红色娘子军》、《白毛女》，交响音乐《沙家浜》。

没有电灯电话电脑。村民几乎赤贫，但风好，水好，村民很少生病，那时很少听说癌症或高血压这样的疾病。

湖北洪湖是典型的鱼米之乡。鱼在大江大河或水沟水坑里游荡，米出自纵横交错的田间。

村里到处都是水沟或水田，任何一条水沟里的水都是洁净清凉的。赶路的时候，渴了，就可以走到河边，蹲下来，用手捧起来喝几口水，然后继续赶路。

只要有水的地方，就可能有鱼。一阵暴雨之后，雨过天晴，村民就会拿出捉鱼的篓子，把篓子放在水沟或者秧田的某个角落或有落差的地方，不需要太久，鱼就会钻进篓子里。

村里没有报春花或迎春花，负责报春的是青苔、油菜花、燕子、蜜蜂。

青苔是春天的地毯，从篱笆门和墙角开始，一路延伸到河边。先有青苔铺路，然后才有关不住的满园春色。一旦油菜花高调开放，就会有采花的蜜蜂从远方赶来，累了，就在墙壁的小洞里停歇。顽劣的儿童用玻璃瓶堵住蜜蜂洞穴的出口，然后用小木棍轻轻地搔动蜜蜂，蜜蜂受不住，就会从洞里往外爬。儿童把蜜蜂装在小玻璃瓶里，用纸团做成瓶塞，留出缝隙，让蜜蜂在瓶子里可以呼吸，偶尔用油菜花喂它。

家乡一年四季都可以听到鸟叫。

麻雀只会叽、叽、叽，每次迎风发出一个音节，叫声单调。麻雀是村里最常见的鸟，机灵，骨小多肉，四季无忧。麻雀有强大的同伴意识，大难临头，一起飞。我曾拿一只网兜，从谷堆的一边悄悄地绕过去捕捉麻雀，屋檐下的另一只麻雀突然飞过来报警，叽叫一声，两只麻雀一起飞散。

鸽子的叫声复杂一些，心情从容的时候，先悠长地叫一声：咕。间隔一秒之后，再悠长地叫一声：咕。比较悲苦的时候，叫声接近哭泣：咕咕咕，咕。先连续咕三次，最后咕一次，暂停一下，然后重复循环。这是鸽子惯常的节奏，在瑟瑟的深秋里，鸽子的叫声尤其悲苦。"青青子衿，悠悠我心。但为君故，沉吟至今。"[1]

1　详见曹操的《短歌行》。

乌鸦的叫声比较恐怖，一袭黑衣，小个子，停歇在光秃秃的树枝丫上，突然叫一声：哇！然后停住，在你不留神时，突然再叫一次：哇！村里人害怕乌鸦对着自己叫，比眼皮跳还令人焦虑不安。乌鸦总是小个子而老迈，好像一出生就立刻变老，村里人把乌鸦称为"老蛙"（估计是"老鸹"的变音）。

喜鹊的叫声与乌鸦相反，柔和、喜乐而顺畅：驾驾驾驾，驾。先连续低声驾四次，最后驾一声，尾声的调子高一些。喜鹊的叫声比较接近哈哈的笑声：哈哈哈哈，哈。

喜鹊的叫声已经很喜庆了，最喜庆的却是燕子的腔调：叽叽，叽叽—叽叽—，叽叽。先低声叽两声，像是打招呼，然后用逐次上升的音调连续不断地叽几声，最后再次叽两声，首尾呼应，留下余音。

在油菜花、苕花、豌豆花、桃花的香气在院子里漂浮酝酿的季节，燕子会从南方飞回来。燕子飞的姿势像云雀，白衣黑衫：背部黑，腹部是白的。燕子身体灵巧，飞入村民的屋里，在墙壁或屋梁上做窝。燕子好像专门挑选人丁兴旺或者性情爽快的家庭。哪个家里有燕子做窝，邻居会悄悄羡慕。村里人认为燕子是有灵性的动物，即使燕子的粪便会弄脏墙壁和地面，它也从来不被驱逐。

屋前屋后都是水塘。屋后的水塘与建房子有关。建房子的时候，从那里取土，土取多了，那里就会形成一个凹陷的水坑。因为面积实在太小，我们叫"土坑子"。屋前也有一个水坑，比屋后的水坑大十多倍，但村里人还是叫"小坑"。离"小坑"不到十米远的地方，有一个大一些的水坑，村里人叫"大坑"。"小坑"和"大坑"之间，有一条小水沟，"小坑"的水满了，就往"大坑"流走。"大坑"的另一头与更大的河道相连，大大小小的河道，一直通向遥远的香河（学名是东荆河）与洪湖。

洪湖是一个县，后来成为县级市。真正的洪湖离我们村很远，只在《洪湖赤卫队》的电影里看过大片的湖水和满湖的荷叶、菱角。我们并不羡慕电影里的样子，因为村里大河小河都有荷叶和菱角。荷叶有两种，一种是立式的，有粗壮的荷叶杆，直挺挺地站在水中，向上高举，像一只碗，素面朝天；另一种是软塌塌的，整片荷叶趴在水面上，不离不弃。立式的荷叶样子比较好看，有劲头，力气足够，遇风则舞，摇曳生姿。雨过天晴，碗状的荷叶里会盛水。风吹过来，碗里的水兜不住，往下倾泻。倾泻之后，碗里会留下断断续续晶莹的水珠。所谓光风霁月，好像专指家乡荷塘雨后的味道。

不只立式荷叶里有水珠，趴在水面的荷叶上面也有。只要长得够圆满，趴荷叶也是好看的。与立式荷叶相比，趴荷叶有一个优势：有阳光的日子，会有小青蛙静静地蹲在上面发呆。如果小青蛙身体太重，会滑下来，然后再爬上去。最可爱的是卷荷：绽开一半，却还有一半卷缩，且半个身子已经离开水面。与挺立的荷叶或荷花相比，卷荷更受蜻蜓的喜爱。

蜻蜓、蜜蜂、燕子只在白天飞舞，到了夜晚，爬满丝瓜藤、南瓜藤或蛾眉豆的密不透风的篱笆深处，会传来咦—咦—咦—咦的小知了（又名秋娘）的鸣唱，小知了只在夜幕降临之后才发出叫声，一旦叫起来便没完没了，既不喘气亦不间歇，比知了的声音更有穿透力更霸道。篱笆墙的远处是稻田，青蛙的鼓鸣会从稻田那里传过来。青蛙与小知了的叫声可以维持半夜，下半夜之后，一律偃旗息鼓。

深夜是植物的天下，由花草树木统治。植物在夜里貌似静止不动，很难听到草木拔节或花开的声音。可是，天亮了，河边上或者田埂里已经长出铺天盖地的野草。田埂上最常见的野草是"地爬根"（也称"地爬根子"）。扎根最深因而最难拔除的是"九筋兜"（也称久筋兜子，学名牛筋草）。丝瓜藤或南瓜藤要到夏天才爬上篱笆，狗尾巴草要等到盛夏才有规模，蒲公英迟至秋天才好辨认。唯有地爬根和九筋兜得春气之先，春生，夏长，秋天依然繁荣，冬天才傲然进入一岁一枯荣的循环。任人来回踩踏，任牛反复啃咬，地爬根和九筋兜依然遍地蔓延，四处扎根。长势好的时候，可以从岸边无畏地伸向庄稼地里。地爬根和九筋兜在农田是庄稼之天敌，在河岸却是护堤之天使。两者皆可入药。地爬根嚼碎，可以止血；九筋兜煮水，清热解毒。

地爬根和九筋兜的长项是顽强扎根，不易拔除，唯我独尊。撼山易，撼地爬根和九筋兜难。不过，两者力量有余，可爱不足。

比较可爱的是桃花、栀子花、野草莓和桑枣子。

屋后最初有两棵桃树，一棵在菜园的北头，小坑边上；另一棵原本是菜园东边的一根篱笆桩，后来长大成树。桃花盛开时，整个菜园都会被粉红的桃花照亮。桃树春天开花，果子成长缓慢，酷暑时刻，才艰难成熟。等到成熟时，只持续一周的时间，树上的桃子就消失殆尽。被虫子咬过的或被鸟啄过的桃子总是早熟，摇动桃树，早熟的桃子会掉下来。为了防止他人来偷桃，不待桃子完全成熟，母亲就催促我们用竹竿把桃子敲打下来，放在糠秕里捂两天，就会变甜。后来，祖父嫌桃树容易惹事，建议父亲把两棵桃树都砍了。

栀子花的节奏慢一些，在端午节前后开放。栀子花纯白，花瓣里往往有黑色的小虫子，必须用力吹，小虫子才会消散。然后放到枕头边上，满床满屋飘香。

最可爱的是野草莓（学名蛇莓）。一场春雨之后，两三颗红灿灿的野草莓会突然在草丛里冒出来，据说有毒。乡村的孩童几乎都会忍不住试吃，因为苦涩，没有任何甜头，终归放弃。

真正有甜头的是桑枣子（学名桑葚）。当路边的桑树结出绿色的桑枣子，当桑枣子由绿色变成紫红色，说明春天已接近尾声，热乎乎的夏天就要到了。

夏天总是扑面而来。夏天的标识是成熟的麦子、绿色满满的秧苗、适合游泳的河水和飘香的桃花、栀子花、刺花（野蔷薇）、荷花。各家的菜园里有各类蔬菜和瓜果。

村里草多，树少。村民各自在屋前屋后种树，以杨树（湖北乡村所谓杨树，其实是柳树）居多，既可以做建房子的木料，也可以在夏天纳凉。树不多，却够用。到了夏天，成群结队的知了在树枝上停歇、鸣叫。知了的鸣叫是我在童年所能听到的最美好的音乐。没有人会讨厌知了的叫声。即便午休的时刻，窗外树林里知了的叫声像伯格森提醒的那样绵延不绝，也不会有人讨厌。

在青蛙鸣叫的夜晚，鳝鱼和泥鳅会从洞里爬出来乘凉。年轻人左手拿桶，右手提着自制的油灯，穿行在新翻耕的水田里。如果运气好，桶里的鳝鱼和泥鳅会多得让全家人吃不完，可以拿到镇上去卖，换回一大堆零钱。

童年的家乡并不富裕，村民整天在田间劳作。乡村的主要农作物是水稻、小麦和棉花，偶尔有芝麻、红薯、土豆。

水稻最初流行早晚两季，早稻春天插秧，晚稻最忙，总在暑假期间，割麦插禾，抢收抢插，村里人称为"双抢"。后来改为中稻。中稻在端午节前后插秧，虽然只是一季，但产量与早晚稻两季的产量加起来不相上下。

乡村的劳作有固定的节奏。一年四季，春耕，夏种，秋收，冬藏。村民会在水稻田里种苕子，苕花绽放时又在苕子地里种水稻。村民在棉花地里种小麦，又在小麦快成熟的时候播种棉籽。乡村的春末夏初最开阔最华美，池塘里有荷叶，荷塘外面就是大片的水稻、小麦或棉花。

辛弃疾有诗："明月别枝惊鹊，清风半夜鸣蝉。稻花香里说丰年，听取蛙声一片。七八个星天外，两三点雨山前。旧时茅店社林边，路转溪桥忽见。"

在家乡，除了没有山，其他都有。明月、惊鹊、清风、鸣蝉、稻花、丰年、蛙声、星天、雨、茅店、路、溪桥，全有。

二、童年的欢乐

1. 逛街

读小学时，最重要的文化事件，就是看电影。最初只看露天电影。稻谷收割之后，水稻田晒干了，在上面可以走人。在稻田里撑两根柱子，架上屏幕，就可以放电影了。放什么电影其实不怎么重要，对于我们来说，《平原游击队》、《小兵张嘎》、《渡江侦察记》、《洪湖赤卫队》、《闪闪红星》、《405 谋杀案》，都没有太大的差别。我们看重的是看电影之前的期待、看电影当天的结伴而行和看电影之后一起吆喝着回家。有时会重复看一部特别的电影：大家都听说今天邻村放电影，于是，晚饭后一起出发，沿着乡间小路往前走。走到半路，遇到有人往回走。我们会问："怎么回来了？"对方答："今晚的电影不好看。"再问："什么电影？"对方答："小英雄白跑路。"最初，我们真以为有《小英雄白跑路》那样的电影，等到我们继续往前走，被回家的那波人回头嘲笑，才知道上当了，悻悻地跟着他们一起回家。

到了小学五年级，露天电影少了，我们就去镇上看电影。在镇上看电影是逛街的一个部分。去镇上逛街其实很不容易，不仅要花时间，要花钱，而且还有安全的问题。去之前要请求母亲同意，回来之后还要向母亲汇报。因为一个学期最多只有一两次去镇上逛街的机会，所以，一旦到了镇上，就会安排很多项目。比如，花5分钱在电影院看一部电影；花1分钱看几本娃娃书（家乡人绝不称之为"小人书"）；花3分钱吃一碗小馄饨，家乡人把小馄饨称为"包面"。

吃"包面"才是逛街的重点。"包面"的味道之所以美好，不只是因为它是包着肉的面皮，更重要的是面皮和肉馅在滚烫的汤里激荡出来的活色生香。后来在重庆、四川、广东或上海等地遇到哪怕一点点接近"包面"的味道，我就停下来分析那种味道的来源。很久之后，我终于明白，那种美妙的味道，主要来自三种佐料：一是葱花；二是剁椒酱；三是陈醋和酱油。这三种佐料连同面皮和肉馅，经过滚烫的开水一冲，就冒出扑面而来的香味与秀色。离开家乡之后，常年在外地工作，在全国各地餐馆里寻找儿时记忆里的"包面"味道，可惜，要么因为缺少葱花或剁椒酱，要么因为没有面皮与肉馅，要么因为没有陈醋或酱油，儿时那个"包面"的味道再也找不到了。有时会遇到一些辣椒酱，但是，完全赶不上剁椒酱的品质。剁椒酱既保留了辣椒的原始味道，又有腌制之后的发酵效应。辣椒酱只保留单调的辣，却丢失了剁椒酱完整而丰富的自然颜色和辣味。

2. 做木工

小学时，最喜欢做三件事：一是做手工；二是讲故事；三是打架。

我所做的"手工"主要是画画和做木工。画画主要受舅舅的影响。在入学之前我就开始自学画画，临摹各种图画。见到感觉好的图画，就有临摹的冲动。我曾临摹过课本里的毛泽东、马克思、斯大林画像，临摹过娃娃书《水浒传》中的一百零八将的图像，临摹过娃娃书《三国演义》里的刘备、关羽、张飞、曹操像，临摹过母亲被子上的凤凰图。我也曾对着镜子画过自画像，但没成功。我有一段时间跟舅舅学做室内装潢，可惜没有学到舅舅的"手艺"。

读"西方教育史"，我发现杜威的"实验学校"有木工、金工、缝纫、烹调等课程，心里想着我要是实验学校的学生，一定是那里的"三好学生"。后来我研究身体教育学时，发现"手工"这门课程潜藏了重要的身体教育学的意义，它甚至比"体育"更有意义。现代教育制度设计了劳动课或者劳动技术课，后来又有通用技术课。实际上，这些课程的原型不过是手工劳动。1950年代至1970年代之间，中国教育界兴起"教育革命"，做过一些激烈的教育实验。这些教育实验因过于激烈而破坏了教育的正常秩序，但它隐含的教育理想尚有合理的成分，比如，它让劳动成为教育的基本形式，甚至让劳动与学习平分天下。

做木工主要受父亲和村里的张师傅的影响。我的愿望是：如果考不上大学，我就做木匠。如果学做木匠，就去拜村里著名的张师傅为师。我经常躲过家里人，拿了父亲的锯条、锤子、凿子、钉子，在屋后的树林里做小桌子小凳子小椅子。

某一天，我做的小凳子被祖父发现，他觉得是奇特的产品。那天晚上，祖父拿着这把椅子对过路的邻居说："您看啊，这把椅子是年华自己做的，您说，这伢还是有点名堂啊。"那邻居赶紧说："什么叫有点名堂啊？您才知道啊？年华是谁啊？他是我们村里最有出息的伢。做椅子算什么，您就看着吧，他绝对能考上大学。"这话显然比较夸张，但祖父为此感到兴奋。自从背负了"地主"的名声后，我祖父长久没有听到旁人如此浓烈地夸奖自己家里的人。

3. 讲故事

从镇上回来之后，到了学校，就给同学讲故事。我所讲的故事主要来自镇上的娃娃书。除了对娃娃书的故事进行加工，偶尔也虚构，搞恶作剧。最严重的恶作剧是给母亲讲"黄南叔叔卖金鸡"的故事。

黄南是村里的困难户，说话语速缓慢，常受人调侃。但他出身好（贫农），娶了一个比较漂亮的妻子。为了照顾他，村里安排他在我们学校做临时工。

那天（大概在小学三年级）上课时，老师给我们讲了关于"地主藏钱"的故事，说解放后很多地主把"金元宝"和"金鸡"埋藏到房屋的地窖里，后来房子被拆了，地窖也找不到了，那些"金元宝"和"金鸡"就一直埋在地下，谁也找不到了。

我对这个故事很感兴趣，觉得是在讲我们家的事。放学后，在回家的路上，我看到黄南在和邻居吵架。他们在吵什么呢？我不知道。我一路上都在猜想这件事，他们究竟在吵什么呢？脑子里忽然冒出一个想象：黄南发现了"金鸡"，邻居说那"金鸡"是他们家的。黄南坚决不肯归还，于是就开始吵架。

回家后，一进屋，我就对母亲宣布："妈，黄南在耕田的时候，耕出了金鸡。"我母亲大吃一惊，追问："在哪里找到的呢？"我说："在田里找到的啊，他耕田的时候，被一个东西卡住了。他蹲下去，发现那里有一个坛子。他把坛子刨出来，抱起来的时候，不小心摔到地上了。坛子摔破了，里面跑出两只小金鸡。金鸡发出嚯嚯嚯的响声。"

我母亲说："对啊，金鸡碰撞了，就会发出响声。后来呢？"我说："后来黄南就把金鸡抱回家了啊。"我母亲着急了，再问："后来呢？"我说："后来他把金鸡卖了。"母亲问："卖给谁了？"我说："卖给队长了。"又问："卖了多少钱？"我说："卖了50块钱。"

我母亲开心了，她感叹说："啊，这下黄南的日子好过了。再没人敢小看他了。"我母亲是"传播学"的高手，她顾不上吃饭，就跑出去给邻居传播好消息。

我的故事经母亲加工之后，就很迷人了。很快在她的周围聚拢一堆人，那些人离开后再到另外的地方聚拢一堆人。

后来我们家族的一位小姑子来了，她听了我母亲讲的故事之后，问："你是怎么知道的？"我母亲说："是我儿子告诉我的。"小姑子问："他怎么知道的？"我母亲说："他放学的时候看到的。"小姑子说："我刚才经过那里，黄南坐在家里，怎么没任何动静？"我母亲说："怎么会呢？"小姑子说："不信你去看看。"

我母亲不高兴了，赶紧跑回来问我"怎么回事"。我说："这是老师讲故事讲给我们听的。"我母亲很吃惊："是老师编的故事？"我说："老师讲了一个故事，我改了一下。"

自此以后，凡是我给母亲讲学校发生了什么事，母亲就先调侃我："又是小金鸡的故事?"我只要说"不是,这回是真的",母亲就又相信了。

4. 打架

我小时候做得最残暴的事情就是捉青蛙,捉到青蛙后就把青蛙杀了,拿青蛙的大腿做菜吃。青蛙的大腿很好吃。

这种暴力倾向一直持续到小学五年级,忽然有一天,我不敢杀青蛙了,然后怂恿我小妹妹杀青蛙。小妹妹比我更厉害,她动作麻利,很快就能解决问题。但忽然有一天,她也不干了。我问"为什么",她说"怕"。

不杀青蛙了,但残暴倾向仍然在延续,那时很喜欢跟同学打架。只要意见不一致,就用武力摆平。我在小学有留级的经历,和同年级的其他同学相比,我身材高大,做早操的时候总是站在最后(到中学时逐渐站到前面去了)。打架的时候,赢多输少。

最激烈的一次对抗是和一位同学摔跤。我把对方扑倒之后,压在他身上长时间不让他翻身。直到他后来一动不动了,示意服输,我就让他起来。他起来后,很恼怒。回到教室,他用钢笔戳我的手背。他戳我一下,我就拿钢笔回戳他一下。然后他再戳我一下,我就再戳他一下。如此往来经过多个回合,被钢笔的笔尖戳过的地方,就慢慢溢出"黑血"。可能是我下手重了,这位同学忽然哭起来。他到外面去找他哥来报复我。他哥踢了我一脚,踢到我的膝盖上。我蹲到地上,随手捡起一块砖头,一路追赶。他哥在前面跑,我在后面追,我们围着学校跑了大概三圈。后来,他哥可能觉得被一个低年级的同学追赶,没面子。绕到教室后墙边时,他停住,不跑了,转身盯着我。我赶过去,想砸他的肩膀。他夺过我手中的砖头,抱住我,拿砖头的尖角抵住我的头部,威胁我:"还追不追?追不追?"他用力不大,但我还是感到头部刺疼。我用手摸头部,流血了。

流血了,打架就停止。没有人制定这个规则,但所有人都默认这个规则。另一个默认的规则是:可以打架,可以拿砖头,但砖头主要只是用来吓唬人,不真往人的头部砸。可以拿木棍作为武器,用木棍打人。但只用木棍打击对方的腰部或腿部,不砸人头。头破血流的时候也是有的,但那肯定是被对方用木棍或砖头打击背部或腰部时,不小心碰到了头部。

村里人打架时，偶尔也拿菜刀，但不会拿割谷的镰刀，也绝不拿斧头。原因是，菜刀容易掌控，只用来威胁，不真用刀砍人。而镰刀和斧头，容易置人于死地。这是所有村民默认的规矩。谁破坏这些规矩，谁就会遭全村人鄙视。

村里人发怒时，会怒骂："你这个砍头的"、"该枪杀的"、"老子用刀砍死你"、"老子用斧头劈死你"。但不到万不得已，大家都不用刀。即便拿刀，也只用来威胁。手里握着菜刀，口里呼喊"你敢再说？"或者"信不信我用刀砍死你？"遇到这样的时刻，对方要么色厉内荏地喊"你敢？"，要么借口自己也要去拿刀，然后跑开，躲起来。

三、成长的烦恼

我不知道是不是每个人都有离家出走和反抗家长的经历，但我相信每个人都曾经渴望反抗家长甚至离家出走。我曾经认为反抗家长、离家出走是邪恶的念头，后来读了一些"成长小说"之后，发现反抗家长和离家出走几乎是每个人必须经历的成长仪式。

我第一次正式地"离家出走"是在我读初中的时候。我从读初中开始，就成为"住校生"，此后形成惯例，整个初中和高中一直过独立的生活。

我读初中时，学校原本离我们家并不远，村里很多同学都选择了"走读"。但我迫切希望离开家。我向母亲说："老师建议住校。"（老师的原话是："可以住校，也可以走读。"）母亲知道我心里是想离家过自由的生活。她并不犹豫，当天上午就为我准备了很体面的行李和一瓶酱菜，下午我就成为学校很少的几个住校生之一。

在我的印象中，母亲隐约还有一种想法：好像我一旦成为住校生，就成为正式的读书人，延续了祖父的传统。我母亲一直希望我延续祖父的传统。虽然我祖父每次在家里讲儒家伦理或"三从四德"时，我母亲就反感，但她心里一直敬畏读书人。

我用住校的方式实现了我"离家出走"的愿望。这次离家出走对我影响很大。我的生活习惯、思考习惯、学习习惯几乎在住校期间养成。当然，我跟伙伴们赌博的习惯、打架的习惯、溜进电影院看电影的习惯、违反校规到江边看洪水的习惯，也是在这个时候养成的。

自从离家之后，我就迅速地学会了独当一面、独立决策。可是，"离家出走"之后，总得回来。一旦重新返回家里，又成为一个没有独立人格的小孩。可见光有"离家出走"不足以构成"成长仪式"。完整的成长仪式除了离家出走之外，往往伴随着反抗父亲。

我并不需要反抗父亲，因为我父亲在家里几乎不掌权，家政大权由祖父掌管。后来我看电视剧《大宅门》，每日追踪收看，这里面有一部分热情来自对"大宅门"里面的家庭结构和家庭权力关系的好奇与迷恋。

这种权力关系导致我和父亲一直和平相处，却和祖父敌对。那次和祖父吵架之后，我大体完成了我的成长仪式。所谓成长仪式，往往意味着不同程度的"权力移交"。

我们村里还有另外的权力移交方式，比如忽然有一天儿子和父亲发生严重的争执，儿子出手把父亲揍一顿。第二天父亲就"一半是不满，一半是骄傲"地向邻居宣布：妈的，儿子昨天把我揍了一顿，这个家我没法管了。从那以后，左邻右舍就会默认那家已经实现了权力移交手续。邻居如果有要事商量，就会直接征求那家儿子的意见。

比较和平的权力移交是用吵架的方式"闹翻"。有一个古老的闹翻的场面在村里不断重复：

父亲大喊："你想造反？"

儿子喊声更大："没想造反！你就是错了！你糊涂！"

一个家长都老得让儿子感觉"糊涂"了，也就逐步放手，让儿子当家去。

在我们家，祖父一直给我们讲"礼义廉耻"，也讲"父不慈，子不孝；兄不友，弟不恭"。他读了很多儒家的书，是村里读书较多的人。所以我们后人（后人是家乡人喜欢使用的词）虽然偶尔对他不满，但也不愿意成为不孝的罪人，落一个可耻的骂名。这些因素可能起了作用，我反抗家长的仪式一再推迟。

既反抗家长，又离家出走，这就意味着这个人已经成为一个独立的"雾都孤儿"。独立之后，我遇到的难题不再是面对家长，而是面对"世界"。

在住校的那个世界中，学生和学生之间的关系，表面上是同学、同窗，实际上是一个充满了政治意义、经济意义、军事意义的完整的世界。

在这样的世界中，学生和学生之间的交往和冲突，也大体按照"国际交往规则"和"化解国际冲突"的基本模型展开。

最大的冲突，也还是"谁说了算"的权力问题。学生的权力或"政治地位"常常来自考试实力（相当于"经济实力"）和身体力量（相当于"军事实力"）两者的叠加与折合（偶尔也有家庭因素）。我因在小学有留级的经历，在初中时明显有身体上的优势，所以迅速成为班长。可是我成绩时好时坏，不那么稳定，后来班上又多了几个留级的插班生。这导致我在班上的地位经常受到冲击。我在中学与同学发生过几次斗殴事件，均与此相关。

为了赢得支持，我的身边开始聚拢一帮朋友。我的朋友最初呈现为身体力量上的盟友。再后来，我不再参与班级的权力之争，我的朋友逐渐转换为同伴文化意义上的君子之交。

就成长而言，在反抗家长、离家出走之后，朋友是影响我的成长的关键元素。反抗家长和离家出走并不可怕，它原本属于正常的成长事件和成长仪式。可是，反抗家长和离家出走之后，失去了家庭文化的影响之后，同伴文化将成为孩子成长的关键链条。如果年轻人没有作好足够的准备，如果学校的同伴文化过于恶劣，住校就是一件很冒险的事情。

在住校的那段日子里，我们几个喜欢赌博的同学开始聚集。白天上课，晚上赌博。我的堂兄利用扑克牌的天然记号，发现了一个赌博制胜的秘密。利用这个秘密，每次赌博，我总是赢钱。那些同学没钱了，就开始输饭票。后来，饭票也输光了，就向我借钱。我从小看《水浒传》，知道做大事的人，必须像及时雨宋江那样乐善好施。在同学输光之后，我会把部分饭票和钱借给他们。他们借了我的饭票和钱之后，就拥戴我做班长。从初中一年级到三年级，我一直是班长。

可是，终于有一天，赌博的事被校长发现了。每到星期天，林校长就回家看他的太太。我们班有一个姓曾的同学，是林校长的外甥。在星期天的晚上，林校长离开学校之后，那位姓曾的同学就带我们到校长办公室赌博。可是，林校长那天离开学校之后，不知道什么原因，又返回了学校。他来到他的办公室，看到了他不该看到的一切。

第二天，星期一的上午，全校停课，开批判大会。我们几个赌博的同学，被责令跪在主席台上。我人生中第一次受这样的羞辱。我并不怕老师，也不怕校长，我怕的是我同村的同学。他们回家之后，必向他们的父母报告学校里发生的新闻。他们的父母，必向我的家人打听、证实。我担心祖父知道之后，他会勃然大怒。但这还不是我最担心的，我最担心的问题是：母亲知道这件事之后，她会极度难过。在我母亲看来，她的儿子将来是要考大学、做大官的。自从得到了算命先生的预测之后，她一直对此深信不疑。我怎么向我的母亲交代呢？如果村里人都知道我在学校赌博、下跪，村里人会怎么看我的母亲呢？

接下来的几个月，我一直住在学校，没有回家。直到暑假，我才回家。就在回家的那天晚上，我借助灯光模仿徐悲鸿的奔马图，在书房的墙壁上画了一匹奔马。在奔马的前方，写了一行字：不用扬鞭自奋蹄。

我开始设计我的暑假生活，我从高年级的同学那里借来了初中二年级的语文、数学、外语、物理课本，打算利用这个暑假，利用我的自学，超过其他所有同学。那年村里通电了，晚上我经常站在电灯下面看书。我母亲不时地提醒我："良华，注意休息，不要弄坏了身体。"我祖父则提醒我母亲说："你以为他在看什么书？他在看琼瑶小说。"祖父说对了，我的确看过琼瑶小说，但那年暑假，我看的全是课本。语文课本读得很快，几乎没有什么"生字"；数学课本读起来有些困难，但还是能够理解很多例题；英语课本是我最喜欢的，我喜欢英语单词和英语语法；最难的是物理，实在看不懂，但我有信心，开学之后，听物理老师讲课，我就能够理解。我也相信，开学之后，我是全班最好的。

事实上，开学之后，我不是最好的。有一个姓司马的同学，他仍然是全班最好的，我第二好。可是，不久，那位姓司马的同学转学了，有一段时间，我真的成了全班最好的。

自从那年暑假，自从我在书房的墙壁上画了那幅奔马图，写了"不用扬鞭自奋蹄"，我就建立了自信、自学和自食其力的习惯。从初中二年级开始，我很少听老师讲课，我一直在自学。

现在，那幅画和那几个字依然在书房的墙上。我母亲曾经建议把旧房子拆了，重新建房，我立即阻止。

母亲问："为什么？"

我说："这间房以后会成为名人故居的。"

母亲虽嗤之以鼻，但从此不敢再提拆房重建的事。

我的祖父祖母

一、我的爹爹（上）

湖北荆州地区的乡村，有时称祖父为爹爹，称父亲为爷爷。后来，随着村里"走出去的人"（包括大学生和打工的人）越来越多，人们才对这种违反常理的语言习惯产生怀疑。现在的小孩已经开始称父亲为爸爸，称祖父为爷爷。

1996年我带我爱人回湖北探亲。我一路上叮嘱她应该入乡随俗，谨言慎行。那天我们一进门，就看到我父亲、母亲、祖父很整齐地坐在家里。我们进去的时候，他们站起来。我爱人很紧张，先对我母亲喊"妈，你好"；然后对我父亲喊"爷爷，你好"；最后面对我祖父，她心慌意乱，仍然喊"爷爷，你好"。

那天我祖父比较"不高兴"。后来看在我爱人"面相很善"（他的原话）的份上，原谅了我爱人的无礼。

爹爹不高兴实属正常，因为我从小就惹他不高兴。

在我们家族里，爹爹最看重而满怀期望的，是我堂兄。

不只是因为我堂兄是长孙，也不只是因为他父亲是长子，主要因为我堂兄自小聪明，仪表不俗。我一直怀疑爹爹比德国人叔本华更看重人的长相。

爹爹除了看重我堂兄之外，比较喜欢我的堂弟（伯伯的小儿子）[1]。堂弟年纪小，虽不英俊，但瘦高，于是整体形象看起来也就不落俗套。堂弟在村里是比较知名的人，主要因为他敢于一边走路一边大声哼唱一些港台流行歌。他走路时两条长腿像踩高跷，任何时候都嬉皮笑脸，口中的两颗门牙不知什么时候丢失了，整副牙齿也七歪八倒。就是这个样子，很多人喜欢，我爹爹看到他就满脸欢笑。

堂兄比我大 1 岁，堂弟比我小 3 岁。他们都是我伯伯的儿子。爹爹一直住在我家里[2]，但他心里最喜欢的孙子却在伯伯家里。我母亲为此事耿耿于怀，偶尔会因为这事公开吵架。

村里有一个流行的说法：憨老大，金老二，刁老三。如果一个家里有三个儿子，大儿子往往憨厚，养尊处优，有家庭责任感；二儿子往往勤劳，像金子般有实用价值；三儿子往往刁钻，倍受宠爱。我在家里原本是独子，有一个姐姐和两个妹妹，受父母万般宠爱。可是对于祖父来说，我就失去了独子的优势，成为众多孙子中的一个普通成员。上有堂兄，下有堂弟，我夹在中间。我堂兄显然不属于憨厚的形象，但他确实最有家庭责任感，也很正当地享受养尊处优的地位。我堂弟并不刁钻，因可爱而受宠。我本应该像金子般有实用价值，却名不副实。在堂兄和堂弟之间，我几乎不受祖父的重视和重用。

祖父并不把"家族复兴"的希望寄托在我身上，但他比较重视我的品行。我曾经向父亲母亲要钱跟同伴到镇上去游玩。祖父知道这事后痛斥我，也痛斥我父亲。有一句话，我记得比较清楚。他跟父亲说："你儿子将来不是土匪，就是流氓。"

他说这句话是有根据的，他知道我在小学时经常偷人家田里的西瓜，偷人家的桑枣。有一次家里多了一把铁锤，我祖父一直怀疑是我偷来的。其实

1　还有一个堂弟是叔叔的儿子，因居住的地方很远，我们交往不多。

2　我祖父和我祖母很早就分居，分居后祖父住在我们家，祖母住在伯伯家。

那铁锤是我在路上拣的。他只知道我有偷西瓜的习惯，但他不知道我基本不偷具体的用具。我的这个习惯比较符合"盗亦有道"的中国传统。

"你儿子将来不是土匪，就是流氓"那句话对我震动最大。我的求学生涯有很大一部分动机是为了使这句话得到改写。

如果我祖父"出工"（到公社去干活）去了，我在家里的地位就是"至高无上"的。只要我祖父回到家里，我就赶紧收敛，尽量躲避他，努力不与他单独在一起。最痛苦的事情是被他点名要我和他一起"打篱笆"或"缠靶子"（把稻草拧成麻花的样子，方便放入炉灶点火做饭）。和他单独在一起做事时，我一律沉默，提心吊胆地等待被他训斥。

其实他早知道我的"不老实"（这是祖父的用语），他甚至怀疑我在他背后"无恶不作"。但他对他的权威地位比较有信心，直到1987年那年春节前的几天，他第一次受到我的挑战。

那天傍晚，村里"分鱼"（相当于"分红"。村里有人承包了鱼塘，年终时涸泽而渔），"分鱼"的地点就在我家门前。那里聚集了许多人，男女老幼挤在一起，人声嘈杂，很热闹。

祖父在屋前大声叫喊，让我拿竹篮去装鱼。我嫌他喊声太大，有些丢脸，就故意不理他。他喊声越来越大，我忍不住了，冲出来，大喊一声："吼什么吼？"

整个"分鱼"的人群立刻停止了喧闹，这在村里人看来是惊天动地的事情。我们家族里从来没有人敢这样顶撞我祖父，村里很多人都惧怕他。

人们死死地盯着我祖父，看他如何处治我的无礼和莽撞。

我祖父也实在是修炼不够到位，他的一切反应均在人们的预料之中。他暴跳如雷，吼声震天，声称要把房子掀掉。我估计他是一边叫骂一边思考，果然，他忽然停止骂声，作出一个重要决定：从此离开这个家，离开这个村。

其实他只是离家，并没有离村。他搬到我伯伯家去住了几天。那几天我父亲和母亲一再催促我去把祖父请回来。

第三天下午我去了。见到祖父的时候，我并不说话。他也故意不理我。其实我心里知道他一定在等待我去请他回家过春节。他躺在床上，痛斥我的

"不凭良心"。然后给我讲了许多他为我做的事情，讲了许多我从来没有听说过的细节。

他讲的故事令我震惊。在这之前，我从来没有想过他心里竟然还有我这么一个孙子，从来没有想过为了拯救我们这个家庭和家族他克服了那么多的苦难。

等他讲完他的故事，我已经泪眼婆娑，满腔羞愧。整个下午我只说了一句话："我错了，您回去吧。"

我先回家，那天晚上祖父就回来了。

二、我的爹爹（下）

自从我们吵架之后，祖父就开始提防我挑战他的权威。他一再暗示无论我读书读到什么程度，总跳不出他的手掌心。

除夕那天下午，按照惯例，是要贴对联的。我祖父故意出难题，说是"今天要改一改，让年华写对联"。[1]

这对于我来说的确是难题。我不仅毛笔字写得不成样子，对联的主题和内容如何表达，我也不知所措。往年都是祖父一手操办，他不只是毛笔字功夫了得，更重要的是讲究对联的主题和韵味。

我是聪明人，即使我会写对联，也要装谦虚装孙子，反正在祖父面前"装孙子"也不是什么丢脸的事。等到我说"我不会，我不写"时，祖父果然显得格外开心，借机会当着邻居的面奚落了我一番。他的意思是说："你们现在读什么书？毛笔字写不好，连个对联也拿不出来。《幼学琼林》读过没有？《古文观止》读过没有？你以为你学几何有什么了不起，你知道 π 为什么是

1　由于我春节期间出生，父母给我取名"年华"。进入小学的第一天，"报到"的时候，一位姓魏的老师问我叫什么，我说"年华"。老师问：良华？我说：是的。于是，登记成册。从此，刘良华成为我的"学名"。至今，我的乡亲都叫我"刘年华"，我的老师和同学叫我"刘良华"。按照"祖列培方厚"刘氏家谱，祖父以"安邦定国"四字为我们兄弟四人取名。我排行老二，字培邦。刘培邦一度成为我的笔名。

3.14 吗？你以为你会读英语就了不得？书不就是 b-o-o-k——book？黑板不就是 b-l-a-c-k-b-o-a-r-d——blackboard？"

我祖父读书时，值民国时期（三四十年代）。当时条件好的"官学"已经开设语文、数学、英语、物理、化学等课程。祖父说英语时虽然发音怪怪的，但已经足以唬住那些几乎没进过学堂的老邻居和那些正在学校受英语折磨的小邻居，也顺便暗示我不要挑战他的权威。

论古文功夫，我祖父当然比我厉害。这个优势让他一直有小看我的理由。在他眼里，我向来是个小人物。祖父在当地算是文化水平很高的人。按祖母的说法，我祖父读了"十年长学"。可惜后来成了"纨绔子弟"，养成好赌的习惯，而且赌艺不精，输多赢少，一天能输掉家里几亩田地。我祖父自己也曾经在我面前炫耀："老子输掉的钱能够用箩筐装。"

在祖父的文化和身体之间，我更钦佩他的身体及其力量感。他虽老矣，可身子硬朗，力气大，说话的声音尤其洪大。那天我们吵架时，他的吼声把我妹妹都吓哭了，弄得我赶紧去安慰我妹妹，告诉她："没什么，别怕。"他饭量也大，一餐能吃三大碗米饭。这点我和我父亲都不及他。我母亲一直说："那是他底子好，他小时候生活好。"祖父曾经亲自炫耀，他说："天命是有定数的。因为年轻时过度享受，后来就受折磨。当年做私塾先生，学生家里轮流请我去吃饭。去吃饭的时候，如果哪家收拾得干干净净，菜饭可口，我就多吃。如果哪家看起来不干净，地上有鸡屎，即便那家人做了丰盛的菜饭，我也会假装肚子疼，找借口离开。"据祖母说，爹爹小时候衣食无忧，一般家庭填饱肚子都不容易，爹爹每天都享受"大鱼大肉"。当时富贵人家流行一种特别的"卤菜"：将鸡鸭鱼肉烘干，然后密封储藏，再取出，烧制成卤菜。将这种高级的卤菜切成精细的条块，放在碟子里，家乡人称之为"烘腊碟子"，以示与一般卤菜的差别。[1] 爹爹对新鲜的鱼肉吃腻了，家里人就换"烘腊碟子"。后来爹爹对"烘腊碟子"也吃腻了，督促家里人换口味。有一次教书回

1　由于"烘腊碟子"制作过程复杂、费用昂贵，一般家庭不采用这个做法，后来这个食谱几乎失传。我在家乡吃过一般的腊月腊肉，也吃过一般的卤菜，没吃过也没见过"烘腊碟子"。

家，见到家里人为他准备的一大桌丰盛的"烘腊碟子"，祖父大怒，将一桌菜全部掀翻。然后自己到菜园里摘来辣椒，在灶火里烧烤。烧烤的辣椒沾满了灶台的烟灰，祖父兴致勃勃，用沾满了烟灰的烤辣椒下酒。[1]

我母亲对我祖父一直看不顺眼，但祖父至少有两点让我母亲对他怀有敬畏之心：

第一点是我祖父和我母亲吵架时，我母亲只能用日常语言很流利地提出抱怨或叙述事实，我祖父却不时地使用文言文，偶尔也会背诵《论语》、《孟子》里面的句子来表达他的不满。我观察过，每次遇到我祖父说文言文，我母亲就似懂非懂，慢慢减少吵架的火气。有时吵架结束后我母亲会向我请教，问："那老头子说的是什么意思？"我往往会说："那是古文，我也不懂。"我母亲就说："赶紧多读书，以后少受人欺负。"其实母亲不知道，现在谁吵架还使用文言文？就只有我祖父那样的人才会那样说话。我母亲总算是有优点的人，她可以和邻居吵架甚至动手打人，但她敬畏知识，崇拜有知识的人。

第二点让我母亲对我祖父佩服的就是他的"饭量"。村里男人们比较谁的力气大的时候，确定的标准是：能够把门前的那个"大石磙"搬起来。我母亲不看这些，她看谁的饭量大。谁的饭量大，谁就有力量。我母亲的这个体检标准使我后来有意无意地多吃了很多饭。这个习惯也影响了我现在的饮食风格。我太太是北方人，不善于做饭做菜，最初都是我做菜。有一天她到厨房做了一次饭菜，没想到我竟然全部吃光了。她一高兴，就从此养成了做饭的习惯，我也从此离开了那可爱的厨房。

有些事情想起来实在有些懊恼。我在小学遇到一位瞧不起我的老师，我在家里又遇到这么一位瞧不起我的祖父。每次在小学语文课里遇到关于"压迫"、"阶级"、"束缚"、"解放"、"自由"、"平等"、"革命"的词语时，我就很动感情。但无论我心里如何思想，我祖父对我总是不屑一顾，坚持认为我只能种田（我那时已经能够熟练地做割谷、插秧这些事情）。

祖父的预测和我母亲的期望形成反差：我母亲认为她的儿子是天才，将来

[1] 有关爹爹拒绝吃"烘腊碟子"的故事，由堂兄刘文华提供。

必有出息。她专门找人算过命，说我"志在远方，能做官"。

我时常想：要是没有我母亲的宠爱和期望，光有我祖父的贬低和训斥，我大概就真的只能种田，不会做其他任何事情。

我从来没有听我祖父夸奖过我，我已经习惯了被他训斥的生活。有一件事，可能也导致祖父鄙视我：我小时候一直和祖父睡一张床，我有尿床的毛病。每次尿床之后，第二天早晨起来我在他面前就暂时抬不起头来。

那段时间经常做噩梦。梦见被人追杀，我不得不让自己离开地面，飞到屋脊上去。后面的人追赶过来，我又飞到屋后的树林里。我站在树梢上摇摇欲坠，赶紧攀附到另一棵树上。后面还是有人赶来，我就再次降落到地面奔跑。跑到一个很遥远的地方，没有人赶过来了，就赶紧寻找能够小便的地方。等到终于全身放松时，尿床的事情就完成了。

尿床的习惯和做噩梦的习惯一直延续到小学高年级才自动消失。我确信这件事对祖父影响较大，影响了他的睡眠习惯，也影响了他对我的整体评价。这件事也影响了我的性格，我一直觉得我如此"善良"、富有"同情心"、总是对生活"心怀感激"，这些"美德"很可能与小时候尿床的"原罪"有关。我现在相信："原罪"除了导致尼采所谓的"奴隶道德"之外，它的确能够增加人的"宽容度"和"幸福感"。后来，我常常给朋友们推荐三部电影：《远山的呼唤》、《无路可逃》、《悲惨世界》。在我看来，这三部电影有一个同样的主题：人因原罪而减少了对生活的挑剔，人因原罪而更容易宽容他人，人因原罪而对自己竟然还能体面活着而生长出满满的感激。

小学六年级时，终于不再尿床。同时，我祖父不断地听到我在学校如何出色的传言。祖父将信将疑，但仍然为此处于兴奋状态。一天晚上，我们在屋前的空地上乘凉，祖父神神秘秘地发表他的生活信条："你们都听我说啊，你们可要记住了：田要种少；屋要住小；书可读，不可进考。"

这几句话我早听祖父议论过。他在"土地改革运动"中遭受过拷打和恐吓，于是开始信奉这么几句顺口溜。

那天他特意叮嘱我：年华，记住了没有？

我还没来得及回应，我母亲就开口驳斥他："您这几句鬼话是老皇历了！"

我和我父亲交换眼神，我们是明白祖父的意思的。他嘴上说"书可读，不可进考"，心里却极度渴望我考上大学。他自认为他是村里的知识分子，如果我能考上大学，就说明是"书香门第"的传统，那是"光宗耀祖"的事。

没想到后来我真的考上了大学，很遗憾，村里少了一个卓越的木匠或裁缝。

在高考之前，祖父忽一日向全家人公布：这伢要是有本事考上大学，我请人唱三天皮影戏。

我考上大学后，祖父真的请来皮影戏班。那几天晚上门前很热闹。我一直热爱皮影戏，但那几天没心思看，心情很复杂。

每次遇到比较大型的考试，祖父几乎都不在家里。我参加中考那年，他在很遥远的地方帮人"开山"。我参加高考那年，他在一家建筑队帮人"做饭"。

湖北人身上保留了"楚国风度"：宁为鸡首，不为牛后。不到万不得已，祖父是不会帮人"打工"的。祖父身上有少爷遗风，他常常跟我吹牛，说他小时候过生日时，屋前屋后有卫兵拿着机枪站岗；结婚时，身上是高级绸缎，骑高头大马；做私塾先生时，报酬可观。

但是，祖父向来好赌，一日身上没有细软碎银，便坐立不安。为了改变处境，他想过很多办法：早些时候做过"鱼贩子"，后来做"开山"的劳工，再后来贩卖鸡蛋、贩卖甘蔗（村里人称之为"高粱"，有一年春节初一我陪他一起"穿乡"去"卖高粱"）、贩卖冰棍（我曾陪他在露天电影场卖过冰棍）。我读高中的时候，他年事已高，体力下降，开始改行为建筑队"做饭"，工资是每月 30 元。

我祖父有一个生活理论："笑贫不笑娼"。他对这个说法一带而过，怕解释多了"影响不好"。

他还有一个说法："君子固穷，穷斯滥矣"。这是他经常说的话。他同情穷人，但鄙视甘于贫穷的人。只要他自己有饭吃，他就会慷慨地拿米给门前那些要饭的人。但要是觉得哪个家里的人属于甘于贫穷的类型，他就会对他全家人显出一脸的不屑与鄙夷。他给我们讲的经典案例是：某一年春节，大年三十的下午，家里的米缸空空，颗粒不剩。母亲坐在房间里不出来，父亲低头不语。祖父大喊一声："去挖胡萝卜！"全家人就跟在他后面去挖胡萝卜。那年整个春节我们都有胡萝卜吃。

后来，我在《论语》里找到了"君子固穷，穷斯滥矣"这句话的原文："在陈绝粮，从者病，莫能兴。子路愠见曰：'君子亦有穷乎？'子曰：'君子固穷，小人穷斯滥矣。'"这是一个很有趣的故事：

孔子在陈国断绝了粮食，跟随的人都蔫蔫的，心情不好。子路就调侃孔子说："老师，像你这样的君子也有穷困的时候啊？"孔子回答说："君子穷困的时候仍然坚持仁道，小人穷困的时候就会乱来。"

当祖父讲"君子固穷，穷斯滥矣"的时候，我就理解为：贫穷的人都是自己的性格造成的。如果这个人固守穷困，他就一直穷，穷到滥的程度。[1]

祖父跟我们说话时经常引经据典，这让母亲"羡慕嫉妒恨"，但祖母不以为然。祖母总是嘲笑祖父读了"十年长学"却没什么本事。在祖母看来，祖父的学问没什么用，只会做一些粗活，比较适合给人家打工。祖母一直对祖父不满，尤其对祖父帮人做饭比较反感。

我读高中时，祖父常年在建筑队帮人做饭。收到大学录取通知书后，我骑车到很远的地方（镇道湖）请祖父回家。我在一个排水闸附近的一家建筑队询问这里有没有一个帮人做饭的老年人。那人指着正在河边提水的老人说：是不是那个驼背老头？

那里的确有一个驼背老头，但那不可能是我祖父。我祖父素来注重形象，他一直保持身子硬朗、顶天立地的样子。

等到那老人向我这边走过来时，我就开始浑身颤动。他的腰像是被人折叠了似的，接近 90 度。

1　这样理解虽不合孔子的原意，但词语在传播过程中发生语义流变甚至出现相反的解释，也是常有的事。比如，《孟子·梁惠王下》强调"出尔反尔"。"出尔反尔"的原意是：君主若行仁政，百姓就会敬爱他们的君王和长官，情愿为他们献出自己的生命。反之，民众将以牙还牙。"出乎尔者，反乎尔者也。"但是，现代人对"出尔反尔"的解释是：承诺之后不兑现，自食其言，不讲信用。

我很愤怒。

我问："怎么驼成这样了？"

他说："可能是灶台太低了。弯腰时间太长，不就成这样了？"

我问："怎么不让他们把灶台加高一点？"

他反问："像你说得那么容易？"

我让他跟我回家，他不干，让我骑车先走。我回家后，向父亲说了这件事。父亲一直沉默不语。第二天几乎到了深夜，这个驼背老人悄悄地走进村里。

回家后，祖父坚持请皮影戏班，请戏班大概要花 100 元。我知道他一个月的工资只有 30 元。那几个晚上，我觉得那老头子既固执又愚蠢，打工艰难，实在没必要那样花钱。

自从进了大学，祖父就开始变换自己的角色。他一直说他"完成了使命"。他的原话是：那年何书记把门前的那块"地主牌"摘掉了，是我的"第一次解放"；孙子考上大学，是我的"第二次解放"。

获得"第二次解放"之后，他一个人离开村庄，到镇（峰口镇）上租了一间房子。在那里，他加入了新行业：上午贩卖油条，下午聚众赌博（打麻将），后者其实是他的老本行。

祖父上年纪了，偏不服气，总找年轻人打麻将。祖父嫌他身边的那些老人啰嗦、动作缓慢。可他实在不是年轻人的对手，几乎每次打麻将都输钱，延续他的"输的钱可以用箩筐装"的传统。我提醒他麻将桌上有太多的"老千"和"玄机"。他直不信，说见得多了，历数"老千"的种种招式，好像没人能够在他眼皮底下弄虚作假。就我所知，他的那些想象纯属过时的"个人知识"，他根本不知道新时代麻将桌上的"新知识"和"新经济"。

果然，有一年我寒假回家时，发现祖父还没有从镇上回来。母亲说祖父在那里输了很多钱，交不出房租，"被人扣住了"。

我赶紧带钱到镇上去找他。

祖父已经是镇上的名人，我随便找个修鞋的人问"知不知道一个卖油条的驼背老人住在哪里"，那人就准确地告诉了我"住址"和"活动场所"。

我见到祖父的时候，他一脸自嘲式的微笑。

我故意问他："准备什么时候回家过春节啊？"

他说："不知道啊。等一段时间再说。"

我就直接问："是不是欠了人家的赌资，被扣在这里了？"

他说："这伢，话说得这么难听。"

我问他："您要是需要，我这里有一些。"

他满脸疑问："至少要40块。你有那么多吗？"

我说有，他就很开心地跟在我后面，我们一起回家了。

那年春节他一直很和善地望着我，那样子实在好玩。他已经不再是那个"瞧不起我"的"爹爹"了，成了一个老顽童。

大学二年级时，父母听说我在学校过得不好，想让我回家。那时整个村里都没有电话，通讯不方便。有几次父母急得哭起来，全家人都没有主意，乱了阵脚。我祖父忽然大喊一声："我去找他回来！"

我父母急问："去哪里？"

祖父说："去他的学校。"

祖父为我们这个家做了那么多事，我母亲从来没有像这次这样对我祖父充满感激。我母亲不识字，又晕车；父亲识字也不多，几乎没有出过远门。在他们的想象中，到武汉、黄石这些地方和美国、阿拉伯一样遥远而艰难。

那年五月底，祖父只身一人坐汽车、坐轮船、换乘火车，赶到我的学校。

他到学校时，只有一个姓任的同学在寝室。其他同学都离开了学校，离开了那个城市。

我回了洪湖。三天后，我祖父也回了洪湖。

祖父回来后，邻居很多人都来看他，请他讲述在路上的见闻。祖父接连几天都很有耐心地给不同的人讲述他"闯荡江湖"的故事。讲到后来，他的故事有点像《三国演义》里面的"千里走单骑"。

老爷子的一生充满悲剧感。这种悲剧感全部隐含在"地主"这个词语中。可是，"十年长学"的经历和"好赌"的性情使他的悲剧感里面渗透了大量喜剧的成分。

在他的亦悲亦喜的一生中，我为他流过三次泪，也为他做过三件事。

第一次流泪是在我和他吵架后被他的故事搞感动的那天下午。他常给我们讲《三国演义》的故事，那天他的故事比《三国演义》更精彩。

第二次流泪是在排水闸附近的建筑工地上看到他的腰已经弯成接近90度的时候。

第三次流泪是在他去世（2004年2月8日）之后村里为他举办的追悼会上。那天我历数他的"自强不息"（但缺乏"厚德载物"的修炼）的经历，在场的人皆痛哭或流泪。也正是在那一天，村干部以致悼词的方式为他"平反"："刘老先生在土地改革时期受到了不公正的对待，受尽了苦难，忍受了委屈，让自己一生的才学失去了用武之地，改革开放后才得到公正的待遇。刘老先生一生勤奋好学、学识深厚、勤扒苦做、吃苦耐劳、对人真诚、不留余力、为人正派、克己为人、奋斗不息……"这些溢美之词固不可信，却也大体符合实事。相比之下，那天挽联上的说法更有信度："秉性刚强，博闻饱学，称羡一方，胸藏丘壑，遇时不当，和睦邻里，远近称扬……"

我仔细想过究竟为他做过什么。我所能想到的大致只有三件比较卑微的事情：

第一件事是为他筹集赌资，把他从镇上接回来。

第二件事是在他临终前赶回去看望他，特意买了一把电动剃须刀，亲手为他剃胡须。他那时四肢几乎已经不能移动，但我给他剃完胡须后，他努力地移动右手，摸了摸下巴，再努力地用模糊不清的语言说："好——好——"这老头子一生都重视自己的形象。

第三件事是延续他的《三国演义》情结和他的"英雄情结"。自从听他讲《三国演义》后，我也像他那样，崇拜"英雄"、"精英"，而对那些贫穷而懒散的人虽哀其不幸却也更怒其不争。每次看到关云长温酒斩华雄、千里走单骑、过五关斩六将的故事，每次看到赵子龙单骑救主、张飞大闹长坂坡的故事，我就感动得想掉眼泪。祖父尤其喜欢"常山赵子龙"。他经常带着敬仰的口气说："赵子龙死的时候身无寸伤！"他有时看我父亲比较懒散，就训我父亲："你看你这个样子，赵子龙在你这个年龄，正是挺枪跃马的汉子！"

在智仁勇三者之间，智与仁当然是重要的，但祖父最看重的是勇气。"造次必于是，颠沛必于是。"[1]

三、我的祖母

湖北荆州地区的乡村把祖母叫"喇妈"，估计是由"老妈妈"演变过来的。

我祖父住在我们家里，我"喇妈"一直住在伯父家里。那时我们家和伯父家关系不和，尤其是我妈妈和我伯母这两个人相互敌视，重复了中国社会"妯娌是天敌"的传统。

祖父有"少爷"脾气，注重穿着，爱整洁，他时常嘲笑邻居的老人不讲究卫生。可是，祖母比祖父更讲究穿着，更爱整洁。祖母曾经是"名门闺秀"。据父亲说，祖母家在当地是望族，她哥哥是黄埔军校的学员。嫁到刘家后，因为我祖父好赌，结交各类朋友，我祖父的父亲也在政府部门任职，于是，祖母不得不学会烹饪和置办大型的酒席，以便款待家里的各类亲戚和朋友。后来，祖母把她的烹饪技艺传给了我伯母。

祖母一直使用比较高级的床单，一年四季光洁如新。要是家里来了客人，有时需要午休，就需要找床铺临时躺一下。可是，祖母的床是不允许别人借用的，除非来了重要客人，而且是年轻的重要客人，比如我姐夫张师傅，祖母才有可能建议说："要是想休息，到我的床上去躺一躺。"要是得到这样的允许，那客人就知道那是获得了祖母最高的礼遇。

祖母一生注重自己的形象，无论农闲还是农忙季节，一律穿整洁、正式的衣服。她的身材好像比我祖父稍微高一些，而且"正直"。去世之前，祖母走路做事仍然工工整整，绝不像我祖父那样"驼背"。

祖母有三个最拿手的"本事"，这三个本事均赛过我祖父。

1　详见《论语·里仁》，原话是："君子无终食之间违仁，造次必于是，颠沛必于是。"孔子的意思是说：君子须经常保持仁心，即便吃喝拉撒，亦不能违仁。日常生活中不能违仁，不以时间仓促（造次）为借口而违仁。遭遇危险（颠沛）时也不能违仁。孔子所谓"造次必于是，颠沛必于是"，重点在"仁"。这里借用这个说法，重点在"勇"。

祖母的第一个"本事"是擅长做菜，是乡村的"烹饪大师"。无论做日常菜、大型酒席还是做酱菜，她都有讲究。村里要是有大型的宴会，就邀请她去做菜，后来她把这门"手艺"传给了我伯母。

　　祖母的第二个"本事"是擅长照料小孩，是乡村的"早教大师"，积累了大量的婴儿护理的经验。她对小孩的生活习性比较有研究，能说出很多如何照料小孩的细节和理由。我伯母和婶婶的几个孩子都是由她负责照料的，我堂兄和堂弟的孩子也是由她负责照料的。

　　祖母的第三个"本事"是擅长讲故事，是乡村的"民间故事大师"。她的这个特长与祖父类似，但我祖父只能讲《三国演义》，除《三国演义》之外，几乎不讲别的故事。我祖母讲的故事纯属"民间故事"。

　　祖母所讲的故事有一部分是祖母自己的经历。她善于收集和整理她身边的故事，然后像"说评书"那样带着我们身临其境似的感受那些经历。还有一部分是民间口头流传下来的故事，祖母把这些故事从她的娘家传播到我们村里。她先讲给我伯母、我婶婶和我妈妈她们听，然后我妈妈又把这些故事讲给我们听。

　　在祖母传播的民间故事中，最流行的是"乖媳妇和笨公公"的系列：

　　有一个老头很笨，经常在外面闯祸。但他的几个媳妇很有"才学"。无论他惹了什么祸，无论谁找上门来，这几个媳妇都有办法把别人打发走。

　　第一次惹祸是把人家的母鸡吓跑了。老头到邻居家去串门，进门的时候，一只正在下蛋的母鸡受了惊吓，从鸡窝里逃走了。那家女主人听到母鸡咯咯咯地叫，就威胁这个老头说："我的公鸡正在下蛋，你把我的公鸡吓跑了，我要你赔我鸡蛋。"老头说："好啦，我赔你一个鸡蛋就是了。"可是那女主人说："你们家的鸡蛋都是母鸡下的蛋，我要你赔我一只公鸡下的蛋。"这老头第一次听说公鸡还可以下蛋，很害怕，赶紧回家。回家后，老头一直闷闷不乐。大媳妇问他有什么事。老头就给她讲了公鸡下蛋的事情。大媳妇说："您不用操心，如果她来要鸡蛋，您就躲起来，我自有办法对付她。"第二天，那女主人来要鸡蛋，大媳妇接待。女主人问："你公公呢？"大媳妇说："我公公正在生小孩。"女主人很吃惊："你公公是男的，他怎么能生小孩呢？"大媳妇就说：

"那你家的公鸡怎么能下蛋呢？"那女主人一听，赶紧逃走了。

第二次惹祸是把人家的话题打断了。老头闲来无事，就找别人聊天。他看到衙门口有几个衙役在讨论问题，就跑过去问："你们在讨论什么事呢？"那几个衙役很愤怒，就骂他："你这个老家伙，你把我们的'话把'打断了，你要赔我们的'话把'。"这老头一听到赔偿就害怕，赶紧逃回家里。他的二媳妇问他："怎么回事？"他就说："我把衙役的'话把'打断了，他们要找我赔他们的'话把'。"二媳妇说："您躲起来，我来对付他们。"衙役赶过来，问："你家公公到哪里去了？"二媳妇说："他找'雾气根'去了。"衙役很奇怪，问："雾怎么会有根呢？"二媳妇反问："雾没有根，话怎么会有把呢？"衙役一听，知道遇到了高手，悻悻地离开了。

第三次惹祸是侵犯了人家的隐私。老头听说有一个家里的新媳妇"流产"了，就跑去问人家："听说你们家的媳妇小产了，是真的吗？"那家人很愤怒，就威胁他说："你要赔偿我们的名誉损失。你要为我们找三样东西，要是做不到，我们就去拆你家的房屋。"老头很害怕，询问是哪三样东西。那家人说：一是"红心萝卜勾勾菜"；二是"无脚团鱼当街卖"；三是"一个鸡蛋做九个菜"。老头回家后很苦闷，就问他的三媳妇到哪里可以找到这三样东西。三媳妇说："这很简单啊，红心萝卜就是咸蛋，勾勾菜就是豆芽菜，无脚团鱼就是包子，一个鸡蛋做九个菜就是韭菜炒鸡蛋。"老头大喜，买了咸蛋、豆芽菜、包子和韭菜炒鸡蛋送给那家，果然解决了问题。

祖母讲这些故事当然是从她的娘家听来的，但我估计她有所加工和改造。我怀疑祖母是借这些故事来嘲笑我祖父。这个系列故事与我们家的情况比较吻合：

一是有一个比较笨的公公。在我祖母看来，我祖父是比较笨的。

二是有三个媳妇。我伯母、我婶婶和我母亲正好三个。

第3章

我的父亲母亲

一、父亲的智慧（上）

自从我读研究生，我父亲就一直迷惑不解，总想问我是研究什么的。他小学二年级没读完就不上了，没什么学问，所以从来不愿意跟我谈专业上的事。他看我的通知书上写着"教学论"，误以为我是研究"数学论"的，觉得这是很高深的学问，更加不愿意跟我谈专业知识。

后来我告诉他，我的专业是"教学论"，就是研究教育问题的。他很困惑，没想到教育也需要研究。他问："那，你说说看，你们研究教育之后，有什么结论？"我说不上来，后来总算想起一个我比较信奉的教育学原理，告诉他："比如，教育孩子的时候，既不能太严厉，也不能太宽松，要严慈相济，劳逸结合。"父亲立刻说："这还要你说啊，即使不研究教育学，我也懂。"

父亲是不是真的懂教育学，我不好说。但他对教育确实有自己的理解，他有自己的"民间教育学"。

父亲为我提供的最好的教育，就是对我无限的期望和无限的信任。他不会像我妈那样说："我儿聪明，我儿是天才，我儿将来要当县长。"父亲的办法是为我的学习提供帮助。他识字少，几乎不能辅导我做作业，但他有他的办法。比如，当我说我的凳子太破，被同学笑话时，他就问："你想要一个什么样的凳子？"我说："要大的，高一点的。"于是，他就说："好。这个暑假就帮你做一个新的。"

那年暑假，父亲在屋后挖出一个大树桩。他把那个大树桩搬到村里的张师傅家，请张师傅帮忙做成凳子。张师傅是村里最有名的木匠。在一个割麦子的季节，父亲从张师傅家里搬回一张凳子。我走过去，凳子差不多快要接近我的肚脐。凳子很厚很重，父亲用油漆漆成黄色。

父亲说："你下次上学时，就用这张凳子。"

那张凳子显然是全校最漂亮的凳子。我父亲知道我在学校地位不高，属"差生"。家里"成分"不好，整个家庭在村里的地位就很低，父亲由此差不多就可以判断我在学校的日子不会好过。我猜想父亲大概是希望用一张漂亮的凳子来提高他的儿子在学校的地位。

可惜，那张凳子我只用了不到半年的时间。那年"留级"时，我把那张凳子也一同留在了那间教室。后来就再也没有见到那张凳子了。

我和父亲交往最多的时候，是在我读中学的每年的寒暑假。中学以前他很少理我，中学以后他想理我，我没时间理他了。上了大学以后，我就很少回家。

在中学的六个寒暑假里，我们有很多交往。

高考结束后，我知道我会考上大学。在家里没事做，我想学画画。在高中三年级的历史课上，有一次我临摹马克思像，被教历史的杨老师痛骂一顿。杨老师的意思是说："都火烧眉毛了，竟不知死活。"我很气愤，等他走出教室后，我在世界历史课本上画了 10 个马克思像。我从小就气量小，睚眦必报，可见一斑。后来给中小学老师作讲座时，我一再提倡"做人要厚道"、"做人要宽容"，我怀疑是与我自己缺乏厚道和宽容的秉性有关。一般而言，自己缺什么，就提倡什么。

现在毕业了，我想画画。我向我爸要 20 块钱。

20 块钱意味着什么？那时不懂事，我只是心里想着，要买两本绘画的书，大概需要 20 块钱。其实，20 块钱对于我父亲来说，意味着他必须在门前的藕池里浸泡整整一天的时间。那段时间为了筹集我的学费，他经常只穿一条短裤，在藕池里用脚和手采藕。那样一天大概可以采到一篮子莲藕。第二天拿到街上去卖，大约可以卖 20 块钱。

我爸问："要钱干什么？"

我说："买画画的书。"

他说："干那没用的事情干什么？"在我父亲看来，只要一件事没用，就没有做的价值。他好像不知道，有些事情如果是"有趣"的，这就比"有用"更重要。后来我为这事专门写过一篇文章《什么知识最有力量》。我特别谈到了"有趣的知识最有力量"。

记得当时我很生气。我都高中毕业了，都长大了，在这个家里说话一点地位都没有。

当时我们俩正在剥黄豆，准备晚上做"黄豆炒辣椒"。那时进入秋天了，湖北乡村的夏天有很多菜吃，但到了秋天，可吃的菜就很少。那年秋天我们经常吃"黄豆炒辣椒"，到今天我都喜欢吃。

我想威胁一下我的父亲。当时我们剥黄豆时，把黄豆放到一个小塑料盆里。

我用脚"轻轻地"踢了一下那个塑料盆。我问他："给不给啊？"问题是，我没控制好力度，用力过猛，把盆踢翻了。

那时家里穷，地上是泥土，很多灰尘。新鲜的黄豆在地上滚动，裹上了灰尘，很难看。

我父亲"腾地"一下站起来，满脸怒气。

我估计他要揍我了。我父亲很少打我，只有一次我骂我妈，他不能容忍有人骂他的太太，于是动手狠狠地揍了我一顿。

但他那天没揍我。

他弯下腰，拿了塑料盆，一颗一颗地把黄豆重新拣回来，放到盆里。

我父亲很高大，我长得矮，是因为我母亲矮。

那么高的个子，弯着腰，低头，一颗一颗地拣很小的黄豆。

我很难过，觉得对不住他。

想帮他，但一帮他，就是认错，我不愿意认错。我只承认踢塑料盆是不对的，但不愿意承认要20块钱是不对的。我要是帮他拣黄豆，就差不多承认我全错了。

等到他把最后一颗黄豆拣回塑料盆里，我感到绝望了，连补偿改正的机会都没了。他端着盆，不理我，转身往厨房的方向走。我忍不住了，冲着我父亲喊："我不要钱了！"

父亲并不理我。两天后，他在门前荷塘里用脚采藕，然后挑到镇上去卖。回家后，给了我20元。那年暑假，我陪母亲去仙桃医院看病。医院附近有一家新华书店，在那里，我买了一本"素描入门"的绘画书。

父亲的教育智慧很简单：不是教训，而是关心并帮助。父亲用这个智慧教育我，也用这个智慧化解家庭矛盾。

二、父亲的智慧（下）

我一出生就被抛掷到一个充满矛盾、争执的家庭。我祖父是个耿直而要强的人，他自己要强，也希望他的子孙要强。可是他的儿子（我父亲）和孙子都不太像他。我母亲也是个耿直而要强的人，她自己要强，也希望她的丈夫和儿女要强，可是我父亲和我们四个子女都比较"善"，不像她那么强硬。"善"在家乡的语言中有"软"的意思，比如"手善"就是"手软"；"这个比较善"几乎就是"这个人比较软弱"。

祖父一向瞧不起我，有一天我被人差使去帮人插秧。回家后，他骂我："马善被人骑，人善被人欺。你这个孱头。"后来我看鲁迅的书时，发现鲁迅也喜欢骂人是"孱头"，这使我常常想起祖父的形象。在没有看鲁迅的照片前，我一直是用祖父的形象来想象鲁迅的长相。

母亲也很瞧不起"懦弱"的人，但她很瞧得起我，对我充满期望。她教育我说："老实人就是吃亏。要是别人踢你一脚，你就踢他两脚。听见了没有？"我说："听见了。"但母亲这个办法我基本上没有试过。在我的记忆中，至少有两个人打过我，我都没有还手。我也很想还手，但力量对比悬殊，无法还手。

一次是我和五六个同伴一起到村里很远的地方玩。经过一家姓童的菜园时，我们中有几个人很整齐地大声喊那家男主人的姓名。一个男人的姓名被一帮小孩叫喊，这是犯忌的，被认为是窝囊而童叟可欺。于是那男人从家里像个火球（那个人一年四季都是红彤彤的脸）一般冲出来。在我们还没有来得及逃跑的时候，他已经冲到我的面前。不知道为什么，在那么多人中间，他就看我不顺眼，给了我一记耳光，然后恨恨地回去了。这个人短而粗壮，出手很有力量，后来我的左耳接连几天都嗡嗡地响。

其实，我是我们一群人中唯一没有喊他姓名的人。

那天我也没觉得有什么委屈，因为远远的，那个男人无法识别谁喊了谁没有喊。我只是觉得对不住我祖父，也对不住我母亲。那天回家后，我一直轮流地观察我祖父和我母亲，觉得他们的眼神里充满了不屑和鄙夷。

另一次我和几个伙伴一起到一户姓曾的人家看人玩扑克，赌钱。这家的大儿子（比我大概长 1 岁或 2 岁）输了钱，很愤怒，忽然从赌博的人群中挤出来，冲我吼叫："吵什么吵？！"我说："我没吵，输了钱怪我啊？"于是，他扬起手狠狠地给了我一记耳光。同上次一样，这次又是打我的左脸，我的右脸几乎没被人打过。后来上海的一位朋友跟我一起照相时，说我的右脸长得比较漂亮。我就跟她讲小时候别人光打我的左脸，被打变形了。后来我照相时，常常身体稍稍往左倾，让别人照右脸。

我站在那里，愤怒地望着他，脸火辣辣地疼。我迅速地看了一下周围的人，可是，没有人帮助我除暴安良。我只好一个人很懊悔地离开。从那家走出来，看着那家的屋脊，我在心里发誓：将来要强大，不能被别人欺负。

那天回家后，只有父亲在家里，我没有见到祖父，祖父好像出远门帮别人打工去了，祖父的工作是开山、采石。

父亲肯定不知道我挨打的事，这事不可能那么快就传到家里。可是那天他一直跟我讲吃亏是福的道理，讲得我诚惶诚恐，总怀疑他已经知道我挨打的事。他的人生哲学是：老实人吃小亏却占大便宜，狡猾人占小便宜却吃大亏。

我父亲是典型的"老实人"。他总是一脸淡淡的笑，很少见他生气。

有时家里遇到比较苦闷的事情，母亲就焦虑、着急。父亲会说一些"四言八句"的顺口溜来逗母亲开心。"四言八句"这个词语是母亲对父亲的顺口溜的概括。比如母亲生气时，父亲会说："世界太小，事情不少，有人生气，有人烦恼。"比如父亲赌博输钱了，母亲骂他，他就逗母亲开心："赌博不该，输钱也不该，不用生气，消财免灾。"母亲开心了，就质问："你哪来的那么多四言八句啊？"父亲会说："你要想听，我还有。"

有时家里遇到有人被"欺负"，比如邻居在种田时挤占了我们家的田地，这时母亲就一定出场与他们争吵或者痛骂。母亲一开口就骂"该死的"、"砍脑壳的"、"不凭良心的"，直骂得那人不说话才肯收兵。祖父虽不会亲自出马，却在家里忿忿不平，骂这些人野蛮而不顾天理，不讲仁义。

这时候父亲一般坐在家里，可能显得比较不高兴，却绝不愤怒。既不像母亲那样开口骂人，也不像祖父那样以天理和仁义斥之。母亲在外面和别人吵架辛苦了，回到家里就骂父亲："别人家里都是男人出面，你呢？"父亲就说："你没看见啊？一个家里只能派一个代表。"每遇到这样的场面，我就在旁边观察，我观察的结论是：祖父和母亲脾气火爆，父亲平淡幽默。我欣赏父亲的幽默。

父亲常年坚守他的朴素的幽默，这种幽默与智慧不见得有太大的关系，却与厚道有关联，它是一种厚道的日常心情和生活姿态。

父亲的厚道与幽默让他自己的生活一直过得很轻松。在我们家里，祖父和母亲两个人都很要强，于是他们常常吵架。父亲不说话，只静观。母亲和祖父常常是在吃早餐[1]的时候吵架。祖父要是太愤怒了，就会摔碗，猛地把碗翻过来，使劲地扣在桌子上。即便如此，父亲照样吃饭，照样吃菜。母亲质

1　乡村的早餐其实是午餐。乡村一天只吃两餐，早餐和午餐是合起来的，类似英语中的 brunch。

问："你怎么还吃得下去呢？"父亲就反驳："吃不言，睡不语，你不知道？"

"吃不言，睡不语"这话其实是祖父经常给我们讲的道理。父亲这样说时，我怀疑他是用祖父的话来回答我母亲的质问，也顺便讽刺祖父。

父亲不那么要强，却是个化解矛盾和苦闷的高人。我对祖父一直很敬畏，他的话也几乎都是对的。比如我很难反驳"马善被人骑，人善被人欺"的道理。我对我母亲也一直很欣赏，她是个心直口快的人，心里不高兴了她就骂人，心里高兴了她就开怀大笑。可是，在处理生活中的障碍与苦闷时，我常常愿意选择父亲的方案：静观、调侃、黑色幽默。父亲关于"老实人吃小亏却占大便宜"的教诲几乎成为我的个人宗教。

祖父常给我们讲"中庸"的智慧。祖父将"中庸"智慧浓缩为几句话：酒是穿肠毒药；色是刮骨钢刀；气是惹祸的根苗。

接下来还有三句话：无酒不成礼仪；无色路断人稀；无气反被人欺。

但祖父性情火爆，容易被激怒。他有中国人的中庸观念，却惯常以柏拉图的激情行事。真正能够落实中庸精神的人，是我父亲。

中庸所追求的适度、适时和权变智慧，几乎成为中国人的民间宗教。《资治通鉴》的说法是："千钧之弩，不为鼷鼠发机；万石之钟，不以莛撞起音。"我的家乡尚有另一种说法："如果狗咬了你一口，你千万不要回头咬狗一口。"

父亲是典型的老实人。他虽信奉"老实人吃小亏占大便宜"的道理，但作为老实人，他吃小亏是常有的事，好像也没有机会占大便宜。唯一值得庆幸的是，与周围的其他同龄人相比，父亲过得还算幸福。到了大家都打牌赌博的时候，他总是有机会打牌赌博；到了大家都抽烟喝酒的时候，他也总是有办法抽烟喝酒；到了需要盖新房的时候，他也能够盖一栋令人耳目一新的房子。

父亲盖新房子那年，我读初中二年级。盖房子需要打地基。傍晚，村里的一些有力气的中年人来帮忙夯实地基。那帮人用两根粗木棍绑在石磙（碾子）上，一边吆喝，一边高高地提起石磙。他们将石磙提到高处，突然放手，石磙重重地跌落在地基上，发出沉闷的响声。他们吆喝的时候，并不喊一二三，而是哼一首当时流行的歌曲。他们只能唱开头的几句，后面就只能哼出曲调，显然记不住歌词。他们也并不刻意追求歌词的完整，大家相互取乐，嘻嘻哈哈，等到他们觉得地基够结实了，各自回家。

后来，我为此专门作了文献搜索，终于找到那首歌。那首歌是《军民大生产》：

解放区呀么嗬咳

大生产呀么嗬咳

军队和人民

西里里里　嚓啦啦啦　嗦啰啰啰太

齐动员呀么嗬咳

兵工队呀么嗬咳

互助组呀么嗬咳

劳动的歌声

西里里里　嚓啦啦啦　嗦啰啰啰太

满山川呀么嗬咳

妇女们呀么嗬咳

都争先呀么嗬咳

手摇着纺车

吱咛吱咛　吱咛吱咛　嗡嗡嗡嗡吱儿

纺线线呀么嗬咳

又能武呀么嗬咳

又能文呀么嗬咳

人问我什么队伍　一二三四

八路军呀么嗬咳

自己动手么嗬咳

丰衣足食么嗬咳

加紧生产

西里里里　擦啦啦啦　嗦啰啰啰太

为抗战呀么嗬咳

三、母亲的情感

在我的人生中，母亲对我的影响最大。如果没有她的爱心和赏识，我大概不会有今天这样的自信。她是善良的好人，但性情别具一格。喜怒哀乐，全写在她的脸上。高兴的时候开怀大笑，不高兴的时候则怒目圆睁。

小时候经常遇到我母亲和我祖父吵架。中国家庭纠纷比较经典的样式是婆媳之间的吵闹。我祖母住在我伯伯家，所以我母亲和我祖父吵架实际上是婆媳吵架的变形。我很讨厌家里人吵架[1]，在吵架进入高峰时我偶尔会站出来说话。

我常常是对祖父不满，这点母亲是知道的。母亲知道我总是站在她的那一边。但我站出来说话时，却总是对我母亲大吼一声："别吵啦！"我的吼叫有时管用，有时不管用，但至少有一个效果：只要我站出来说话了，吵架就进入尾声。

久之，家里逐渐形成一个环状的格局：我祖父怕我妈，我妈怕我，我怕我父亲，我父亲怕我的祖父。这是一个很有趣的可以相互制衡的权力环。

除了和祖父吵架之外，母亲也会和邻居或村里的其他人吵架。这些事情一年四季随时都可能发生。村里有一条"机沟埂子"[2]，如果有人偷了我们家的苎麻、南瓜或者西瓜，有人挤占了我们家的田地，母亲就到"机沟埂子"那里去指桑骂槐地骂那些"强盗"。

并非我母亲喜欢吵架。在村里，吵架几乎是妇女们的必修课程。一个女人要是不善于和他人吵架，会被认为是言语笨拙、任人宰割的弱者。从外面嫁过来的新媳妇第一次和邻居吵架时，还显得有些胆怯。不到一年，春夏秋冬都经历了一遍，这个新媳妇往往会修炼出一副吵架的金嗓子和有专业水平的吵架话语。我研究家庭教育时，既不赞成"早期智力开发越早越好"的说法，但也并不简单地反对早期智力开发。高师妹曾反问我："你们乡村的孩子

1　这影响了我后来寻找妻子的标准，"不喜欢吵架"成为一个重要的标准。
2　抽水机抽上来的水经过一条水沟流到四处的水稻田，人们将水沟两边的坝子称为"机沟埂子"。

没接受多少早期智力开发，他们为什么仍然那么聪明？"我的答案是：在乡村，孩子们从小就听大人吵架，孩子（尤其是女孩）之间也经常吵架。他们在吵架中实现了早期智力开发。从古希腊的课程体系来看，"吵架"乃是"辩论"的艺术，是"文法"、"修辞"、"逻辑"。

母亲除了善于和别人吵架，她还有一个特点是纵声大笑。高兴的时候总是有的，她一旦高兴，就会毫无顾忌地开怀大笑。她一旦笑起来，全村的人几乎都可以听得到。她的嗓音大，声音有强劲的穿透力。小学以前我总喜欢到外面找同伴玩，到了傍晚，母亲做好饭后，她会到门前冲着天空大喊一声："年华——！"无论我跑多远，只要她在门前大喊一声，根本不需要重复喊第二遍，我就会从远处赶回来。

她身体看上去很结实，膀阔腰圆，干活的时候总喜欢逞能，热气腾腾。她曾经跟我吹牛说："老娘可以打老虎。"可是，她30多岁时就患有心脏病，不能干重活。自那以后，除了洗衣做饭之外，她较少干重活，养尊处优。别的妇女一年四季都在田间劳作，日晒夜露，风里来雨里去，皮肤黑而粗糙。母亲不同，因为常年在家休养生息，一直是白白胖胖的样子。因为不需要在田间劳作，就有了审美的空间和时间。母亲一年四季用上海牌的雪花膏，不定期更换新衣服，她总能够将自己打扮得干净利索。

心脏病在农村是典型的"富贵病"。有心脏病作为理由，就可以免除一系列插秧割谷的重活。母亲不做重活、粗活显然有充分的理由，但她也并不因此愿意做细活或者轻活。那时做鞋子、穿鞋子在乡村是一件大事，很少能够买到成品布鞋，更看不到皮鞋。我们姊妹四人穿的鞋子都是几个姨妈轮流负责，好像没有一双是母亲做的。母亲做事总是显得大手大脚，对针线活比较疏远。母亲不做针线活也就罢了，令我比较遗憾的是她不善于做酱菜。在湖北乡村，春夏两季的蔬菜比较丰富，剩下将近有半年的时间，尤其是冬天和初春需要吃酱菜。做酱菜是伯母的强项，这是我尊敬伯母的一个重要原因。

一个人要是较少做事，她就会追求休闲娱乐。我估计这大概是古希腊"自由教育"的初始形态。我母亲休闲的方式主要是打牌，最初是玩"上、大、人、邱、乙、己"之类的纸牌，后来转换主题，开始打麻将。她虽然不识字，但有强大的意志力。经历无数次的"熬更守夜"，终于成为打牌高手。从"课程与教学论"的原理来看，她之所以能够克服不识字的障碍而在短时间内成为打牌的高手，主要因为她采用了"研究性学习"的办法。

母亲打牌总是赢多输少。有一段时间，我很讨厌她到外面打牌，她义正辞严地说："老娘打牌，只赢不输。"我父亲在旁边帮腔："你知道你上大学的学费是怎么来的吗？"我回头看母亲，母亲的惯用动作是频频点头，然后得意地反问："嗯？"

我母亲有那么多的缺点，但也有不少优点。她以独特的生活方式和教育方式影响我的成长。

我母亲的第一个优点是讲究"义气"，见到有好感的人就"自来亲"，广交朋友。无论走到哪里，她都能在短时间内赢得周围人的好感。我姨妈较多（母亲有一个弟弟，七个姐妹），有几个姨妈嫁到另外的乡镇。姨妈的村里有几个人跟我姨妈较少来往，却跟我母亲是很好的朋友。我母亲偶尔会炫耀说："老娘的朋友遍天下。"

我母亲曾从湖北到广州，住在我家里。后来在我家里住不习惯，我也担心她讲话声音太大，她大笑的时候，会影响邻居的休息。她受不了限制，住到我妹妹那里。我有空的时候就过去看望她。不到两个月，她在那里竟然已经拉帮结派，团结了一帮人，玩得不亦乐乎。

母亲自己讲义气，也由此而重视我的伙伴。小时候我偶尔会跟村里的小伙伴到镇上去逛街。逛街是要花钱的，为了解决我的资金问题，母亲会想各种办法。母亲的理论是："人穷志短，不能让我儿子在朋友面前没志气。"她首先得尽量瞒过我父亲和祖父，因为他们不准许我到镇上去玩。然后再想办法弄到足够的钱。要是实在拿不出钱来，她就拿一个小布袋，装半袋米，交给我。她说："拿这些米到粮店去，就可以换钱。"有一段时间，我祖父经常抱怨家里米吃得太快了，要省着吃。他不知道，有一部分米是我母亲给我拿到镇上的粮店卖掉了。有几次我祖父骂我："你以为你老子有沈万山的家当？你将来不是土匪，就是流氓。"我怀疑祖父已经知道我母亲帮我卖米换钱的秘密。

现在看来，我对朋友的热情和游玩的习惯，实际上是受了母亲的鼓励。

要不是她的"怂恿"和暗中资助，我对朋友和游玩的热情大概也不会有那么持久。

母亲的第二个优点是富有同情心。家里虽然一直困难，但她依然保持乐善好施的习惯。我一直提醒她，有些乞丐是骗子，她不听。直到有几次上当受骗之后，乐善好施的冲动虽有所克制，但总体上不改其志。所谓克制，主要是我姐姐和妹妹经常调侃她，提醒她那些上当受骗的故事：

有一天傍晚，一个乞丐请求到我家住一个晚上。我母亲给他提供了一个床铺，让他在我家住了一宿。第二天我母亲起床时，发现家里的米缸少了很多米，从市场上买回来的肉也无影无踪。更可气的是，家里的菜刀也不见了。要是在平时发生这类事情，我母亲会立刻跳起来骂邻居。那次她怕我们笑话，一声不吭，只是不断自我调侃："他看起来很面善啊，哪知道他是这么一个鬼人？"

可是，上当之后，母亲还是会重复同样的错误。一天早晨，我母亲在门前遇到一个泪流满面的妇女。那个妇女说她的孩子生病了，住在镇上的医院里。现在欠了医院的钱，不得不变卖孩子的银项链。那么贵重的银项链，至少值1000元，现在只卖500元。我母亲见那人流泪，可以赚钱，又可以救急，顾不上辨认真假，立刻拿钱给了那人。等那人收到钱后急匆匆离开时，我母亲就察觉到受骗了。我姐姐很生气，把那个"银项链"扔进了门前的水塘。此后，只要我母亲在我们面前嘲笑某某人太笨、某某人太糊涂时，我们就给她讲这个故事。只要我们给她讲这个故事，她就立刻变得谦虚起来，她会说："那个鬼人哭得那么伤心，谁知道那是假的呢？"

我母亲的第三个优点是喜欢听故事和讲故事。她喜欢看戏，是地道的戏迷，还喜欢追星。如果附近有"唱戏"的活动，只要在她能够走动的范围，她都会亲临现场。可惜她人太胖，不会骑车，别人也不敢轻易让她坐在自行车的后面。有一次我骑车出去，她很费劲地坐在我的车上，没想到摔到地上，仰面朝天，再不敢坐车。要是她能够借助交通工具，她看戏的范围还会扩大。有一次她去另一个乡镇看戏，中途遇到一条水沟，她很胖，无法跳过去。后面有人过来，看她那么胖，以为是孕妇，很小心地帮她越过了那条水沟。她为此一直很得意，几次炫耀说："别的老人一看就知道是老人，我呢，看上去像孕妇。"

每次看戏回来后，母亲就趁在门前洗衣服的机会，给邻居讲戏剧的故事情节和其中隐藏的道理。她经常嘲笑别人都是外行，她自己是内行。外行看热闹，内行看门道。

除了看戏和讲戏剧故事，她更喜欢调查新闻和给别人讲述新闻故事。她消息灵通，如果哪个地方有重大事件发生，她就会在第一时间出现在那里，亲自取证。1996 年，大年初四的晚上，她听到门前有急促的跑动声，怀疑是公安局的人来抓赌场。她赶紧披衣起床，及时地赶到现场。在那么寒冷的晚上，她竟然在那里站了将近两个小时。第二天早晨，她给我们完整地报道"赌场事件"：派出所来了哪些人，赌场里的哪些人逃跑了，哪些人被关押到派出所去了，她清清楚楚。

她为什么喜欢做这些没意义的事情？我不太清楚。作为"知识分子"，我曾经对她的这种好奇心比较反感。尤其读了鲁迅的文章之后，总觉得"喜欢扎堆"和"看热闹"是中国人的劣根性。可是，后来，想到她为了讲故事而愿意花时间和精力做田野调查，想到她有那么多的活力、那么多的好奇心，从不偷懒、不退缩，实属不易。

母亲最大的弱点是不够理性，她似乎只为情感而活。在柏拉图的理性、激情和欲望三者之间，哲人往往重视理性，而大众崇尚情感。[1] 不过，哲人之间，也有例外。比如，休谟就说：理性是情感的奴隶，除了服从情感之外，理性一无是处。[2]

母亲若研究哲学，她必成为休谟主义者。

1　哲人相信激情偏向理性，而大众相信激情偏向欲望，激情与欲望一起构成情感。

2　［英］休谟，《人性论（下册）》，关文运译，商务印书馆 1980 年版，第 453 页。引用时对译文有所调整。

我的UNCLE[1]

一、我的舅舅

小时候家里穷，我长时期住在外婆家。在那里，最疼爱我的是"姥爹"（舅舅的祖母）。她经常悄悄地给我各种好吃的糖果。她自己舍不得吃，专为我收藏。最焦虑的人是外婆，她总是在我回家的时候，偷偷地给我一袋大米让我带回家。我最害怕的人是外公，他有肺病，额头大而刚硬，他看我时，目光凌厉。每次在外面折腾一天回到外婆家，我都尽量避开外公，趁他不注意，溜进去。最令我崇拜的人是舅舅，舅舅似乎能做任何事，而且能够做得轻松而完美。

母亲有一个姐姐，一个弟弟，五个妹妹，母亲排行第二。家乡有"憨老大，金老二，刁老三"的说法，这个说法大体符合母亲八个姊妹的性情。大姨妈待人热情，又讲

1　这里借用英语 uncle 来指称伯父、舅父、姑父、姨父以及与父亲年龄相仿的所有男士。

究礼仪，有憨厚的长者风度。最小的姨妈机灵、能干而有非凡的个性。母亲以及其他介于中间位置的几个姨妈和舅舅都属于既善于合作又有生存竞争力的人。

舅舅给我们留下的最直观的印象是他能"封墙"（砌墙）。能"封墙"的人就是瓦匠。在我成长过程中，见过舅舅家两次建新房。每次建新房，舅舅都是主力，亲自"封墙"，亲自粉刷。我们家建新房的时候，也请舅舅来帮忙。那次舅舅负责两道主墙之一的东墙。可能因为速度太快，房屋封顶的时候，他发现东墙的三角顶部稍稍有点倾斜。舅舅一直为此感到愧疚，其实，如果不仔细察看，那道墙根本没有问题。几十年过去了，老家的房屋只有后墙因常年受风雨侵蚀而出现裂痕，舅舅砌的那道墙至今完好无损。

后来发现，舅舅不仅会"封墙"，还能写能画。能写善画的人在家乡特别受尊重，被视为文化人。每年春节，舅舅给自己家里写对联，也帮邻居家写对联。舅舅的书法可能算不上精湛，但笔法流畅，自成一体。与书法相比，舅舅的绘画水平更高一些。舅舅的书桌上有一幅神态逼真的穿绿色军装的"自画像"。我问他如何画成，他说："看镜子。"舅舅为他的祖母、父亲画过像，也为村里很多老人画像。他画像时不用九宫格，把一张一寸大小的黑白照片摆放在面前，就能按照一定的比例放大。

原以为舅舅这样能写善画的人，做农活肯定不行。高一那年的暑假，受母亲的指派，我和姐姐去帮舅舅家插秧。插秧之前，先扯秧。无论插秧还是扯秧，我和姐姐都是能手。可是，那天到了舅舅家的秧田，我和姐姐都遇到了困难。我们家的秧田是软的，而舅舅家的秧田是硬邦邦的。秧田是硬的，扯秧时，不仅要用力气拉扯，而且拔出来的秧苗总是带着大块结实的泥土。把秧苗拔出来已经很难，缠成"秧把子"后，接下来要在水里洗去秧苗上的泥土，也不易。因为进展缓慢，我和姐姐开始观察舅舅和舅妈的扯秧方式。我们惊奇地发现，他们好像并不受秧田硬度的影响，不仅速度快，动作轻巧，而且很少带出泥土，也不需要像我们那样在水里艰难地冲洗。我们试着用舅舅的方法扯秧，虽不完全成功，但有明显改进。

舅舅给村里人画像不收钱，但舅舅是有创业精神的人，他帮人画漆画、做室内装修是收钱的。舅舅观摩过别人画漆画，然后自己尝试。因为有绘画的基础，舅舅很快就掌握了漆画的技术。他先在自己家里的梳妆台、书桌和木门上画漆画，刷油漆。技术熟练之后，开始给别人家制作漆画，刷油漆，收取简单的报酬。几年后，舅舅的漆画水平已经远近闻名。高中三年级的那个春节，我去舅舅家拜年。我有一个叫陈月高的同学与舅舅住在同一个村里。那天晚上我去同学家里玩，看到他家有一个漂亮的书桌。我惊叹："竟然有这么漂亮的桌子！"他父亲介绍说："原本是普通的桌子，放在家里好多年了，去年请你舅舅帮忙画了漆画，就变漂亮了。"

在外出画漆画的过程中，舅舅开始将他的漆画技术扩展到室内装修，主要负责装修方案设计、墙面粉刷、门窗刷漆、画漆画等等。每到农闲季节，舅舅便外出联系装修业务。1993年，舅舅去洪湖市郊区为一家类似 townhouse 的私人住宅做室内装修。那年暑假，我去帮舅舅干活，想从他那里学习漆画和室内装修的技术。每天6点起床，中午有短时间的休息，整个上午和下午都在描线、刷漆、上涂料。午餐和晚餐都安排在附近的一个亲戚家。每天都是同样的菜谱：一盘青菜，一盘苦瓜炒肉，一碗冬瓜汤。菜的味道一般，但我们每次都狼吞虎咽，一点不剩。晚上就在工地上睡觉。由于白天已经累得腰酸背痛，浑身瘫软，一旦躺下，就立刻沉沉地入睡。

半个月后，我离开工地，舅舅给了我50元钱。那不是舅舅第一次给我钱。我读高中二年级时，舅舅曾骑自行车来到洪湖二中，给我8元。那时每个月的伙食费比较少，8元可以做很多事情。

舅舅是奇男子。无论做人的性情、做事的能力，还是能写能画的天赋，舅舅在我家四姊妹心中，一直是神一样的存在。

母亲说，她嫁到我们刘家的那天，舅舅送亲。一个月后，舅舅来接母亲回娘家。舅舅来时带了一本书，坐在房间里，一个人在那里静静地看书。那次给祖父祖母留下深刻的印象。从那以后，只要舅舅来我们家，祖父祖母都把他看作文质彬彬的重要客人。

我向来挑剔洗漱用品，不允许家里人共用我的牙刷和毛巾。大学二年级那年，我回家过春节。一天舅舅来我们家做客，第二天早晨，我拿出我的牙刷，让舅舅使用。母亲感叹："我儿对舅舅比对自己的亲娘还亲。"

母亲并不嫉妒，她比我们更疼爱和感激这个唯一的舅舅。在我们家里，东墙是舅舅亲手砌成的；屋脊上的飞檐翘角是舅舅亲手安装的；正厅大门上的漆画是舅舅亲手绘制的；我们家的第一辆自行车是舅舅赠送的。1984 年，我们家新房子建好之后，舅舅亲手画了松柏仙鹤图，作为新居落成志庆的贺礼。那幅松柏仙鹤图，至今高悬在老屋的正厅上方。1970 年代，在实行"家庭联产承包责任制"之前，我们家一直处境艰难。

神一样的舅舅之所以在我们家有至高无上的地位，不只因为他本人多才多艺、无所不能，也不只因为他性情温顺、儒雅善良，更重要的是，他上有祖母、父母，下有三个儿子。在他的周围，还有七个姐妹，七个姐妹的背后是七个庞大而复杂、多样的家庭。

舅舅带着舅妈，独当一面，撑起整个家族。每次想起舅舅和舅妈，我就想起鲁迅说的"民族的脊梁"。[1]

二、我的伯父

父亲有一个哥哥，一个弟弟，没有姐妹。三兄弟貌似性格迥异，实则有大量的维特根斯坦式的"家族相似"和罗尔斯式的"重叠共识"。按家谱，他们兄弟三人属"烈"字辈，分别取名烈兵、烈明、烈山。我曾误将父亲写成"烈民"，遭祖父呵斥。

三兄弟中，伯父个子最矮，但心智最发达，能言善辩。每看戏剧或皮影戏，能完整复述故事的来龙去脉，且能解释其中各种曲折幽深的道理。父亲多次对我说："大伯心孔好。"在家乡的话语体系中，"心孔好"是聪明、记忆力超强的意思。

据父亲说，小时候读书伯父领会快，能记事，可惜因为祖父的干涉，他们三兄弟都早早地辍学，或初入小学，浅尝即止；或干脆不入学，拒绝读书。

1　详见鲁迅的《且介亭杂文·中国人失掉自信力了吗》。

在那个年代，祖父以自己的经历，在全家宣扬读书无用甚至读书有害的观念。他自己读过"十年长学"，读过"四书五经"，甚至学过简单的英语，但他的读书经历不但没有给他带来福祉，反而在"打地主"的年代被视为封建余孽。祖父对此耿耿于怀，由此认定读书误人。

其实，伯父最大的特征并不是他心智发达或能言善辩，而是他眼角的纹线。有一种人，他总是一脸的幸福、满足与欢欣鼓舞的微笑。奇妙的是，这种微笑与他本人的心情几乎无关，仅仅因为他拥有一种天生的眼角纹线。世界上有两种笑容，让我印象深刻。一是弥勒佛的开怀大笑，而且是永远的不停歇的开怀大笑。大肚能容，容天下难容之事，开口便笑，笑世间可笑之人。弥勒佛的开怀大笑，让人见之忘忧，放下凡心，立地成佛。二是伯父的倾心微笑。无论何时何地，总是笑容满面，活色生香；人生或喜或忧，一律波澜不兴，宠辱不惊。伯父天然的微笑，让我坚定地相信，人世间无论遭遇何种困难或误解，你若坦然，便有欢颜。

伯父的那一张奇异的脸和美好的眼角纹线，我堂兄略有继承，但不充分。真正充分而完整的继承者，是我堂弟刘爱华。2005年，我请堂弟帮我开车。此前已经请了一个小伙子帮我开车，但我仍然希望在我身边的人是我堂弟而不是别人。那时他尚未接触汽车，我决定出资让他先学开车，获得驾照，然后再来帮我开车，做我的助手。将来即便我自己能够开车了，他也可以因此而拥有一技之长，至少能够做出租车司机。我之所以愿意费尽心思帮助堂弟，也正因为堂弟延续了伯父那张奇异的笑脸。那是人世间少有的明亮、纯净、简单而善良的美好形象。

与伯父相比，伯母对我的影响更大一些。伯母姓王，我们刘家"成分不好"，是"地主"家庭，伯母的娘家是贫下中农，根正苗红。因为这个，伯母在我们村有较高的地位，说话"能拿得住人"。在家乡的话语系统里，"能拿得住人"的意思是说话能压服人，让人心服口服。

伯母之所以说话"能拿得住人"，还有一个重要原因：伯母是理性主义者。伯母说话之前，她的行事方式和行事结果已经为她所说的话作了铺垫。语言虽然有力量，但言语的终极力量来自行事方式和行事结果而并不来自言语本身。伯母谨言慎行，不轻易留下把柄。

于是，我伯母迅速赢得了我祖父祖母的信任，我母亲虽然不屑一顾，但也无能为力。在我母亲和我伯母之间，祖母义无反顾地选择了住在伯母家。出于人道主义的考虑，我祖父住到了我们家。

我观察过我伯母和我祖母之间的对话。她们两人在一起聊天时，一呼一应，在某些细节上相互补充，行云流水。她们说话和做事彼此默契，形同姐妹。

也许伯母在娘家时已经掌握做菜的基本技巧，加上有祖母的指导，伯母厨艺渐趋精进。小时候，村里的婚丧嫁娶都会请厨师掌勺。最初，祖母和伯母同时出场，后来伯母独当一面，独立掌勺。除了祖母和伯母，村里还有几个能够掌勺的人，但相比之下，祖母和伯母的厨艺最精，口碑最好，影响广远。在乡村，除了当官的，被尊重的人首先是医生和教师，然后是厨师或裁缝、木匠、瓦匠。伯母谨言慎行，说话能拿得住人，又精于烹饪，在村里地位非凡。

我母亲和我伯母关系一直不好，时常吵架。中国社会至少有两类人互为天敌：一是婆媳，二是妯娌。这两个天敌，我母亲都有。母亲和伯母吵架的时候，我当然站在母亲这边，但吵架结束之后，我比较偏向伯母那边，总觉得伯母是懂道理的人。我对伯母的好印象主要源于我发现她是做酱菜的高手。有时到伯母家去玩，看到伯母家的红辣椒酱那么鲜美，看到伯母家的杂酱那么黄灿灿的，心里就觉得伯母一定是"通情达理"的人。要不是这样，伯母怎么会做出那么好的酱菜来呢？在小学以前，我们家和伯母家关系一直紧张，伯母从来没有邀请过我到她家去吃饭。但有几次去她家玩，趁她不注意的时候，我偷吃过她家柜子里的杂酱和红辣椒酱。

一直记得伯母在门前做红辣椒酱的样子。从屋后的菜园里摘红辣椒，在屋前的空地上把红辣椒剁成碎片，撒上很多很多的盐，装在坛子里，密封，做成剁椒酱。除了做剁椒酱，伯母也做只切不剁的腌辣椒。那天伯母坐在屋前的树荫下，右手持刀，左手把红辣椒从竹篮里取出来，放到木盆里的砧板上，一刀一刀地把红辣椒剖开，切成长条，然后，撒盐，装进坛子里，密封，做成腌辣椒。切辣椒时，伯母给我们讲有关身体的原理："饿屁，冷尿，热瞌睡。"换了别人讲那些话，我们会感觉尴尬。但伯母讲这样的事，一切自然而然，合情合理。像伯母那样的人，一旦总体上被人尊重、认可，做任何事，都会显得一身正气。

伯母与我母亲的性情完全不同。伯母重情感，但更重道理。我母亲虽然也讲道理，但完全是性情中人。母亲做事主要凭感觉，凭兴趣，我行我素，敢想敢说，又口无遮拦。母亲似乎缺乏跟长者交往的经验，浑身上下有一种传说中的"反权威"、"冲决罗网"的五四青年式的激情。母亲在我祖母祖父面前无论说话还是做事，向来无所顾忌。伯母的风格是：说话做事，客客气气。即便对祖父提出批评，也依然言必称"您"。相反，我母亲一旦被激怒，立刻对"您"之类的恭敬词语视之如草芥，弃之如敝屣，开口闭口"你、你、你"。每次祖父和母亲发生争吵，祖父在气势上明显弱于母亲，老秀才遇到女兵，理不屈，词穷。

柏拉图将人的灵魂分为三个部分：理性、激情和欲望。在伯母那里，理性不容分说地占了上风；在母亲那里，激情和欲望稳居首位。理性带来令人敬畏的安全感，而激情和欲望虽然有一种本能的美丽与魅力，却不安全。

每次看到心理学将人的气质分为四个类型——胆汁质、多血质、粘液质和抑郁质，我就会想，如果用这个理论给伯母和母亲做分类研究，她们两人的气质类型，岂不一目了然？

伯母给我带来的重要影响就在于，我时常比较分析我伯母和我母亲的性格，以此规范我自己的说话方式和行事模式。

比较尴尬的问题是：我在观念上认同和理解伯母的理性，却在行为上更多地延续了母亲冲决罗网的反权威的激情。西塞罗曾言：宁可与柏拉图一起犯错，也不跟那些人一起正确。[1]

我研究西塞罗，反其道而行之。

1　有人认为"那些人"就是"毕达哥拉斯信徒"。详见：刘小枫，《这一代人的怕和爱》，华夏出版社 2007 年版，第 73 页。但也有人认为西塞罗和柏拉图对毕达哥拉斯既赞赏有加又颇有微词。详见：刘小枫、陈少明，《西塞罗的苏格拉底》，华夏出版社 2011 年版，第 31-50 页；[英] 罗森，《西塞罗传》，王乃新等译，商务印书馆 2015 年版，第 291 页。

三、我的三叔

父亲的三兄弟中，叔叔最帅。叔叔排行第三，我们叫他"三爷"。在没见到三叔之前，听祖父说，三叔小时候调皮捣蛋，冥顽不化，"飞天犯法"。可以上房揭瓦，可以放一把火，烧人家的"窖案子"（稻草堆）。行为完全没有规矩，无恶不作。可是，长大之后，性情突然有了变化。

小时候很少去三叔家，他住在另一个镇。我们家在曹市镇，他家在永丰镇，两地相隔将近20公里。我初中毕业那年的端午节，我们几个兄弟骑自行车去看望三叔。以前三叔来过我们家，但我没有印象。那天第一次正式地近距离观察传说中的三叔。三叔是高个子，在1米8以上，接近《长腿叔叔》电影里的形象。三叔走路快，说话快，做事也快。母亲多次说三叔是"嘹匠人"。在家乡的话语系统里，"嘹匠人"是智慧而能干的意思。

三叔与三婶在身高上形成反差。不过，三婶虽然是矮个子，大概不到1米5，长相却古雅，圆脸，圆眼，圆腰，是典型的中国传统美妇人的神态，属于另类的小家碧玉。以前在《三国演义》里看到过"豹头环眼，燕颔虎须"的描述，三婶的样子，堪称女版的"环眼，燕颔"。后来，我遇上高师妹，到了谈婚论嫁的时候，我告诉母亲："小高漂亮，性格好，唯一的缺点是个子比较矮，像小三爷那样。"母亲问："有没有小三爷那样好看？"我点头。母亲说："那还有什么话好说的呢。我相信我儿的眼光。"我们所说的"小三爷"，就是三婶。

几乎每次回湖北，我都会跟"老大"商议，去三叔家喝酒。三叔自己好像不会做饭做菜，他个子高，灶台太矮，他站在厨房里，不协调。每次去三叔家，都是三叔下河捉鱼，三婶下厨。

三婶虽然没有伯母那样精进的厨艺，但两人各有强项。伯母的强项是整体水平高，尤其善于做"鱼丸子"。做"鱼丸子"工序复杂、繁琐。每年除夕聚餐时，伯母会不厌其烦地做"鱼丸子"。做"鱼丸子"的大致工序是，先把鱼剖开，去刺，剩下纯净的鱼肉，再经过几道工序，就可做成"鱼丸子"。伯母说，"鱼丸子"丢进水里，要能浮起来，才算成功。鱼丸中有刺，这是常有的，但伯母做的鱼丸不会有刺。鱼丸做失败了，放在水里可能会沉下去，浮不起来，但伯母做的鱼丸一律会浮起来。

三婶的强项是"三蒸"：蒸鱼、蒸肉、蒸菜。"三蒸"是湖北菜系的特色。每次去三叔家，三婶都会做"三蒸"。

蒸鱼的材料是草鱼或者青鱼，鱼肉鲜嫩而有劲道。常见的白鳞鱼或大头鱼的鱼肉太粗糙，不适合做蒸鱼。老外不会吃带刺的鱼，会卡住喉咙，于是各大城市的餐馆里一度有厨师用无刺的鲢鱼代替草鱼或青鱼，但鲢鱼做成的蒸鱼不仅成色差了一截，也没有草鱼或青鱼的劲道。

蒸肉的材料必须半肥半瘦，全肥或全瘦都不行，五花肉亦不合适，唯有半肥半瘦才可能显示出"大肉"的格局。三婶有时会用蒸排骨代替蒸肉，但蒸排骨与蒸肉是两个不同的方向。排骨偏瘦，肉少骨多，完全没有蒸肉的恢弘气势和"大肉"格局。村里人所谓"大肉"，一般指半肥半瘦甚至以肥肉为主的蒸肉。

蒸菜一般用青菜，切碎，混入粉状的细米。青菜做成的蒸菜是青色或黑色的。有时也可用白萝卜代替青菜，白萝卜做成的蒸菜是纯白色的。偶尔也用豇豆代替青菜，但豇豆做回锅肉还凑合，做蒸菜则欠佳。

无论蒸鱼、蒸肉还是蒸菜，从蒸笼取出之后，须立刻在上面撒少许葱花，加入少许酱油，如果愿意，也可以撒一点点胡椒粉，最紧要的是，必须淋上足够的陈醋。

全国各大城市都有湖北菜馆，有湖北菜馆，必有"三蒸"。但是，湖北菜馆里的"三蒸"从来做不出三婶厨房里的味道。

其实，三叔家对我们的吸引力并不只是好酒好肉。我们愿意去三叔家聚会，主要因为三叔谦逊而阳光的性格。最初几次去三叔家，三叔见面必说："你们几个哥哥都有出息，多帮助弟弟。"三叔有一儿一女。女儿与儿子形象皆佳，状若明星。对于堂弟中华，三叔有时会跟我们说："他不成器，飞天犯法。"三叔这样说的时候，形同祖父跟我们说三叔本人小时候如何顽劣的样子。如果这样，就不必担心。家庭教育领域有一个说法，"儿时顽皮，大有出息"。相反，"小时了了，大未必佳"[1]。

堂弟身上有"楚文化"的古风。我与堂弟交往，发生过两次比较严重的冲突。一次在他家里，一次在堂兄家里。两次都是喝酒之后，一言不合，拍案而起，"友谊的小船说翻就翻"。堂弟在上海做生意时，我曾跟堂弟讲刚柔相济的道理，提醒他，要掌握以柔克刚的本领。堂弟点头说："我知道。"不过，知道，不见得会做到。刚柔相济的道理我们都懂，但做起来艰难。堂弟难，我也难。

按照黑格尔的主奴辩证法，有男子汉气概的人，不怕死的人，成为强者。相反，没有血性的人，贪生怕死的人，娘娘腔的人，沦为弱势群体。但是，他的这个理论，大概只适合乱世。而在太平世，在以标榜文明的城市文化中，男子汉气概反而不受推崇，有时会被人鄙视。

问题是，即便我长时间在接受现代文明的教育，长时间在城市文明中谋生，但我亦不善处理刚柔相济的微妙关系，反倒暗中追求男子汉气概，以激情、刚烈、血性之男子汉气概为骄傲，对娘娘腔、伪善、忍辱负重等城市人格不屑一顾，也因此吃过不少苦头，付出代价。我自己尚且如此，有何资格强迫堂弟接受刚柔相济的微妙之言？我三叔经历复杂，他也许愿意接受不逞强、不动气、不意气用事之醒世名言。堂弟正值亚里士多德所关注的青年时期，如何强迫他接受所谓的政治智慧？[2]

无论威利斯如何警惕"男子汉气概"，无论心理学如何强调"中性气质"[3]，人的成长经历和地域文化很难因为教育而得到改变。教育的力量其实很有限，真正强大的是习俗及其传统。湖北人的习俗和习性属于"楚文化"。男子汉气

1　详见《世说新语·言语》。"小时了了，大未必佳"的意思是：小时候了不起，长大未必有出息。比较有影响的案例是《伤仲永》。

2　亚里士多德认为："年轻人并不适合听政治学；因为年轻人对人生行为缺少经验。而政治学的诸般道理来自人生经验，而且论及人生经验。何况，由于年轻人受种种感情左右，听讲时恐怕会心不在焉，而且听了也没用，毕竟，政治学的目的并非认知，而是践行。一个人无论在年纪上年轻还是在道德上稚嫩，都不适合学习政治学。"详见：亚里士多德，《尼各马可伦理学》，廖申白译，商务印书馆 2003 年版，第 7–8 页。

3　有关男性气质、女性气质、中性气质的讨论，详见：冯嘉慧，《中小学生性别角色与学校适应的关系研究》，《山西大学学报（哲学社会科学版）》，2018 年第 5 期。

概虽然不为现代人或城市文明所推崇，可是，楚人历来"宁鸣而死，不默而生"，即便处于劣势，亦誓言："楚虽三户，亡秦必楚。"[1]

楚人项羽的骄傲是，长八尺余，力能扛鼎，才气过人。项羽见秦始皇出游，誓曰："彼可取而代也！"楚人刘邦的骄傲是：大风起兮云飞扬，威加海内兮归故乡，安得猛士兮守四方。刘邦见秦始皇出游，叹曰："大丈夫当如是！"[2]

项羽与刘邦，各有各的故事，各有各的骄傲，亦各有各的优势与败绩。此事古难全。

1　详见《史记·项羽本纪》。
2　详见《史记·高祖本纪》。引用时对引文略有调整。

我的兄弟姐妹

一、我的姐姐

我有一个姐姐，两个妹妹，姊妹共四人。姐姐凤兰大我3岁，大妹妹宝兰小我1岁，小妹妹爱群小我4岁。我在家里是独子，从小在女人堆里混。

村里有一帮姑娘。她们几乎都不上学，在家里做家务。村里的大人们忙于"生产队"的农活，没时间管理这群"大姑娘"，于是，这帮人就成了留守在家里专门负责做饭、扫地、洗衣的女工。

农村向来看重男孩，可实际上那时村里男孩几乎没有什么势力。大人们在公社的稻田、棉花田里谈论、炫耀的主题尽是些我们家那丫头做的饭香喷喷的、扫的地干干净净的、洗的衣服清清爽爽的。那丫头在晒衣服前都知道要先把衣服使劲地抖一下。她还知道天黑前把衣服收回来叠好。她叠衣服的时候是对着缝的，"讲究"得很。也没人教她啊，真不知道那丫头是从哪里学会的。

最初是那些在田间"弓腰驼背"地做活的妇女们在同伴之间传播自己家的姑娘如何如何,后来有些做父亲的男人们忍不住了,也开始加入这些话题的讨论。要是谁家里只有儿子没有姑娘,这家的男人心里痒痒,回家之后就把自己最小的儿子打扮成姑娘的样子。要是谁家的姑娘没有学会做饭、扫地、洗衣服,这家的大人们就羞愧得很,从"生产队"回家后必用谁家的姑娘如何如何来贬斥他们的女儿。

那样的贬斥几乎没有例外地总是很有效用。几天后,这家的姑娘们也就开始努力把地扫得快要能够舔得起盐来了,把饭做得快要能够送给"何书记"(从外地来到我们村蹲点的书记)吃了,把衣服洗得像用米汤"浆"了似的。

为了能够增进自己做饭做菜的手艺,这帮"大姑娘"也开始谨慎地相互串门,交流她们的经验,以便她们不至于把饭做糊了,把菜做得太咸了。有时也从邻居那里借一勺子食盐借两勺子菜油,借东西或者还东西的时候她们都会一半调侃一半认真地说"有借有还,再借不难"。她们之间原本是有竞争的,各家各户都在比较谁家的姑娘最有出息。但她们并不担心自己的技术被邻居的同伴偷学了会影响她们在村里的地位,她们之间的竞争主要是大人们的比较,她们本人只知道谁的技术好、谁的性格爽快,就找她交往做朋友。

串门的结果当然是做饭炒菜的技术越来越好,但还有另外一个效果:她们的交流越来越多,在村里上蹿下跳,拉帮结派,逐渐发展成了村里的新势力。村里要是哪个地方发出了清脆爽快的笑声,这里必有一帮聚会的十一二岁的正在发育而且将近成熟的姑娘。要是哪一天忽然出现了一种新布料、新样式的裤子,那一定是某个姑娘带头购买了布料,然后掀起一阵与时尚有关的行动。

姐姐比我大3岁,性格温和,脾气好,从没见她剧烈地生气,也没听她跟他人大声地吵架。这样的姐姐貌似不具有领导我和两个妹妹的威望,但她还是做了我们姊妹中的领头人,直到她出嫁。她是1987年秋天出嫁的。

姐姐之所以能够领导我们,主要是因为她是我们家唯一够资格参与那帮"大姑娘"时尚行动的人。所谓时尚,也主要限于穿衣服和过生日之类,这些事情使村里偶尔出现仪式或节日效果。所谓穿衣服,也只限于穿什么样子的裤子，她们之间流行"男人看上装，女人看下装"的说法。

那时我和妹妹并不在乎自己穿什么衣服，可姐姐在乎。有一阵子村里的"大姑娘"们流行穿一种带花纹的裤子，她为了要买一块类似的花纹布料，坐在母亲的床前哭了老半天。后来母亲给了姐姐一些钱，她却不知道到哪里去买，她从来没有出过远门。后来她总算拿出勇气，让我陪着她，步行到很远的镇上去寻找布料。布料买回来后，母亲看来看去，觉得那块布料太新鲜，又用染料染成了灰色。

那时我和妹妹也不怎么在乎自己的生日，但姐姐在乎得很。村里的"大姑娘"之间有时会谈论谁过生日时母亲特别做了什么菜吃或父亲特别买了什么衣服送给她。那时家里穷，姐姐并不要求有特别的饭菜，也不要求有特别的礼物，她最恨的事情就是每次过生日的时候，总是遇到"扯棉梗"的季节。如果生日那天扯棉梗，她就认为是苦命。

姐姐对衣服和生日的看重实际上代表了村里"先进的文化"，这让我们觉得她是大人，我们只是小孩，有些事情就听她的安排了。

她的安排其实很简单：经常是做一些简单的分工，然后她带头做，我和妹妹各自去完成我们自己的事情。

姐姐的管理办法是从学校老师那里学来的，也可能是从公社生产队里学来的：把当天的家务逐个排列，然后按家务的难易程度来记分。比如去小卖部买盐或买洗衣粉3分，到水塘取水3分，洗衣服10分，扫地5分。如果遇到比较重的家务，就把这个比较重的家务再细分成更小的家务，比如把做饭分成淘米（1分）、刷锅（1分）、到菜园扯菜（2分）、到水塘去洗菜（2分）、炒菜（2分）、给炉灶添柴（2分）等等。有时衣服多了，也把洗衣服分几份：洗一条裤子2分，洗一件衬衫1分，刷一双鞋2分。如果在做的过程中感觉不公平了，就临时加分或者减分。

为了挣工分，姐姐带着我们在屋里屋外到处找可以做的事情。实在找不出要做的事情来时，就把本来不需要洗的鞋子也拿到水塘去冲洗。要是还找不出要做的事情，就向房子外面的事情延伸，比如拣拾一筐牛粪10分，拣拾一捆柴禾10分。

有时也会遇到一些比较困难的事情，姐姐本人也拿不定主意，比如：究竟可不可以把鸡蛋拿去换洗衣粉？究竟要不要把菜园里的菜拔得更稀松一些（据说蔬菜稀松一些会长得更好）？遇到这些事情时，姐姐一般会等祖父、父母回来后征求他们的意见。再后来，姐姐好像知道了祖父、父母的心思，直接告诉我们该干什么不该干什么。

我们一般在祖父、父亲、母亲快要从"生产队"收工回来之前做完当天的家务。做完家务后，我们就等待他们回来给我们作评价。

父亲母亲对我们的表现往往满意，只有祖父一直持挑剔的态度。后来姐姐发现祖父这个人不地道，就暗自想办法对付祖父。

一次祖父教训我们姊妹要早起，三番五次地重申"早睡早起，身体好"，又给我们讲村里的某某家，祖传几代都有早起的习惯。

姐姐忽然提高嗓门反驳祖父："您知道他们家为什么祖传几代都有红眼病吗？"

我们大笑，因为那家的确有很多人是有红眼病的。

祖父闻言大惊，赶紧咳嗽，正色，训我们："人家跟你们说正事，你们尽想一些歪门邪道的事情。"

祖父此后不再催促我们早起。当然我们后来也还是养成了早起的习惯。

在做日常家务的那几年，我们姊妹四人都养成了主动做事的习惯和对家庭负责的观念。姐姐把这个习惯带到她的婆家，但后来有些放松了。我把这个习惯一直带到我所就读的学校。我的床铺、被子、枕头向来是干净、整齐的。我的这个特点给高师妹留下了良好的第一印象。可惜结婚后，变了。

我们姊妹四人各自都有自己的个性，但每次聚拢到一起聊天时，我们都能察觉到彼此的家族相似。这种家族相似的核心部分是我们小时候做家务时形成的主动做事的习惯和对家庭负责的观念。

美国人哈伯德写过一篇文章：《把信送给加西亚》。很多人都在寻找能够把信送给加西亚的人。我也寻找这样的人，只是寻找的目标有些不同。我寻找的是小时候喜欢做家务的人。

二、我的妹妹

小妹很小的时候就显示出与众不同的机灵与独特性。吃饭时，她总是用最快的速度把最好吃的菜迅速吃掉。我们遇到好吃的菜都尽量克制，小妹却趁我们不注意时突然下手。我生气，又不便说出来。我偶尔令小妹去叠被子，但她叠过的被子一定不会平整，要么床单的四角不规整，要么枕巾有皱褶。我从小对"秩序"有强迫症倾向，看不顺眼时，我会亲自动手，重新整理。

小妹还有一个特别的爱好：喜欢在村里到处串门，"不落屋"（"不落屋"的意思是：很少呆在家里），像个男孩，不玩到累了饿了，绝不回家。周游一圈之后，终于回家了，她就给我们讲一些村里最近发生的新闻故事。祖父称她为"百知"：村里发生了任何事情，她都知道。

小妹长大后，有了变化。她出嫁时，我建议她对婆婆公公要好。她说："我知道该怎样做。"她后来果然知道该怎样做。她对婆婆公公一直友好而孝顺。她在婆家不只是孝顺，逐渐显示出她的能干。她和丈夫让家庭很快脱贫致富。这使我对她所有的不满逐渐转化为欣赏和钦佩。

1996 年，我硕士毕业后，到广州中山医科大学教务处工作。随后，小妹就来到广州。小妹和她丈夫在家乡已经学会了理发的技艺。到广州后，小妹先在一家理发店做"小工"，负责洗发，做饭。妹夫帮人做"大工"，迅速成为理发店里的顶梁柱。三年后，小妹和她丈夫独立开店。再后来，他们开了几家分店。

做生意需要资金，小妹找我借钱。因为借钱的问题，我们一度关系紧张。家乡有"亲兄弟，明算账"、"借钱大爷，还钱孙子"、"升米恩，斗米仇"[1]的说法。我与小妹约定：借钱可以，但要谨慎，不能因为借钱而破坏亲情关系。即便借钱，也要有借条：利息可以不计，但要写明还钱的具体日期。到了约定的

---

1 家乡人比较看重"救急不救穷"，这个古训与"升米恩，斗米仇"有类似的原理。"升米恩，斗米仇"的警告是：同情心很重要，但不能滥施同情。可以救急，不能救穷。救穷的后果是：你给某个穷人很小的帮助，他会感激你。但是，如果这个穷人形成了依赖，你一旦停止帮助，他就会恨你，甚至会用最狠毒的方式报复你。

还钱日期，尽量兑现承诺。

小妹按家乡人的习惯来跟我借钱，我要求小妹按城里人的习惯写借条，这让小妹很不适应。在家乡，如果遇到困难，就找亲戚朋友借钱。借钱时，很少有人提出写借条的问题，没有人要求在纸上确定借钱的数量和还钱的日期，更没有人会提到借钱的利息问题。亲戚朋友或乡里乡亲之间，写借条会显得生分。斤斤计较的人，会被人鄙视。尽管家乡人也会遇到"借钱容易还钱难"的尴尬，但一般而言，家乡人借钱不写借条不是什么严重的事。原因在于，家乡人借钱时往往数量较小，不会狮子大开口。借钱只是为了解决生活中的小困难，不会因为投资而借钱。另外，虽然家乡人偶尔也会出现"有借不还"的不愉快，但总体而言，大家都遵循"有借有还，再借不难"的乡俗。如果某人借钱不还，乡里乡亲之间就会广泛传播，大家都会警惕他。他再借的时候，就会遇到困难。

可是，家乡人进城之后，借钱的性质就会发生变化。一是因为借钱的数量可能比较大。二是因为家乡人会带着"你必须报恩"的心态借钱。相比之下，后者造成的问题更严重。我有一位同学，因为不善于处理亲戚之间借钱的问题导致夫妻关系紧张。他们大学毕业后，男方和女方两家的亲戚都向他们借钱。为了报恩，他们有求必应。男方家里有一个哥哥，每隔一段时间，就会来他们家里，坐在客厅，不拿到钱，不离开。女方家里有一个弟弟，因为要结婚，买房子，屡次向姐姐借钱。借钱之后，他们生活窘迫，相互怨恨对方和对方的亲戚。最后，两人离婚。

乡村长大的孩子，都会遇到这个问题：在我们求学的过程中，我们得到过亲人们的各种帮助。

亲人们对我们有恩，我们有责任帮助亲人。前提是，我们必须遵循"救急不救穷"的古训。可以"救急"，但不可以"救穷"，更不可以纵容"懒汉"。既不轻易借钱给别人，也不轻易伸手向别人借钱，绝不因为借钱的问题而让自己陷入混乱不堪的深渊。

还好，经过几次交往，小妹开始适应写借条的规则。她尽量不向我借钱，即便借钱，也会在一年之内提前还钱。有了跟我交往的这个经验之后，她对同事和朋友的借钱也开始保持警惕。她的不少同事和朋友依然保持了家乡人的借钱观念：一方有难，八方支援。义气朗朗，豪气干云。可是，到了要还钱的时候，他们因为陷入各种混乱的三角债关系而竟至反目成仇。有了几次痛苦的借钱经历之后，小妹开始接受我的办法：亲戚朋友之间尽量不发生借钱的关系，即便借钱，也在手机短信里写清楚借钱的数目和还钱的日期，还钱的日期一般在一年之内，有时还会提供相应的利息。

小妹不仅机灵、善良，而且有交往智慧。她很快积累了第一桶金，用"传帮带"的办法，带着不少家乡的年轻人在广州海珠区发展他们的生意。她后来尝试过多种行业：做建筑行业，做餐饮，做保险业务。

小妹在广州站稳脚跟后，开始鼓励大妹来广州发展。

大妹一直能干，独立而强大。在我们家里，大妹是真正具有领袖风格的人。姐姐出嫁后，大妹几乎掌握了家里"种田"的决策权（那时已经开始"家庭联产承包责任制"）。这与她从小接受的做家务的习惯很类似，但加大了难度。秧苗或者棉苗什么时候要施肥，什么时候要施药，大妹有决策权，而且，她的决策往往事后证明是正确的。她做事干净利落，少抱怨。这让她迅速获取了家里的决策权和话语权。

在我们姊妹四人中，姐姐和两个妹妹各自以自己的方式跟我交往。姐姐的习惯是因谦虚而自我调侃，一脸轻松愉快地看着我，用欣赏的眼光谈论和扩大我的各种优点。她的长项是让人感觉跟她在一起就会很舒服很幸福。小妹的习惯是帮我照看父母，解决我的后顾之忧。她广交朋友，然后，让我帮她和她的朋友想办法解决问题。大妹的习惯是稳重、大气，关键时刻帮我出谋划策。每次回家，我都会在她家停留，吃她做的饭菜，听她讲家乡最近发生的故事和她的态度。

大妹从小就对我好。每次在小说或电影里看到妹妹如何关爱和仰慕她的哥哥，我就想起大妹的样子。我读高中时，为了让我补充营养，大妹亲自骑车把鸡蛋送到我读书的学校洪湖二中。她出现在我们教室门口时，整个班里的男女同学都惊奇地望着她。我问她："你怎么知道我们的教室的？"她说："我不会问别人啊？"她的个子比我略高，超出 1.65 米，有一双乌黑的辫子，长发及腰，延伸到膝盖。那年暑假，有一个男同学一直想到我家去玩，我估计那厮是想看我的大妹。

后来大妹告诉我，那次送鸡蛋时，她在镇上的街道骑车时与人相撞，她从车上重重地摔倒在地上。她左手受伤，右手提着的一袋鸡蛋竟然神奇地完好无损。她那只受伤的左手留下后遗症，每遇到将要下雨的闷热天气，左手就隐隐地疼痛。

除了为我送鸡蛋，大妹还为我做过一件很特别的事。初中一年级时，因为欠了学费，我回家要钱。那几天父母不在家，我回家后，向大妹说起欠学费的事。大妹向来有主见，她说："菜园里有菜苔，可以拿到镇上换钱。"那天我们早早地起床，秋天，大雾，我们在菜园里掐菜苔，露水打湿了我们的裤脚。我们把菜苔放入一个大竹篮里，把竹篮挽在臂膀里，拎到镇上。因为太重，不得不左右臂膀轮换。大妹看我拎竹篮吃力，她拎的时候，总是尽量多坚持一段时间。有时我们两人抬着菜篮，齐步走。到了镇上的菜场（其实就在马路边），大妹找到一个地方，坐下，等人光顾。我陪大妹坐了一会儿，因为快要上课了，我要回学校。离开的时候，看到大妹一个人坐在那里，坐在浓得化不开的雾里。那天我一整天都在为大妹担心，担心有人欺负她，担心菜苔卖不出去。回家后，大妹说："都卖了，买的人不多。降价后，因为便宜，都卖出去了。"大妹卖菜苔帮我筹集学费的那一年，我读初中一年级，15 岁，大妹不到 14 岁。

我读大学二年级时，大妹出嫁。按惯例，由我和堂兄"送亲"。那年秋天，我特意借了同学的一件风衣和一架照相机，从黄石赶回家，护送大妹出嫁。大妹平时一直穿简单朴素的衣服，素面朝天，不化妆，很少涂脂抹粉。她出嫁的那天，我第一次见她化妆的样子，浓眉，大眼睛，长发飘飘，像传说中的观音仙子。

妹夫比她大两岁，身材高挑，五官方正、开阔，说话直截了当，快人快语，不绕弯。偶尔因为说话过于直接，没有坡度，会让人没面子。但是，等到习惯了他的直接简单的说话风格之后，我们开始喜欢他的清新风格。

大妹对妹夫的形象一直暗自爱慕。小时候我们逗弄她，只要提及妹夫的名字，她就害羞脸红，然后用手指使劲地掐我们，直到我们承诺再也不惹她，她才松手。妹夫是木匠，勤劳，生活方式简单，对抽烟、喝酒、打牌一律不感兴趣。妹夫的所有生活习惯几乎都是为大妹特别定制的，简直就是"标配"。大妹喜欢简单而善良的男人，又对男人的长相有特别的标准。如果谈起某个长相不佳的男人，她会说："你妈滴，长得丑死了。"妹夫高大而帅气的形象、善良温润的性情、直截了当的说话风度，正好符合大妹的择偶标准。大妹偶尔会挑剔或调侃妹夫的小缺点，即便如此，也是批评中带有爱意，指责中暗含炫耀。

大妹婚后生育两个孩子，一儿一女。按照当时的计划生育政策，如果第一个孩子是女儿，必须五年之后，才允许生第二个孩子。大妹为了规避这个政策，毅然决定接受任何处罚。即便缴纳罚款，即便新婚的房子因此被拆，她也坚持要生下第二个孩子。那年我从大学回来过春节时，路过大妹的家，她带我去看被拆的房子。我感到难受，但大妹一脸的满足和坦然。她是有主见的人，做任何事都有主见。她觉得这样的代价是值得的。儿子出生后，取名赵万，不知是否因为计划生育罚款上万元。

在她女儿读大学那年，大妹决定暂时离开村庄，到广州打工。当时乡村的流行说法是：没本事的人在家里种田，稍有本事的人都会去城里打工。因为当时我和小妹已经在广州工作，大妹随后也来到广州。

最初，大妹在一家餐馆做服务员。她儿子赵万初中毕业那年，大妹、小妹和姐姐一起合伙开了一家理发店。几年后，大妹独立开店。在女儿出嫁和儿子结婚的那几年，大妹已经有了比较可观的收入。在儿子结婚之前，大妹在镇上买了一套比较宽敞的新房子。

外甥赵万结婚后，大妹的角色由母亲变成了婆婆和奶奶。她自己一儿一女，她的儿子也给她带来了一个孙女和一个孙子。孙女出世时，她很幸福。但等到她的孙子出世时，她自己的身体出现了问题。那段时间，我给朋友讲过一个关于"好人与好报"的故事，我也把这个故事转发到了我的微信朋友圈里。

1963年，一位叫玛莉的女孩写信给《芝加哥论坛报》，因为她实在搞不明白，为什么她帮妈妈把烤好的甜饼送到餐桌上，得到的只是一句"好孩子"的夸奖；而那个什么都不干只知捣蛋的戴维（她的弟弟），得到的却是一个甜饼。她想问无所不知的西勒先生：上帝真的是公平的吗？为什么她在家和学校常看到一些像她这样的好孩子被上帝遗忘了。西勒是《芝加哥论坛报》儿童版栏目的主持人，十多年来，孩子们有关"上帝为什么不奖赏好人，为什么不惩罚坏人"之类的来信，他收到不下千封。每当拆阅这样的信件，他的心就非常沉重，因为他不知该怎样回答这些提问。正当他对玛莉小姑娘的来信不知如何回答是好时，一位朋友邀请他参加婚礼。就在这次婚礼上，他找到了答案，并且这个答案让他一夜之间名扬天下。西勒回忆：牧师主持完仪式后，新娘和新郎互赠戒指，两人阴错阳差地把戒指戴在了对方的右手上。牧师看到这一情节，幽默地提醒：右手已经够完美了，你们最好还是用它来装扮左手吧。西勒说，牧师的话让他茅塞顿开。右手成为右手，本身就非常完美了，没有必要戴饰物了。那些有道德的人，之所以常常被忽略，不就是因为他们已经非常完美了吗？后来，西勒得出结论：上帝让右手成为右手，就是对右手最高的奖赏，同理，上帝让善人成为善人，也就是对善人的最高奖赏。

三、我的堂兄 [1]

在几个堂兄弟和堂姐妹中，堂兄对我影响最大。他是我们家族的长子长孙，不仅地位高，他的爱好、文化观念和行事风范，也影响了整个家族。

我伯伯家有两个儿子。老大比我年长 1 岁，我称他为"老大"或"刘医生"。老二比我小 3 岁，叔叔的儿子更小。按家谱，我们是"培"字辈，祖父为我们四兄弟分别取名：培安、培邦、培定、培国。但我们的乳名（小名）以及学名分别为：文华、良华（年华）、爱华、中华。

堂兄比我大 1 岁，按说，他只比我高一个年级。但是，由于他小学按时

1　在《教育自传》的前两版中，"南湘源"是唯一"虚构"的人物。这个人物的原型是堂兄和我的一个同事。此版将堂兄单列。

毕业，只读了五年，而我在小学屡次留级，读了八年[1]。等到他读初三时，我还在小学吭哧吭哧地读五年级。

我读小学三年级时，我们开始正式建交，加入他们的团伙。入伙的见面礼是买一包香烟，那时流行"大公鸡"和"常德"牌香烟，几分钱一包，相当于一个鸡蛋的价格。我小学四年级时就开始和同伴一起抽烟，后来同伴逐渐散伙了，就戒了。

"入伙"后，我从堂兄那里学了很多知识，包括读书、戏剧、打架、赌博和穿衣服，堂兄的知识和特点我几乎都有，只是没他那么熟练或深刻。

堂兄的第一个爱好是看戏。那时村里流行两种戏剧，一是"皮影戏"，二是"大戏"。村里人把"戏剧"称为"大戏"或"老戏"，把"看戏"称为"看大戏"或"看老戏"。这两种戏剧堂兄都喜欢。只要听说村里或邻村有"皮影戏"或"大戏"，不管路途如何遥远，他都愿意跋山涉水赶去看。他读初中二年级时，镇上流行一种介于"皮影戏"和"大戏"之间的戏种，当时叫"肉皮影戏"。我那时在读小学五年级，他下午从镇上回来，晚上带我溜进戏院去看"肉皮影戏"，深夜再送我回家。湖北荆州地区的戏剧很发达，主要流行"花鼓戏"和"皮影戏"。乡村文化全部隐藏在"花鼓戏"和"皮影戏"里。乡村的农民就是靠"花鼓戏"和"皮影戏"来领会人生的。后来电影来了，人们开始看电影，看"皮影戏"和"老戏"的人少了一层；再后来电视来了，人们开始守在电视机前面，看"皮影戏"和"老戏"的人更少了。但对我和堂兄来说，最美好的回忆依然是"肉皮影戏"。我们两家关系一直不好。自从堂兄不辞劳苦地带我去镇上看"肉皮影戏"，我们两个人的关系开始变得比较特别。他姐姐出嫁的那天，我们两个人"送亲"，在"送亲"回家的路上，堂兄跟我聊起我们两家多年的仇怨与紧张关系。我们两人约定：以后想尽一切办法，让

---

1   我在小学虽然有三次留级的经历，但我只承认三年级那次留级是真实的留级。其他两次不算是留级。第一次是小学入学后，背后被同学喊"地主"、"地主"，感觉被欺负，回家休学。最后一次是五年级初中，我通过了升学考试，但小学校长突然通知我们："国家教委"有令，小学五年制改六年制。建议以下几位同学留下来继续读六年级……半年之后，校长又通知我们：由于学校师资力量有限，你们回去读五年级吧。

两家人关系好起来，不要让村里人看笑话，要和睦邻里，做村里的榜样。只要有我们两个人在，就决不允许两家人闹矛盾。果然，自从那以后，我们两家关系渐入佳境。偶尔有纠纷或冲突，也尽可能化解，以和为贵。

堂兄的第二个爱好是读书写作。读书的范围主要是历史或武侠小说。受祖父影响，他喜欢阅读和讲述历史故事，对《三国演义》、《岳飞传》、《隋唐演义》、《东周列国志》、《老子》等等了如指掌。曾有一段时间，我从他那里借阅过琼瑶的《窗外》和川端康成的《雪国》等小说。对历史故事的爱好造就了他吟诗作文的能力。曹雪芹式的古体诗或胡适式的现代诗，他都可以现场完成。他在读小学和中学时，有非凡的写作水平。他提交的作文总是被姓董或姓唐的语文老师作为范文，在全班学生面前诵读。他给我看过他写的一篇文章《祖父的驼背》，叙述祖父的背脊随着岁月的推移而发生变化，文字中间隐含了祖父对家族的担当与期望，也隐含了时代的变迁对农村、农民和农业的影响。在我们村里，我关注过两个人写的文章。一个是堂兄，另一个也是刘家兄弟，我叫他"心武兄"。按辈分，心武兄高我们一辈，由于他与我年龄相仿，我们以兄弟相称。堂兄的文章以文采和历史故事见长，隐约有"赋、比、兴"的技艺。心武兄长于政论或时事评论，文白夹杂，且随时采用村里的方言俚语，嬉笑怒骂，皆成文章。我们几个人一度在新浪网建立博客，在博客上相互交流。堂兄和心武兄两人各有自己的职业和手艺。堂兄先学木匠，拜师学艺，学成归来，亲自为他的姐姐做了一套陪嫁的衣柜。他也曾以木匠的身份外出做工，在建筑队做装修。可能因为嫌木匠辛苦而收入不高，又有粉尘污染，于是改行学医。他的医术最初来自一位远房亲戚的指导，在那里经历了两至三年的见习和实习。他后来凭借自学与实践体悟，迅速成为村里最有影响的医生。与堂兄一样，心武兄也只有"准初中"的学历，尚未读完初中，就回家务农，掌握多种手艺，自学成才。心武兄先学"打豆腐"。他做好豆腐后，装入两个箩筐，抢起扁担，亲自在村里走街串巷叫卖。他后来去洪湖市郊区做了养鱼和养猪的专业户，掌握了全套的养鱼和养猪的知识和技术。因其勤劳致富，曾得到政府的奖励。再后来，心武兄也自学医书，主要钻研《陈士铎医学全书》，免费为乡邻医治各种疑难杂病。不少村民花钱在城市大医院接受治疗无效之后，抱着试试的心态，接受心武兄开出的中医药方。心武兄的药方居然屡试不爽，逐渐赢得乡邻的信任。

堂兄的第三个爱好是"打抱不平"。如果村里晚上放电影或者看大戏，就一定有邻村的年轻人来凑热闹。一旦遇到有邻村的年轻人闹事，他就一马当先，浑身是胆。遇到打群架时，明知危险，偏入虎穴，"虽千万人，吾往矣"。堂兄个头比较大，长得并不生猛，却躲闪灵活，出手快，力量大。村里的大人、小孩都惧他几分，知道他打人很"死心"（这个词在村里人的语言系统里大致是"狠心"的意思）。祖父曾多次给我们讲"关公温酒斩华雄"、"关公过五关斩六将"的故事。我们只是听听，虽不能至，心向往之。堂兄却不同，他打架的时候，那些历史故事就会穿越到真实的现场。据我所知，曾有两次比较凶险的打架。一次村里放电影（地点就在我姐姐家门前的空地上），邻村的一群年轻人闹事。他手持一根木棒，守住桥头，击退众人。那些人退却之后，卷土重来。堂兄一个人没有防护的屏障，只好且战且退，身体多处受伤。那时正值春末夏初，堂兄穿一件白色的确良衬衣。那天晚上，堂兄由白衣少年变成了红衣教主。另一次在洪湖郊区，因为心武兄养鱼受人欺负，堂兄出面主持公道，希望通过谈判解决问题。去了谈判的现场，一言不合，对方拿刀追砍。去的时候，他穿着一件嫂子给他做的棉袄。回来的时候，整件棉袄被戳得千疮百孔。村里人虽然也会用谈判或吵架的方式解决问题，但洪湖人易冲动，有血气，隐约延续了"洪湖赤卫队"的某种传统。相反，如果到了需要动用武力解决问题的时刻，某一方当场服软退缩，不仅会被人耻笑，没有面子，而且会从此失去话语权。野性是文明的对立面，却是力量的源头。现代人尤其是现代城市人可以鄙视武力，但是，如果完全放弃武力，完全消除野性，整个城市、整个民族、整个国家就会失去勇气和力量。《论语·雍也》曰："质胜文则野，文胜质则史。文质彬彬，然后君子。"文质彬彬（相当于文武双全）说说是容易的，做起来实难。或许因为受到堂兄或整个乡村文化的影响，我从小学到中学一直喜欢打架，上了大学后仍然保留了打架的习惯，只是改变了打架的风格。在中学时我和别人打架，总是拳打脚踢或者舞枪弄棒的，在大学时我和别人打架，逐渐转换为"先声夺人"，以气势取胜，不战而屈人之兵。大学二年级时，与寝室的同学打过一次架。那次几乎不动手脚，只是怒目圆睁，大吼一声，从床上跳下来，像"关公骑赤兔马"似的冲到对方面前，对方就立刻退缩了。这故事听起来有点像"张翼德大闹长坂坡"的局面。大学三年级时，我的哲学课不及格，教哲学的潘老师给了我59分，这意味着我需要补考。我很恼怒，总觉得是潘老师在故意报复我，恨我不去听他的课。这位潘老师讲课时，喜欢用黄色笑话来解释哲学道理。最初同学们很喜欢听，后来很多人感到恶心，我和其他几个同学出于气愤，再也不听他讲课了。我说与一位来自洪湖的师兄听，向他打听补救的办法。没想到这位老兄说：把那厮拉出来，揍一顿。那说话的口气和身体姿势，与堂兄如出一辙。只是，我在大学待久了，逐渐接受了动口不动手的训诫，不敢轻易像堂兄那样用武力解决问题。

堂兄的第四个爱好是好吃好喝。好吃是人的本性，但好吃既需要财力也需要品味。堂兄并不富裕，但以他做乡村医生的收入以及打牌赢钱的本领，大口吃肉大碗喝酒的资本总是有的。喝酒其实不重要，重要的是喝酒之前的做菜与喝酒之后的言谈。最初我只知道我姐夫张师傅会做菜，能喝酒。后来我发现，堂兄做菜与喝酒的水平不在张师傅之下。更重要的是，堂兄做乡村医生，有大量的自由时间用来做各种他喜欢吃的下酒菜。因为是医生，承担救死扶伤的责任，村里人对医生的尊重胜过老师，一旦捕到毒蛇或者黄鼠狼，或者偶尔有野生的鳝鱼、乌龟等野味，就会送给堂兄，作为礼物。堂兄来者不拒，以酒肉为题，呼朋引伴。喝酒之后，有人沉默不语，昏昏入睡，有人把酒言欢，豪言壮语。堂兄属于后者。他的豪言壮语几乎都与历史故事有关，重点谈论他所佩服的英雄人物及其言辞。比如，他会说："于百万军中取上将首级，如探囊取物耳。"这是《三国演义》里关公在曹操面前赞誉张飞的话。他说这话时，好像自己就是张飞，要么就是关公。比如，他会说："匹夫，死则死耳，何惧之有？"这是《三国演义》中张辽对吕布的喊话。吕布为曹操所擒，求曹操和刘备饶他性命。张辽见其贪生怕死的丑态，便破口大骂，劝其视死如归。彼时张辽是吕布的手下，也被捆绑，即将被处死。曹操认定张辽忠勇可嘉，亲自为之松绑，拜为上将。比如，他会说："彼可取而代也。"这是

《史记》里记载的项羽观看秦始皇出游时说的一句话。堂兄对此类豪言壮语的大丈夫精神有特别的兴趣。

堂兄的第五个爱好是"爱美"。他父母勤劳、简朴，善于理财，家里不缺钱花，父母亲又宠他，因此他总能有办法买"好衣服"穿。那时我们很多伙伴的衣服都由母亲负责买布料，然后请村里的董师傅（裁缝师）加工。一年四季，至少有两季或连续几个月穿同一件衣服。等到衣服破了烂了，缝补之后，再穿一段时间。村里人流行的说法是"新三年，旧三年，缝缝补补又三年"。这样算起来，一件衣服要穿九年。堂兄不同，他经常买新衣服，而且只买成品的衣服。他买的衣服以黑色居多。他不仅挑剔颜色，还讲究细节，比如衣服的扣子怎样与衣服的颜色搭配。他个子比较高，上衣总是稍长，要么有燕尾，要么宽大、轻飘，显得有"领袖气派"、"贵族气质"。堂兄是长子长孙，他的穿着、形象、派头完全符合长子长孙的地位。考上大学那年，他送我去报到。在旅店，他让我试穿他的那件贵重的黑色燕尾服，我试了，衣大，身小，完全不搭，放弃了。大学二年级寒假，我回家过春节，他让我试穿他的黑色"呢子大衣"。那件衣服不错，我带回学校，同学羡慕不已，有同学用他的"滑雪衫"跟我换着穿。受堂兄影响，我开始挣钱买"好衣服"。大学三年级时，我用做家教的钱，买了一件"超贵"的黄色羊绒风衣。晚上睡觉的时候，我脱下那件黄色羊绒风衣，不知道放在哪里才觉得安全，怕有人入室盗窃，也怕风衣滑落到寝室的水泥地板上。那年春节，穿那件黄色羊绒风衣回家，母亲一直夸奖。母亲的理论是"人靠衣装马靠鞍"。在这点上，母亲与堂兄完全一致。

不仅如此，堂兄的几乎每一个行为或观念，都受母亲的认可和夸赞。堂兄以非凡的说话能力、生活情趣和办事能力获得整个刘氏家族和左右乡邻的认可。在母亲的心中，堂兄是我们这个家族的核心。只要堂兄提议做的事，她都接受。母亲臧否人物无数，但她在我面前从未说过堂兄任何一句坏话。我偶尔在某些观念上和堂兄不一致，母亲也会站在堂兄那边，耐心地跟我解释他为什么是对的。

第二部分
求　学

我的中小学

一、赏识还是训斥

我曾经研究各种教育自传，专门查看学生心中的"好老师"形象以及老师的态度对学生成长尤其是学生成绩的影响。研究的结论是：所谓"好教师"，往往有两个特征：一是"对我好"；二是"有激情"。两者之间，"对我好"显得更重要一些。[1]

与"对我好"相关的词语或话语是："喜欢我"、"看得起我"、"鼓励我"、"夸赞我"、"在全班念我的作文"、"我的作业成为示范"、"在全班表扬我"、"两次终身难忘的表扬"、"给我高评价"、"老师一直关心我，那天他找我谈话，我很感动"、"老师那次鼓励我，让我感到很意外"、"老师对我有信心"、"老师说我有进步"、"老师在我的作业本上

1　详见：刘良华，《教育自传中的个人知识：关于"好教师"的调查研究》，《北京大学教育评论》，2008年第1期。

做了很多记号，写了很长的评语"、"待我像亲儿子"[1]，等等。在485份教育自传中，有399份谈到老师的"赏识"对学生的影响，占82.27%。

老师"对我好"在学生那里会成为追随老师、喜欢老师所教的学科的基本动力："老师对我很好，所以我喜欢他"、"那个老师不经意地表扬了我一次，我就很受鼓舞，信心足了"[2]、"我喜欢那个教师，所以喜欢他的课"、"我喜欢他的课，所以我的那门课的成绩变得越来越好"。这里隐含了一个"三段论循环"：好老师—好课程—好成绩。相反的感受是："那个老师对我不好，所以我恨他"、"我恨那个老师，从此不喜欢他的课了"、"我讨厌他的课，所以我的那门课的成绩变得越来越差"。这里也隐含了一个"三段论循环"：坏老师—坏课程—坏成绩。

所谓老师"对我好"，主要是说老师"赏识"我。这种"赏识"有时显示为语言的"赞赏"，有时直接显示为实际的"帮助"。与之相反，当老师对学生的态度显示为轻视、侮辱、训斥、指责、谩骂时，这个学生就会认为"老师对我不好"。老师的不同态度，演绎出学生在学校里的不同学业成绩，甚至决定了学生不同的生存状况。

当老师的行为显示为"赞扬"、"鼓励"、"关心"时，学生就开始亲近老师，亲近他的课程，由此而提升这门课程的成绩。当学生从老师那里感受到某种冷漠或者轻视、训斥时，这个学生多半会对这个老师"怀恨在心"，连同这个老师所教的课程也会使他"反感"。

也有相反的情况。如果某个老师对某个学生"不好"，这个学生受了刺激之后，却发狠要拿出自己的实力来"证明给老师看"，很有些"卧薪尝胆"的悲壮感。这算是教师行为在学生那里所引起的"反向作用"。"反向作用"的第一种状态呈现为"在哪里跌倒，在哪里站起来"。不少"教育传记"讲述了学生受了老师的"轻视"、"小看"之后，反而"奋发向上"的故事。"反向作用"的第二种状态呈现为"在一个地方跌倒，在另一个地方站起来"。比较典

1　孔庆东，《47楼207》，中国友谊出版公司2003年版，第274—277页。
2　凌志军，《成长》，海南出版社2003年版，第306页。

型的叙述是"两次终身难忘的表扬"。[1] 这种"反向作用"在教育史上也不乏"先例"：人格特质理论的创始人奥尔波特（Allport）一生对精神分析理论极为反感。这种心情与弗洛伊德（他心目中的老师）对他的态度相关。[2] 在学校生活中，"在一个地方跌倒，在另一个地方站起来"的日常现象往往显示为如果某个学生从语文老师那里得不到赏识，他就喜欢数学；如果某个学生在数学老师那里得不到赏识，他就会喜欢英语；如果这个学生在所有老师那里得不到赏识，他就喜欢学校围墙外面的社会，选择逃学。

老师"对我好"除了"赏识"，有时显示为实际的"帮助"。与"帮助"相关的词语包括："为我解决生活困难"、"让我做我喜欢的事情"、"借书给我"、"借英语音像资料给我"、"帮我解决同学之间的矛盾"，等等。在485份教育自传中有364份谈到教师的"帮助"对学生的影响，占75.05%。不少公开发表的"教育传记"也证实了老师的"帮助"所蕴涵的"赏识"意义。鲁迅之所以终身惦记他的藤野老师，也主要是因为藤野老师曾经帮助鲁迅如何做听课笔记。[3]

我读小学时，数学成绩时好时坏。小学五年级时，数学成绩好转，感觉自己可以做全班学生的数学老师。我曾经多次编写数学试卷，考同桌的黄成同学。但在五年级以前，数学成绩一直不好，几乎听不懂数学老师的讲课。老师在上面讲，我在下面回忆前一天或前几天村里发生的故事。等到快要考试了，我就开始做噩梦：数学试卷发下来了，我几乎全都不会做。快要交卷了，我想抄同学的答案，但抄答案的时间也没了，感到绝望。

我分析过我小时候数学成绩不好的原因，我所能找到的最重要的原因是：因为长时间被老师忽视或训斥，我在学校一直很自卑。自卑导致成绩不好，成绩不好反过来会加剧自卑。这两个因素彼此强化，恶性循环。

后来，我看到崔永元的自传《不过如此》，看到他在这本书里详细讲述他数学成绩不好和做数学考试噩梦的故事，我立刻被他的故事感动，引为同党。

1　许锡良，《我的教育故事》，（2006-03-10）［2007-12-1］，http://blog.cersp.com/57248/400336.aspx.

2　［美］亨特，《心理学的故事（下）》，李斯译，海南出版社1999年版，第409页。

3　林贤治，《人间鲁迅》，安徽教育出版社2004年版，第108页。

我的结论是，在影响学生成绩的所有因素中，老师赏识还是训斥学生，对学生的成绩起决定性的作用[1]：

王老师教语文，也是班主任。

我的第一篇作文被王老师大加赞赏，她尤其欣赏这一句：运动员像离弦的箭一样……（这句话尚可以接受，比较令人难受的句子是："我急得像热锅上的蚂蚁。"）[2]

后来才知道，这不过是个套路而已。

但是如果不是赞扬，而是一顿批评呢？孩子的自信心通常是被夸奖出来的。（尽管我相信"没有惩罚的教育是不完整的教育"这句话，但我更相信：没有赏识和夸奖，就没有健全的人格。）

……

王老师教了我一年，移交给下一任老师时，她的评语是，该生至今未发现有任何缺点。（这个评语也实在太高了一点。但我更看重的是这个评语背后蕴涵的教师的个性和教师对学生抑制不住的骄傲。）这为下一任老师修理我，留下了把柄。

这位年轻力壮的女老师一接手，就咬着牙根对我说，听说你红得发紫，这回我给你正正颜色。（我不知道为什么，女老师曾经是面带微笑的人间天使，现在似乎普遍比较凶。）

我倒也配合，大概是到了发育的年龄，我整天想入非非，经常盯着黑板发愣。数学老师把教鞭指向右边又指向左边，全班同学的头都左右摇摆，只有我岿然不动。于是他掰了一小段粉笔，准确无误地砸在我脸上。

数学老师说，你把全班学生的脸丢尽了。噢，全班一片欢呼，几个后进生张开双臂，欢迎我加入他们的队伍。从此我数学一落千丈，患上数学恐怖症。高考结束，我的第一个念头是，从此再不和数学打交道了。

38岁生日前一天，我从噩梦中醒来，心狂跳不止，刚才又梦见数学考试

1　崔永元，《不过如此》，华艺出版社2001年版，第3–7页。
2　括弧里的话是我本人所作的解释，下同。

了。水池有一个进水管，5小时可注满，池底有一个出水管，8小时可以放完满池的水。如果同时开进水管和出水管，那么多少小时可以把空池注满？

呸，神经吧，你到底想注水还是想放水？（注水或者放水我都同意，只是，当数学老师说"让我们来把满池的水当作1"，我就晕掉了。不是有一个5吗？不是有一个8吗？满池的水无论如何也不可能是1啊！）

有一天我去自由市场买西瓜，人们用手指指点点，这不是《实话实说》吗？我停在一个西瓜摊前，小贩乐得眉开眼笑，崔哥，我给你挑一个大的。一共是7斤6两4，一斤是1块1毛5，崔哥，你说是多少钱？

我忽然失去控制，大吼一声，少废话！

抱歉！

对我来说，数学是疮疤，数学是泪痕，数学是老寒腿，数学是类风湿，数学是股骨头坏死，数学是心肌缺血，数学是中风……

当数学是灾难时，它什么都是，就不是数学。

所以我请求各位师长手下留情，您不经意的一句话、一个举动或许会了断学生的一门心思，让他的生命走廊中少开一扇窗户。

二、影响我的重要他人

每个人的成长，总会受他人的影响。有些人的影响不怎么重要，是不怎么重要的他人；有些人的影响很重要，是重要他人。重要他人可能是自己的父母、爱人或朋友，也可能是一个或几个老师。

在我的成长过程中，我遇到过不少重要他人。尤其在我遭遇成长危机的时候，这些重要他人把我从艰难中"拯救"出来。

三年级时，赵老师教我们数学。他上课时好像从来不注意我，可是呢，一旦我开小差，他就很高兴，拿一段粉笔扔过来。几乎每次都正好砸在我的鼻梁上。这位老师比较幽默，每次砸到我的鼻梁之后，他就会一脸严肃地感叹：啊，很准！

赵老师认为我们班有四个笨蛋，让我们东南西北，每人坐一个角落。有时做游戏，他就提议：四个笨蛋，站起来。从那以后，每次赵老师来上课，我就紧张。直到现在，只要遇到姓赵的老师，我就感觉很复杂。

我在小学三年级读了两年。这是我人生中的第一次留级，也是最后一次留级（本来留级三次，另两次事出有因，不算真正的留级）。

被通知"留级"的感觉很糟，在周围的同学看来，几乎就是被"判刑"。后来看到报纸上报道某人被"判刑"一年，我立刻就想起"留级"这个词。

直到第二个三年级的某一天，我忽然成了班上的英雄人物。究竟发生了什么事呢？那天我们的数学老师去了亲戚家，学校的胡老师临时作为代课老师走进了我们的教室里。

胡老师是我的邻居。我们两家关系说不上好，但好像也不怎么差。在那节课上，胡老师猛烈地鼓励我、赞赏我。这可能是湖北人的毛病：湖北人一旦喜欢某个人，就猛烈地喜欢他。胡老师上课的办法与赵老师完全不同。我开始猛烈地喜欢胡老师的样子，喜欢胡老师的数学课。每次胡老师点我回答问题，我总是能够回答正确。胡老师的办法很简单。

提问别的同学时，他会问："99 乘以 4 是多少？"或者，他会问另一个同学："99 乘以 4 可以用什么更好的办法？"全班同学沉默不语。

于是，他看着我："刘良华，你说，如果把 99 看作 100 减 1，是不是就可以了？"

我立刻说："可以！"

他又问："那么，我们先用 100 乘以 4，等于 400，再用 400 减去 4，等于 396？"

我很肯定地说："是的。"

全班哗然。

那天放学后，胡老师让我检查其他同学的作业，凡是经过我检查合格的，就可以回家。如果不合格，就留下来更正。你知道什么叫作"农奴翻身"吗？

那天晚上我把很多同学留在了教室里（小人得志便猖狂）。

几个星期后，胡老师推荐我参加全镇小学生数学竞赛。事先我并不知道这事，那天早晨我上学迟到了，没赶上出发的时间。远远地看见胡老师骑车载着两个学生离开了村庄。当时听说胡老师推荐了我，因为等不及了，才临时换了一个人。我心里虽然将信将疑，但莫名其妙地兴奋了整整一天。直到今天我都坚持：所谓好老师，就是能够让他的学生莫名其妙地兴奋整整一天的人；所谓坏老师，就是每隔一段时间总是让他的学生莫名其妙地痛苦整整一天的人。

自从遇上了胡老师，我后来的小学生活一路阳光雨露。考上大学后，每年回湖北老家，我都想去拜访胡老师。当然，至今也没怎么去拜访。后来总结出一条教育口号：你要是觉得哪个人对你好，你应该在第一时间勇敢地表达你对他的感激。哪怕是肉麻，也让他去麻吧。

我相信：当学生陷入自卑的深渊时，教育要么成为折磨虐待、落井下石的别名，要么成为拯救落难、维护尊严的义举。在我的人生道路上，胡老师是拯救、维护过我的人。

长期以来，我对胡老师一直心怀感激。直到今天，只要遇到姓胡的人，我立刻就有好感。后来我喜欢读胡适的书，敬仰胡适的人格魅力，可能潜意识里与胡老师有关。我一直认为中国近现代一百多年以来，鲁迅和胡适是两个可以并列的值得后人尊敬的学者和思想家。鲁迅深刻，但说话也尖刻。胡适在政治哲学领域和实证研究领域是泰斗，而且有人格魅力。鲁迅喜欢吵架，胡适很少和人吵架。遗憾的是，我曾经在北京大学校园里看到过鲁迅的雕像，但四处寻找之后，也找不到胡适的雕像，很失望。我要是做了"北大校长"，第一件事，就是做一个胡适的雕像，就放在鲁迅的对面，让他们两个人你看我，我看你，相互影响。

小学毕业后，我进了镇上的中学（施家港初级中学）。在中学，我遇到一位姓王的女老师。她教我们英语。

王老师中师毕业，常给我们讲她在中师时总是早起，然后躲在操场外边的芦苇丛里读英语。在我的印象中，大学就是一个长芦苇的地方。1988年我到大学报到的第一天就去找芦苇，可惜没找到。王老师本人大概也没有想到，她说了那么一句话，竟然会成为我们考大学的原始推动力。她随意地讲那么一个生活事件，我们却当真。我的想象是：有那么一个大学，有那么一个大操场，不像我们中学是一个小操场。操场外面是一大片芦苇丛，一阵风吹过来，就可以看到有一群美女躲在芦苇丛里面读英语。这意味着一定要考上大学，否则就什么也看不到。

王老师很漂亮，准确地说，是很有女性魅力。我坚信：能够拯救中国教育的一条基本的道路，是让很多美女当老师。

比较遗憾的是，现在还有多少美女在当老师？有些女老师看上去像个老板娘，就不像老师；有些男老师看上去像个"暴发户"。

在我们的眼里，王老师是好老师。那时我们班里一帮男生都自不量力地暗地里喜欢她。自信一些的男生总是找借口往王老师的办公室里跑，比如问一个英语语法问题，去交作业，或者问她明天英语学什么内容。

王老师人长得飘飘然的样子，教学却严谨。要是谁没有完成作业，她会生气。她的口头禅是"你们这帮鬼人！"她这样的女老师一旦生气，往往比男老师更有威力。于是我们班没有不按时完成她作业的人。

既暗地里喜欢老师，又明摆着充满敬畏。这里面好像有一种神奇的力量，我们班的英语成绩总是超出别的班级一大截。

后来在填报高考志愿时，我们班很多同学报考了外语系。这里面自然有王老师的原因。

不过，除了王老师，还有另外一位很特别的老师也起了作用。

这位老师姓涂，男的。王老师之后，我们的英语老师是涂老师（涂老师走后，我们的英语老师是闵老师。我们很多同学现在还记得闵老师费了很多周折到仙桃市为我们购买听英语磁带的耳机）。

涂老师长得上齐下齐，粗脖子，圆腰，整个身子像个吹足了气的塑料袋。他的左腿好像有点毛病，走路总是一高一低地起伏。班上有几个男生一致认为绝不是他的腿有问题，而是路不平。所以背后叫他"路老师"。

涂老师身体长得太圆满了，说话也就不灵巧，简直就笨嘴笨舌（他的嘴唇很厚，感觉比正常的比例大了一号）。这样的人竟然教我们英语，你说是不是很滑稽？

最初他一开口说英语，我们在下面就偷偷地笑。凡是我们笑的时候，他就很高兴，认为是他自己讲课幽默的效应。

他为什么自我感觉那么好，我们好长一段时间没弄明白。

但在后来的日子里，我们班上几乎每个同学都喜欢上这位白白胖胖的"路老师"了。这是事实。

事情也很简单，这位涂老师对我们好。

也说不上究竟对我们有什么好，可是全班同学分明都感觉涂老师对我们好。

比如，如果哪位同学上课开小差了，他会摆出一脸治病救人的样子说："哎！我讲得这么好，你不听，就有点可惜了嘛。"比如，班上有位同学上课总喜欢打瞌睡，他会走到他的身边，使劲地带着我们读英语。等到他醒了，涂老师就会满脸善良地怂恿他："快，我们正在读这一段了，跟上！"

作为一个男老师，人又长得如此的厚重，对他的学生竟然如此的宽容。我们喜欢他。换了你，你如何能够不喜欢他？

三、特级教师的绝招

我读中学（施家港初级中学）时，遇到过一位姓颜的老师。这个老师有一个嗜好：喜欢打学生，而且往死里打。

有一天早晨他来照看我们早读。他在过道穿梭时，有一位男同学趁他转身的那一刻在他的背后做了一个拳击的动作。颜老师察觉到背后有人做了动作，转身厉声追问："是谁？"

我们都看书，不说话。他愤怒了，大声吼叫："到底是谁？你们要是不说出来，你们这两个组的所有人都跪到讲台上去！"

我们比较害怕，但还是没有人说出真相。颜老师忽然转换口气，他诱导我们说："给你们最后一次机会，谁做了动作请主动承认。你要是主动承认了，我不打你。要是别人揭发出来了，我打死你！"

颜老师承诺了"我不打你"之后，那位做拳击动作的同学战战兢兢地站起来了。

颜老师问："是你做的动作吗？"

那位同学说："是的。"

颜老师喊："你站出来。"

那位同学移到过道，颜老师突然挥动右掌，"啪"的一下狠狠地打了那位同学的左脸。

那位男同学号啕大哭，一边哭一边委屈地喊："你说话不算数，你说我要是主动承认了你就不打我的，我主动承认了你为什么还是打我？"

颜老师怒气未消，大喊道："你还争辩？"抬起脚朝那位同学的膝盖踢过去。那位可怜的同学被踢到墙角，赶紧拿手捂住膝盖，再也不出声。

他的这个办法看来比较有效。自那以后，我们班再没人敢在他背后做怪动作。我们全班同学尽可能按照他的意志循规蹈矩。可是，后来还是有一件事惹他生气了。那天早晨吃饭后（早自习后住校的学生吃早饭，米饭装在一个大饭盆里，大概四个人分吃一盆饭），负责洗饭盆的"值日"秩序搞混乱了，不知道那天该谁"值日"，六七个饭盆散乱地堆在讲桌上。第一节课是王老师的英语课。王老师向来对我们好，我们不怎么怕她。她走进教室后发现那么多饭盆堆在讲桌上，她比较生气，一言不发，退出教室，回去了。大概10分钟后，颜老师（他是我们的班主任）来到教室。颜老师问："今天是谁值日？"没人应声。颜老师又问："谁把这些饭盒拿去洗了！"我那时是班长，赶紧站起来，走到讲台那里去收拾那些饭盒。颜老师压低音量发出吼声："今天在教室里吃饭的男同学都站到讲台上来！"等我拿着那些饭盒要离开教室时，忽然听到颜老师大喊一声："跪下！"那几个可怜的男同学犹豫了几秒钟之后，羞愧地跪在讲台上。

那时并不知道老师不可以体罚学生的道理，也没人敢跟颜老师讲道理，《未成年人保护法》还没有立法。

不过，我们也并不恨他，我们只是惧怕他。只要他出现在教室门口，教室里所有同学立刻肃静。

我们惧怕他，并几乎原谅了他的粗暴，其中一个原因是，颜老师有三个绝招。

颜老师的第一个绝招是他能够写一手好字。在我们看来，他的钢笔字、毛笔字、粉笔字是我们所见到的最好的艺术。他曾专门辅导过一位姓谢的同学练钢笔字，那位谢同学的钢笔字后来在全校颇有名气。他专门辅导过一位姓万的同学练毛笔字，那位万同学有一幅书法作品悬挂到镇"文化站"的展览室。那幅作品只有四个字：风华正茂。这四个字实际上也就是颜老师教我们书法时惯用的例子。颜老师教我们练书法历时四个多月，可总共只教了五个字。除了"风华正茂"之外，还有一个"永"字。后来我进了高中、大学，见到有人练书法，我就拿起毛笔来写"风华正茂"这四个字。我的毛笔字水平一般，但这四个字偶尔能唬住周围的某些人。

颜老师的第二个绝招是他有神奇的记忆力。这个人上课时从不拿课本进教室。他进教室后的第一句话往往是：诸位（那时只有他一个人这样称呼我们，我们总觉得"诸位"与"猪位"同音，是骂人的词语，后来竟然慢慢地对这个词有特别的感情），今天我们学《石钟山记》。然后就开始当着全班学生的面抬头挺胸地背诵课文。我们长这么大从来没有见过能够背诵整篇课文的老师。每次遇到颜老师背诵课文，我们就很紧张：赶紧把书打开，紧紧地盯住课本，看他哪个地方背诵错了。如果哪个地方错了一个字，我们就很开心，心里想着"啊，你也有今天"。这样持续了一个学期，颜老师背诵课文很少出错，只有一次例外：他背到中间，卡住了。他红着脸看我们，我们故意看书本，不理他。他满脸通红，顿失威严，但后来又接上去了。

颜老师的第三个绝招是力气大，能扔铅球。这个人比较奇怪，有文人才气，却没有文人的长相。身姿魁梧，满脸白肉，与一般教师的样式绝然不同。他比较符合陶行知期望的标准：骨骼硬朗，力气大，有"农夫的身手"。一次颜老师在学校的一个土坡上教我们如何用正确的姿势扔铅球，被路过的青年农民看到。那青年摇头说："扔那玩意还讲究什么姿势，甩出去不就行了？"颜老师挑战说："我们比比？"那青年走下土坡，抓起那只铅球，大喊大叫地将铅球甩出去。轮到颜老师，他并不用足够的力气，轻轻地将铅球旋转到很远的地带。那青年见状，说了一句话："你是老师，还是老师厉害！"

颜老师确实比较厉害，他有绝招。我所理解的"特级教师"，是那些有绝招的有特殊本领的老师。这样的教师不见得能够赢得所有学生、所有家长、所有同事和所有校长的认同，但他一定身怀绝技，有教育绝招。

颜老师教了我们一个学期的课。后来他调到镇上的另外一所学校去了。他走的那天晚上，我在学校食堂发现他和另外一位语文老师（那是我们初中的第一任语文老师）在一起喝酒。我进食堂的时候，正遇到他们两人猛烈地争吵。远远地，我听见颜老师大声喊："你跟我斗？你信不信，我把你拎起来，扔到窗户外面去？"

颜老师走后，我们的语文老师是另外一位男老师。一年后，据说因为"桃色"事件，那个男老师又调走了。那个"桃色"老师走后，我们的语文老师由以前教我们政治课的老师接任。

你看，我在初中一共遇到四位语文老师。在这些语文老师中，颜老师教我们的时间最短，也最特别。

我们不知道他为什么要调走。我估计，像这样特别的老师，在一个地方总不会待得太久。如果你看过《死亡诗社》（*Dead Poets Society*）这部电影，你就知道为什么这样的老师不可能在一个地方长时间地停留。

后来我听崔健的歌，最喜欢听他唱《假行僧》：

> 我要从南走到北
>
> 我还要从白走到黑
>
> 我要人们都看到我
>
> 但不知道我是谁
>
> 假如你看我有点累
>
> 就请你给我倒碗水
>
> 假如你已经爱上我
>
> 就请你吻我的嘴
>
> 我有这双脚我有这双腿
>
> 我有这千山和万水
>
> 我要这所有的所有

但不要恨和悔

要爱上我就别怕后悔

总有一天我要远走高飞

我不想留在一个地方

也不想有人跟随

我要从南走到北

我还要从白走到黑

我要人们都看到我

但不知道我是谁

我只想看到你长得美

但不想知道你在受罪

我想要得到天上的水

但不是你的泪

我不愿相信真的有魔鬼

也不愿与任何人作对

你别想知道我到底是谁

也别想看到我的虚伪

嘞嘞……

四、陈老师教语文，也是班主任

陈月明老师教我们语文，也是班主任。陈老师讲课有自己的风格，但他的魅力和特色主要不在课内而在课外。按照吕叔湘的说法，语文学习的秘密原本就不在课内而在课外。[1]

陈老师最大的魅力是他本人与生俱来的激情以及由此激发出来的永不停歇的青年文化。陈老师彼时已不年轻，但依然热气腾腾，说话做事完全是青

1　详见：瞿葆奎，《教育学文集·教学（下）》，人民教育出版社 1990 年版，第 14–26 页。

年人的风格。他领着我们参与或发起各种活动。其他各个年级都忙于学习，静如止水，只有我们班一直欢声笑语，即便到了高三年级，依然弦歌不断。我们一般在每天晚自习之前有半小时的唱歌时间。平时喜欢唱歌的同学毛遂自荐，带着全班同学学唱某一首新歌。有时我们会邀请教地理的邓兆权老师出场。邓老师是我们班的"小王子"。在课堂上竟然能讲普通话（而不像其他老师那样用洪湖方言），带我们打排球，能拉手风琴，能唱歌。"小王子"一边拉手风琴，一边教我们唱罗大佑的《童年》。

如果不唱新歌，就会有几个爱唱歌的同学自发牵头唱老歌，领唱的同学只需唱第一句，全班同学跟进，轮番合唱已经学会的老歌。有些歌唱不完整，唱到一半，没词了，眼看就要奄奄一息，突然有人领唱另一首歌，一波未平，一波又起。集体合唱时，我们偶尔会用手掌拍打桌子。无论成绩好坏，无论音质优劣，各色人等，纵声狂欢。半小时后，铃声响起，歌声不得不停歇下来，暂时偃旗息鼓。第二天晚自习之前，又如法炮制。

唱歌的风气和欢乐的情绪在节假日就会派上用场。每年的元旦，陈老师都会设计各种节目，文艺晚会和运动会之类的活动早已纳入陈老师的课程范围。在他那里，这些活动课程比学科课程享有更高的地位。元旦就要来临，陈老师担纲总策划，班花王晓（文艺委员）负责执行和补充，班长佐之，帮忙张罗道具或联系排练场地。陈老师自己不唱歌，他写诗。第一年元旦晚会，他亲自写《致青春》，亲自选拔和指导朗诵的弟子。晚会结束后，我们班的唱歌、舞蹈、相声（含单口相声）、三句半、诗朗诵，全被列入获奖名单，成为获奖大户。二年级时，嫌学校晚会不够过瘾，我们班自己先办了一场晚会。把桌子拉开，围成一个圆圈，中间开拓出一片空地，就有了表演的舞台。毕业那年，大家匆匆散学之前，在短短的时间里，这帮人再次自发组织了特别的晚会。

与歌舞晚会相比，陈老师对篮球赛、足球赛或者运动会更感兴趣。但凡有赛事，陈老师必亲自出马，自任主帅。如何组建一支球队？如何练兵？派谁上场或让谁替补？何时暂停？如何与裁判交涉？陈老师完全是专业教练的派头。一旦场上的队员出现严重失误，陈老师会在场边吼叫、怒斥，然后调整节奏，继续激发队员的士气。球赛或运动会结束之后，陈老师会在全班同学面前总结经验和教训。

因为有陈老师撑腰，他的弟子难免会做出一些出格的事。忽一日，班上传闻镇上的电影院在放《成吉思汗》。电影院的档期只限于周三下午，与政治课和外语课有冲突。班长作为民意代表去跟政治课和外语课老师交涉，动之以情，晓之以理。据说外语老师涂老师同意了，政治课老师王老师未置可否。那天班上多半同学都去看电影了，政治老师按部就班来上课，看到教室人员稀少，很不高兴，要作为旷课处理。王老师是学校分管学生工作的副校长。如果作为旷课处理，后果会很严重。外语老师来了，发现教室里人员稀少，哈哈大笑，一屁股坐在我前面的桌子上，给我们讲他们村长如何常年欺压村民的故事。

看电影的同学回来后，知道惹祸了，形成三派意见：一是尽快向政治老师道歉，争取宽大处理。这派以班长为代表。班长说："实在说不通，由我来担责，一人做事一人当。"二是不道歉，但可以向政治老师讲明看这部电影的重要意义，比如，这部电影与我们正在学习的历史课的内在关联。这派以易明生老师的"同盟会"为代表。易老师是我们的历史老师，他不仅教我们历史，还鼓励我们写诗，他本人亲自示范。易老师以其"史诗思"三位一体的专业本领，迷倒了班上一大批青年男女，不少同学迅速成为他的同盟。那次看电影，与易老师多少有些干系。三是非暴力不合作主义，既不道歉，也不解释，抗争到底。这派以文学青年赵训虎为代表。观影结束，听闻老师不高兴，"虎子"现场挥笔写就一篇李敖式的政论文章：《年轻人的血，总是热的》。关键时刻，陈老师亲自出马，举重若轻，他组织的师生恳谈会和"虎子"的文章感动了政治老师。"成吉思汗风波"不仅不被视为教学事件，反而使师生关系更加亲善。

陈老师本人不仅赞同"年轻人的血，总是热的"，而且素来追求"团结紧张严肃活泼"的教育之道，对一张一弛、劳逸结合的教育原理津津乐道。陈老师后来跟我们说："没必要那样紧张，弦绷得太紧，会失去灵性。"陈老师不欣赏师道尊严，更崇尚亦师亦友、教学相长。他的说法是："与生俱来的灵性，快乐的心情，主动的钻研，默契的配合，不逊于苦涩的跋涉。若论思想教育和品性修养，生动活泼的文体活动比空洞说教更有成效。"[1]退休后，他继续沿用他的方法教育他的孙子。陈老师对儿童教育的期望是"舒心快乐"，从不强迫孙子参加类似"学而思"或"新东方"的校外辅导班。

陈老师的第二个魅力是鼓励我们学生自学，辅之以个别谈话。在陈老师的推动下，班上很多同学都在寻找自己喜欢的书，一旦找到，就相互推荐。高中期间，有两本书影响了我的写作。一本是冰心的《寄小读者》。看完冰心的《寄小读者》之后，我写日记时就不知不觉地模仿冰心的句子。比如，冰心在访问美国期间给父亲写信，她生病了，有人给她送花，她哭了，这是第一次。第二天有人从波士顿赶来看她，满满的母爱，她又哭了，这是第二次。于是，我的日记本里也开始出现类似"这是第一次"、"这是第二次"的句子。另一本是贾平凹的《月迹》。这本书对我的影响更大一些。从《月迹》里，我悟出一个关于写作的想法：如果写作无话可说，就转换空间，从各个角度描述同一件事，如此则可以无休止地说下去，虽不见得有文采或有条理，但至少不用担心无话可说。比如，描述一块石头，可以写石头的形状，石头的颜色，石头的来源，石头的用途，石头与人的关联……

那天晚自习，我正在起劲地读《月迹》，陈老师闪入教室，满口酒气和烟气。他在教室里来回晃悠，突然在我身边停住，俯身问："看什么书？"我把《月迹》递给他。他翻看了几秒钟，肯定地说："这本书不错。继续看。"

为了推动我们自学，陈老师特意安排了两个环节。一是在晚自习之前的读报；二是在早自习期间的个别化谈心。如果晚自习之前不唱歌，陈老师就会给我们读报。他一般选择《中国青年报》上的文章。印象最深的是陈老师给我们讲张治中将军如何治军的故事，其中"法不容情"的情节让全班学生感叹。

陈老师的个别化谈话一般安排在早自习。在早自习期间，他会点招几个学生，带到教室外面的走廊上谈心。高二上学期，我有一次被他招到教室外

1　陈老师的这些说法来自陈老师本人与笔者的面谈和微信交流。

面谈话。他蹲下来，跟我说他最近注意到了我在学习或生活上的进展，也询问我对老师对学校有什么要求或我个人是否有什么需要解决的困难。那次个别谈话令我印象深刻。学生最容易被感动的时刻，不外乎突然发现老师竟然一直在关注自己。

不过，那天谈话并不轻松。在整个谈话过程中，我一直担心他的裤子会因为绷得太紧而开裂。陈老师是大个子，大腿有碗口粗，臀部宽大，个别谈话时为了跟学生保持平等，他蹲下来，示意我也蹲下来。蹲下来之后，师生平等的效果肯定是有的，尚不知，裤子安好？

陈老师的第三个魅力是善于利用各种比赛，以此激发学生的个性化和多样化发展。他讲课不多，有时会发动我们学生做"小先生"，以老师的角色给全班同学讲课。高二上学期，他发动我们学生讲课。那次我讲的课文是《景泰蓝的制作》。

高二下学期，他让我们自愿报名讲故事。此前我们村里来过一位说书的老先生，住在隔壁胡老师家里，给我们讲《头大哥和阴到底》的故事。在那次故事比赛中，我对《头大哥和阴到底》作了改编：头大哥在放牛时，那头牛吃了一棵灵芝，于是脚下生风，驮着头大哥飞奔，到达一个山洞。他在山洞里遇上一个叫阴到底的人，阴到底用百鸟羽毛制成一件"隐形衣"，头大哥穿上"隐形衣"之后，去劫富济贫……那次讲故事多次获得全班同学的掌声。

大概因为我那次讲故事比较成功，陈老师后来在我的"成绩单"上写评语时，起头就说："该生酷爱读书，语言幽默"。放暑假后，陈老师用邮寄的办法把成绩单寄到我们每个同学的家里。那天我们在田间插秧，村长把信送到田间。祖父赶紧洗手，擦干，拆信。可是，当他读到"该生酷爱读书，语言幽默"时，一脸的疑惑和不屑。因为我在家好像只喜欢吃喝玩乐而不怎么读书，而且，我在他面前总是面无表情，一脸死相，怎么可能"酷爱读书"？竟然也"语言幽默"？

我曾跟陈老师提起过这件事，陈老师对那次评语很得意。高中同学聚会时，陈老师跟其他同学说："我对刘良华是有影响的。我最先发现了他的独特的幽默感。"

我的语文成绩并不特别出色，但我向来喜欢语文，喜欢作文，喜欢阅读。当然，更喜欢的是英语。我的英语成绩在班上长期是数一数二的，高二上学期的期末英语考试全年级第一。高三时，教英语的闵维云老师让我负责"外语专业"小组的听力训练，交给我一间办公室和一台录音机。这个特权使我的高三生活充满光彩和莫名其妙的自信。这种自信显然影响了其他学科的学习。后来我把这个办法迁移到所有学习上。比如，先重点学一种球类运动，然后带动其他球类的学习。大学时我重点学排球，经常和隔壁寝室的曹宗平风雨无阻地练排球，后来练过足球、乒乓球、羽毛球。又比如，先重点学一个画种，然后学其他画种。大学时我重点学水粉画，后来练过素描、水彩画、油画，等等。

语文和英语给我以自信，数学予我以噩梦。从高一到高二，我长时期受数学的折磨。上数学课的时候，我往往会开小差，几乎没有完整地听过一节数学课。如果老师通知下个星期考数学，我一定会接连几天忐忑不安。

对我来说，最痛苦的就是数学考试的日子一天天在逼近。现在只要遇到比较麻烦的事情，当天晚上就很容易做一种怪梦。在梦中，我玩得比较开心，日子过得比较体面，但突然变换场景，我坐在教室里，听老师讲数学课。我显然不想听这样的课，我在数学课上偷看小说或者历史书。同学们好像都在为数学考试作准备，我不作准备，我无法作准备。我怎么办呢？考场纪律可能会很严，我又不能偷看同学的答案，我怎么度过这场劫难呢？梦醒之后，我发现原本没有数学考试，一切都可以由我自己做主，我不需要被逼迫参加那样的数学考试了。这时候，感觉生活如此美好，感觉自己实在是幸福的人。于是，在接下来的日子里，我就像过感恩节一样满怀感激。有时候甚至会想：从现在开始，我要做慈善事业。只要不让我学数学，我就去做慈善。

要不是在高三遇到金秀云老师，我一定考不上大学。金老师是班主任陈月明老师的太太，高三时，教我们数学。

因为她是陈老师的太太，而且是学校为数不多的几位女性数学老师之一，我们很早就开始关注她了。金老师皮肤白，穿的衣服也以白色为主。即便偶尔穿蓝色的衬衣，裤子也依然是白色的。金老师有教师独有的气质，自信、知性、矜持、稳重，美好而高贵。后来读《诗经》，每次读到《硕人》，就记起金老师的神态："手如柔荑，肤如凝脂，领如蝤蛴，齿如瓠犀，螓首蛾眉，巧笑倩兮，美目盼兮。"据说，当年在中师读书时，金老师与陈老师是同学，两人都是学校的文艺积极分子。陈老师在学校率先骑自行车（那个年代的自行车相当于今日的宝马），带金老师兜风，成功抱得美人归，成为金老师的真命天子。

几乎每天早晨 9 点左右，我们都能从教室的窗户外面看到金老师从那个"东坡校门口"[1]摇摇摆摆地走进学校，看着她手里提着一个圆形菜篮，看着她横穿教室前面的那条笔直的过道，看着她走进校门对面的那栋教学楼，然后，就看不见了。晚自习的时候，如果看到陈老师满口酒气走进教室，我们就议论：金老师亲自做菜，陈老师聚众喝酒。

才子佳人的说法不适合用来解说陈老师和金老师他们俩的关系，因为金老师本人一身二任：既是佳人，亦是才女。

金老师教数学的办法跟其他老师不一样。她的办法很特别，也很时髦。在金老师看来，数学题有一些为数不多的"母题"，所有的高考数学题都是这些"母题"的变化形式。你参加考试的时候，遇到任何一道数学题，要立刻问自己：这道题是由哪个母题变来的？

于是，整个高三，我们都在和那些数学"母题"打交道。以前上数学课时，往往是一节课解一道数学例题。金老师也差不多是这样，但演示了"母题"之后，她会提供一个有关这个"母题"的变式。她给我们解释：这道题改变了其中一个条件，变成了 1985 年的高考数学题；这道题改变了另一个条件，变成了 1987 年的高考数学题。

如果数学真的像她说得那样简单，那数学还有什么可怕呢？ 1988 年我参加高考时数学成绩意外地获得高分，总分 120 分，我的数学成绩是 118 分。我获得这样的成绩固然是因为那年高考数学试题令人意外的简单，几乎没有区

1　洪湖二中的校门朝东，而且有一个长长的陡坡，我们称之为"东坡校门"。进入学校之前，要先走一段下坡路，这个感觉好像不好。但是，出校门或者毕业之后，要走上坡路，这个寓意也还不错。

分度，不过，即使那年的高考数学试题不那么简单，我的数学考试成绩也不会太低。至少，高考前夕，我已经不再惧怕数学了。至于后来我为什么还是做数学考试的噩梦，我估计与心理学上说的"童年记忆"有关。

后来看到美国数学家波利亚的《怎样解题》。我觉得金老师模式与波利亚方法，很接近。[1]

在这本书中，波利亚提出了一个"怎样解题表"。波利亚的"怎样解题"的秘密是"猜想"（plausible reasoning，也译为"合情推理"），也因此他在发表《怎样解题》之后再次以《数学与猜想》为题专门讨论了"怎样解题"的问题。

在波利亚看来，有效的"猜想"是寻找题型之间的相似性，波利亚有时称之为"类比"（analogy）。反过来说，"猜想"就是用"类比"的方式寻找题型之间的相似性。"类比"是思考"怎样解题"的关键。[2]波利亚设计的那个著名的"怎样解题表"的全部秘密，就是"类比"。对于某个正在解题的学生来说，"如果他能把他的问题归类，识别其类型，把它列入他的课本中的某一章中，他就取得了一些进展。这使他可以回忆自己已经学过的解这类问题的方法"。波利亚认为，"这是什么类型的问题"将有助于"怎样解决这个问题"，因为"问题的类型能提示解法的类型"。[3]也有研究者认为："领悟和运用类比是数学创造的主要机制。类比在数学学习中也起着重要的作用，但是目前在学校里很少实际使用。"[4]

1　我在《校本教学研究》这本书中讨论过相关的问题，详见：刘良华，《校本教学研究》，四川教育出版社2005年版，第17—19页。

2　为便于读者选择一个关键的概念切入波利亚的"怎样解题"体系，这里只将"类比"作为波利亚体系中的关键词特别提出来。实际上这个体系中还有另一个核心概念，即"归纳"。在波利亚看来，"许多数学上的结论都是先由归纳得出，然后才得以证明的。严格表述的数学是一门系统的演绎科学，但在形成过程中的数学是一门实验性的归纳科学"。不过，波利亚认为"归纳"也是一种"类比"的过程："试验性的普遍化从努力理解观察到的事实开始，它以类比为基础，并用更进一步的特例加以检验。"参见：[美]波利亚，《怎样解题》，涂泓、冯承天译，上海科技教育出版社2002年版，第118页。

3　[美]波利亚，《数学的发现（第一卷）》，欧阳绛译，科学出版社1982年版，第166页。

4　[波]克里戈斯卡，《大众数学中的主要数学活动》，载张奠宙主编《数学教育研究引论》，任樟辉译，江苏教育出版社1998年版，第430页。

心理学一般将学习定义为"新知识与原有知识之间的同化或者顺应"，而波利亚所强调的"类比"将学习重新定义为"新知识与原有知识之间的类比"。类比这个概念使波利亚的"怎样解题"具有经典性意义，波利亚方法于是在世界范围内产生影响。

如是我闻，金老师模式与波利亚方法，异曲同工。英雄所见，略同。

五、中学同学

初中同学中，交往最多的是杜品和张春。高中同学中，交往最多的是姚明、陈高和胡彦。那时只跟男同学交往，只对母亲的闺蜜那样的中年少妇有感觉，对女同学没有兴趣。

跟张春和陈高交往，主要因为他们成绩较好，见贤而思齐。跟杜品和胡彦交往，是因为他们面目姣好，男身而女相。那时同学之间完全不受"同志"的困扰，绝大部分男生都喜欢杜品、胡彦这样"男身女相"的同学。一旦下课，他们的周围总有陪伴者。一旦去打饭或逛街，他们会成为争抢的对象。男生甚至为此争风吃醋。中学毕业后，天各一方。再聚时，杜品与胡彦皆长成英武的男子汉。

相比之下，跟姚明的交往模式是一个例外。高中一年级下学期，学校分文科班和理科班。一至四班是理科班，我们五班是文科班。文理科分班时，姚明去了理科班，我继续留在文科班，但是，我们交往并未因此而中断，反而更加频繁和深入。

姚明最大的特点是随时愿意帮助他人。我也帮助过很多人，在这点上我和姚明是一致的。但我很少帮姚明做什么事。只有一次，那年春节期间，姚明不在家，我代替他去谢仁乡（我家属于施港乡）看望他年迈的父母。

姚明和我的交往与几个词语相关。

第一个词语是"过河"。在湖北的乡村，春末夏初是割麦插禾的季节，那时往往阴雨天和晴天交替，雨水很多。那个周末我和姚明一起回家，然后一起返校。在回家的路上要经过一条因暴雨而涨水的水沟，需要卷起裤管涉水过河。我前几天右脚受伤，不能下水。姚明动作快，他先下水，建议我不必脱鞋，他背我过去。第二天他先到我家，然后我们一起返校，途中他复制前一天的做法，背我过河。自此，"过河"这个词语和情境对我来说有了独特的意义。后来我到中小学听课时，对中小学课本中有关"过河"（包括"小马过河"）的情境一直比较敏感。

第二个词语是"磁带"。高中一年级时他从他哥哥（他哥哥是军人）家里拿来几盘"鹦鹉牌"的空白磁带作为生日礼物送给我，让我复制英语课本的录音。我第一次见到空白磁带，视若珍宝。后来他又到商店买回几盘空白磁带。事实上这些磁带当时并没什么用处，因为我可以直接借用英语老师的原版磁带，不需要复制。可是等到高中三年级时，这些磁带派上了用场。那年闵老师从仙桃市买来一批耳机（他克服了一些障碍和非议，"自费"乘车去买那些耳机），从我们班挑出一帮人天天听录音，准备报考"外语专业"。据说那年报考外语专业时要求有"听力测试"作为参考分。别的同学只是听老师提供的录音，我因为有空白磁带，翻录了另外的资料。这对我后来报考外语系起了作用。

第三个词语是"呕吐"。高中毕业后，姚明进了湖北中医学院针灸系，我到了湖北师范学院外语系。寒暑假回家时，我往往会到他的学校住一个晚上。那天在车上经过几个小时的颠簸，一路寒风，到他那里时已经很晚。他先带我去吃夜宵，炒了一盘虾，喝啤酒，然后回到他的宿舍睡觉。可能那盘虾有些问题，半夜时，我感觉胃痛，剧烈呕吐。姚明的寝室里共住6个人，他的床铺是上铺。从上铺往下喷射式地呕吐，整个寝室立刻弥漫着难闻的气味。姚明翻身起床，赶紧收拾。我很快入睡，第二天早晨起床时，寝室已经恢复原先的秩序。我只发现我鞋子湿了，经过了冲洗。

第四个词语是"寄钱"。大学毕业后我到西南师范大学继续"读书"，姚明到一家油田医院工作。那时他的工资不多，大概每月300元。他不定期地给我寄钱。有一次寄了400元，他说是医院下发的奖金。那年我回家过春节，他到我家，亲手给了我200多元（都是崭新的纸币）。几天后我带着这些钱到镇上把祖父"赎"回来。祖父打麻将输了钱，欠了别人的赌资和房租。

第五个词语是"中医"。他的专业是"中医学"，每次聚在一起，他都会给我讲一些基本的中医学知识。我从他那里第一次听说"心中渺渺，指上难明"、"正气存内，邪不可干"等医学常识。每年寒暑假，经过武汉时，我会住在他的寝室。他多次带我去听中医学的讲座，我一直向往那样的课堂和那样的主题。我曾问他，是否有办法带我去他们的人体解剖室。他竟然真的弄来了钥匙，到了晚上，我们两个人悄悄进入人体解剖室。那次的经历对我影响很大，我越来越喜欢医学这个专业和医生这个职业。姚明说我适合学医，我认可这个说法。每次在他的学校，我都不想离开。有时我会把他的医学教材带回家，利用寒暑假的时间，读了几本医学教材，并做了详细的笔记。硕士毕业后，我到中山医科大学工作，这里面有姚明的影响。在中山医科大学工作时，我曾计划攻读"中西医结合专业"的博士学位。向几位老师打听之后，他们告诉我：作为业余爱好，这是可以的。但是，如果想做医生，就没有必要了，因为国家有规定，必须在专科或本科期间就开始学习医学，才可能获得医师资格。后来我热衷于《黄帝内经》的研究，与那段经历也有关系。

第六个词语是"分离"。自从 1995 年我们聚会之后，再也没有见面。他一直在湖北，我从重庆到广州，再从广州到上海，从上海返回广州工作，又辞去广州的工作，调入上海。十几年了，我们没有见面，没有写信，没有电话问候。可是，如果哪一天我们突然见面了，我们仍然会把对方当作自己最好的朋友。我们的交往，是因为我们彼此欣赏对方，没有任何功利。如果有人把两个男人之间的彼此欣赏与关爱称为"同性恋"，那么，我会深深地敬畏这个词语。

我的大学

一、从学外语到学画画

我大学学的专业是"英语教育"。我喜欢学英语。高考结束后，我最开心的是：好了，从此解放了，以后可以不学数学了，可以学我最喜欢的英语了。

进入大学之前，我对"英语本科专业"充满了无限的想象。到了湖北师范学院外语系，听了几个月的专业课之后，我发现学英语并非我想象中那样美好，相反，它需要接受一种比较机械而乏味的训练。

在大学，为了学好英语，我尝试过几个办法。

第一，听英语广播。按照师兄师姐的说法，学英语的最好办法是坚持听英语广播，读英文报纸，读英文小说，看英语电影。大学一年级上学期，我花 90 多元买了一台收音机。那部收音机很精致，书本大小，背面有一个简易的电子琴。我定下计划，每天坚持听 BBC 和 VOA 英语广播。大概坚持了三个月，由于忙于其他事情，听英语的计划被无限期搁置，那部精致的收音机也被人偷走了。

第二，读英语小说。不听英语广播了，我也没有条件阅读英文报纸或看英语电影。当时外语系条件有限，英文报纸和英文录像都很少。系里只有一次组织我们在教室里看《德伯家的苔丝》英文电影录像，全系师生隆重出场，堪称外语系的一个大事件。与听英语广播、读英文报纸或看英语电影相比，比较方便的办法是读英文小说，当时系里有一些英文小说的简写本，可以自由购买。有一段时间，外籍教师 Debbie 让我们每周提交英文日记，她亲自批改。读英文小说有一个好处，可以写读后感，用读后感代替英文日记，不必担心无话可说。读英文小说的另一个好处是，它比听英语广播更实在一些。听英语广播时可能不知所云，而读英文小说时不仅能够大致理解小说的情节，还能顺便记住一些有趣的单词。当时读过《德伯家的苔丝》、《基督山伯爵》、《双城记》、《远大前程》、《王子复仇记》等英文小说的简写本，还一目十行地读过厚厚的英文版《乱世佳人》（上下两卷）。当时班里的同学都在议论米歇尔的《飘》如何了得，讨论小说里的四个人（巴特勒、阿希礼、斯嘉丽特、梅兰妮）的性格如何可爱。为了不至于太落伍，我浏览了英文版《乱世佳人》之后，开始看中译本《飘》。后来又读了另一个中译本《乱世佳人》。那是大学四年读得最认真的一本书。也因此，大学毕业后，在网上多次观看《乱世佳人》的电影。

第三，背英语单词。放弃了听英语广播和读英文小说之后，我开始采用"背单词"这个比较笨拙的办法。像其他同学那样，我也曾经尝试过用"集中识字"的办法背英语单词。晚上关灯睡觉之前，我们寝室的几个同学偶尔会玩猜单词的游戏。有一位叫范文的同学，率先博闻强记，用专门的笔记本，记下了大量的单词。我们随便翻到字典中的任何一页，抽取其中一个单词，念出单词的字母，他几乎都可以说出单词的含义。这个范文同学为我们作了示范，其他同学也积极跟进。我买了一本绿色封面的《牛津英汉双解词典》，计划从 A 字母开头的单词开始，争取把整部字典"有意思"的单词都背下来。我跟进了大概半年，放弃了。那本《牛津英汉双解词典》也被人偷走了。大学期间，有三件东西被人偷走。一是绿色封面的《牛津英汉双解词典》，二是带简易电子琴的收音机，三是灰色西服。西服是大学报到时，我堂兄陪我在武汉的"汉正街"买的。我亲自手工"干洗"之后，晾在寝室门前的栏杆上，下课之后回到寝室，发现西服没了。

第四，回到课本和课堂。大学原本为我们设计了比较完整的课程，只要按部就班地学好这些课程，英语水平就会有长进。大学二年级时，我开始回到课本、回到课堂。一年级最喜欢的课是外籍老师 Debbie 的"英语口语"，二年级虽然也有外籍老师教"英语口语"，但自从 Debbie 离去，换了另一个叫 Marry Young 的外籍教师，我们对"英语口语"，就没有了兴致。进入二年级之后，最喜欢的英语课是廖美珍老师的"英语翻译"、龙毛忠老师的"英美文学"、夏家驷的"英美报刊"、徐章宏老师的"英语精读"、王新强老师的"英语口语"和方欣老师的"英语泛读"。当时湖北师范学院外语系的图书与音像资源有限，但师资力量不差，有不少受学生拥戴的好老师。廖美珍、龙毛忠、夏家驷、徐章宏四位老师上课的特点是信息量宏大，口若悬河，旁征博引。一个学期下来，几乎每个学生都积累了厚厚的笔记本，虽不堪重负，但亦心满意足。王新强和方欣两位老师是外语系的金童玉女。王新强老师英气逼人，喉结突出，善于模仿 *Step by Step* 听力教材中的美式英语。每次模仿美式英语，口吐莲花，引无数男女学生钦慕，唏嘘不已，纷纷折腰。方欣老师是外语系的美女老师，脸如圆月，长发飘飘，据说丈夫是商界老板，满满的幸福。每临方老师上课，她将来未来之时，男女同学都在外语系三楼教室门口倚楼而望，看着方老师款款而来。

大学一年级时，我的专业成绩较差。初入大学，以为大学生活应该"团结、活泼"，不应该那么"严肃、紧张"。专业学习虽然是重要的，但更应该发展业余爱好。结果，一年级结束时，个别专业成绩接近"挂科"状态。评奖学金时，所有同学被人为划分为一等奖、二等奖和普通学生三个类型。班上的学霸黎萍同学无争议地获得一等奖。我属于人人有份的三等奖系列。受此刺激之后，二年级开始关注专业学习，在心里发誓，要向黎萍同学看齐，要追上她。

经过一年的狂追，成绩明显好转，但仍然没有追上黎萍。二年级刚过就开始评定奖学金。学校制定了新的方案，由专业成绩、体育运动和品德修养三部分构成"综合考核成绩"。班主任陈平利老师公布新方案之后，全班同学一致反对，寝室的段维军同学尤其愤慨，呼吁恢复以专业成绩为唯一考核标准的传统，而不应过分强调体育运动和思想品德。陈老师坚持原则，提醒大家，这是学校统一制定有关奖学金评定的实施方案，不宜更改。班上同学群情激愤，推举我作为民意代表，再次与陈老师交涉。陈老师问我："你真的认为评分标准不合理？"我说："是的。"陈老师再问："按照学校的评价标准，你会被评为一等奖。现在我问你，你还认为新的评价标准不合理吗？"我说："那当然。"于是，陈老师选派了几个学生代表，到她家里去重新修订奖学金评价标准，并按照新的评价标准，重新评定奖学金的人选。我最终获得二等奖学金。虽失去了一等奖，但满足了"站在正义的一边"的虚荣。回到寝室后，我跟 Peter 说起这件事，他说："你被有些同学耍了。"Peter 是我们大学同学中唯一没有被现代文明污染的人，洁净如 virgin paper（白纸），没想到他竟然有这样的想法。

其实，大学二年级下学期，我就开始把大量的时间用于画画。我和几位同学常到黄石工艺美术学校找老乡学画画。从三年级开始，我用于画画的时间，远远超过学习英语的时间。学校组织大学生艺术节，我提交的两幅水粉画《夏》和《秋》，获"学生绘画作品一等奖"（实际上是一位老乡的指导起了作用）。那时湖北师范学院没有美术系，山中无虎，猴子称王。那年新成立的美术教研室在全校范围内召集绘画爱好者组建绘画班，让参与者现场画陶罐，然后决定是否录用。

考核之后，我被任命为绘画班班长。自此，绘画热情高涨，整天关在画室里。有时请同学来做模特，画头像，做模特的报酬是请他吃一盘炒粉。我家里至今保留了当年给寝室和隔壁寝室的同学画的头像。偶尔也约几位同学到"江北"（学校在长江的南岸）的稀水县乡村去写生。那天与师弟戴学辉到江北写生，遇到一帮敲诈勒索的小青年。师弟回到学校后到处宣传我如何勇敢而机智地与小流氓周旋的故事。

为了配合画画，那段时间我急切地阅读了《西洋美术史》、《艺术：迷人的领域》、《徐悲鸿传》等书和相关的文章。看徐悲鸿传记时，记住了徐悲鸿画画的经历，也记住了徐悲鸿"致广大而尽精微"的说法。那一年是在我大学期间最美好的日子，常常做画家的美梦，甚至想转入黄冈师范学院美术系。

一年后，有一位师弟到画室来看我们画画。他一直站在画室看我们画画，等到我们要离开时，他问："我可不可以到这里画画？"我看他不像有艺术气质的人，吓唬他："先拿一幅作品来给我看看。如果有基础，就可以进入绘画班。"那位师弟比较自信，他问："我可不可以借你的画笔用一下？"我不太情愿，但还是把画笔递给了他。他坐下来，整理一下画布，查看桌上的陶罐和苹果，忽然挥动画笔，几分钟之后，就隐隐约约出现一幅光彩照人的图案。我们很多人都围在他的身边看他画画。

等他结束之后，我说："这样吧，从今天开始，你来做绘画班的班长，我不干了。"

从那以后，我较少去画室，基本放弃了绘画。我向来争强好胜，心胸不够开阔，宁为鸡首，不为牛后。看到别人的绘画水平比我高超，就再拿不出画画的激情。

自从遇到那位师弟之后，发现那才是画画的气象，自己几乎没有入门。于是，改弦更张。

二、从外语教学论到普通教学论

从画室走出来后，经过短时间的徘徊，我的注意力从绘画转移到"考研"。

到了三年级下学期，不少同学已经开始谈论"考研"的话题。专业成绩长期排在第一名的黎萍和"单词大王"范文两个人决定攻读外语专业的硕士学位。后来黎萍成为武汉大学英语系的研究生，范文成为四川大学英语系的研究生。另外有几个同学对法学或经济学感兴趣。

我最初的"考研"意向是"外语教学论"。我的本科专业是英语教育，如果攻读"外语教学论"专业的硕士学位，算是我的本行。当时湖北师范学院外语系虽有优秀的老师，但昏庸者也不在少数，他们似乎没有基本的外语教学方法与技巧，老师辛劳讲课，学生却昏昏欲睡。有一段时间，我到图书馆借了几本外语教学的书，希望从中找到外语教学改革的经验和智慧。最初对英国学者帕默（H. Palmer）提倡的"直接法"很感兴趣，"交际教学法"、"视听教学法"皆与之相关。可以想象，在不久的将来，"直接法"（或"交际教学法"、"视听教学法"）将取代"语法翻译法"。遗憾的是，外语教学论专业的考试科目不仅有基础英语，而且有"二外"。基础英语我也许还可以突击准备，我的"二外"是德语，这是一个大难题。

我只能选择不考"二外"的学科。我开始接触美学。我从图书馆借来朱光潜的《西方美学史》，做了厚厚的笔记。朱光潜的《西方美学史》几乎是一部哲学史。为了增进西方哲学的常识，我借来了罗素的《西方哲学史》，也做了厚厚的笔记。

那年暑假路过武汉时，我跟高中同学陈月高（武汉大学本科生）商议报考美学的事。他问："美学专业好啊，读过李泽厚的书吗？"我说："没有。"他调侃："李泽厚的书你都没读，还想报考美学专业？"

我赶紧找李泽厚的书来补课。最初看的是李泽厚的《美的历程》（当时图书馆没有李泽厚的《华夏美学》和《美学四讲》），然后看李泽厚的《中国古代思想史》和《中国近代思想史》（当时图书馆没有李泽厚的《中国现代思想史》）。

读《美的历程》时，大致记住了"先秦理性主义"、"楚汉浪漫主义"、"魏晋风度"等概念和历史事件。这些概念和历史事件很美，很浪漫，但同时也感觉这些概念和历史事件离我的生活比较遥远，离我要考美学的计划更远。我不知道如何为报考美学作准备。

等到我读了李泽厚的《中国近代思想史》和《中国古代思想史》，我开始意识到，这才是我一直在寻找的书。我被这两本书迷住，李泽厚在书中所讨论的问题，他的观点，他的表达方式，他的词语和节奏，甚至书后简短的后记，都让我感觉，这才是值得我花时间去攻读硕士学位的方向。相比之下，《美的历程》更美更浪漫也更不切实际。美则美矣，了则未了。而《中国近代思想史》和《中国古代思想史》不仅美而且有力量。更重要的是，这样的书所讨论的问题直接关切教育的现实。它是思想史或哲学史，也是教育史。如果说，朱光潜的《西方美学史》和罗素的《西方哲学史》是我后来研究"西方哲学"的入门读物，那么，《中国近代思想史》和《中国古代思想史》则是我后来研究"中国哲学"的启蒙读本。

问题依然在于，我还是不知道我应该选择什么专业。我只知道，我的专业选择，将决定我个人的命运，也将决定我个人为社会提供专业服务的方式。[1]我需要拥有"硕士生"的资格，以便有机会去继续阅读李泽厚的书，去继续思考"李泽厚问题"。

我当时经常去湖北师范学院新建成的图书馆三楼阅览室，在那里读李泽厚的书，读着读着，就开始发呆，作沉思状。我急切地希望自己能够清晰地规划自己的专业和研究方向。如果再花三年的时间，能够把李泽厚的《中国近代思想史》和《中国古代思想史》所讨论的问题弄明白，那么，我就会成为真正"有学问"、"有知识"的人。

接下来，我开始频繁拜访我身边的老师。我跟班上的同学熊青松（Peter）讨论我的思路和我的困惑。他建议我去拜访学校教育科学研究所的硕士生程良道[2]，然后去拜访教育科学研究所所长段继扬教授和喻立森教授。熊青松平时话不多，厚道、老实，但他比我更善于交际，他认识很多朋友。

拜访了几个朋友和老师之后，我的硕士专业越来越清晰地指向教育学。我的兴趣正式由美学转入教育学。

1　其实，专业的选择不仅关切个人的命运，也关涉个人以何种方式为国家或社会提供专业支持。专业选择是困难的，可称之为"先进难题"。《论语·先进》多处记载孔子讨论学生的专业倾向和专业选择的问题。《论语·先进》开篇就讨论孔门四科的专业倾向。一是德行科（伦理学）：颜渊、闵子骞、冉伯牛、仲弓。二是言语科（公共关系与国际关系学）：宰我、子贡。三是政事科（政治经济学）：冉有、季路。四是文学科（文献学或文史哲）：子游、子夏。按照孔门四科，我似乎更适合"文学科"（文献学或文史哲专业）。《论语·先进》最后记载孔门弟子的专业选择，夫子喟然叹曰："吾与点也！"其实，子路、冉求、公西赤与曾点各言其志，各有自己的专业选择。

2　那时湖北师范学院没有"硕士点"，但学校有部分教授已经获得硕士生导师的资格，挂靠湖北大学。

确定了"考研"的专业之后，我请在武汉读书的同学带我去拜访华中师范大学教育系的老乡（本科生），希望从那里了解有关教育学本科专业的基础课程和相关的教材。那次拜访有三个重要的成果。一是苏霍姆林斯基成为我关注的教育家。我问老乡："如果我想尽快了解某个教育家的教育思想，我可以先关注哪个教育家？"那位老乡说："苏霍姆林斯基或者杜威。"二是获得一本《外国教育史》教材。那位老乡送给我一本他们用过的《外国教育史》，王天一、夏之莲、朱美玉三人编著，北京师范大学出版社1985年版，上下两册，黄色封面。那本书所介绍的外国教育家及那本书的叙事风格、封面颜色和油墨香味，一起构成了我所理解的"外国教育史"的基本形象。三是大致确定了我要报考的具体专业和研究方向。老乡介绍说，教育学是一级学科，在这个学科之下，有很多二级专业，比如教育史、比较教育学、教育学原理、教学论，我应该确定具体的二级专业和研究方向。

根据朋友和老师的推荐，我开始尝试阅读苏霍姆林斯基的书。第一本是《把整个心灵献给孩子》（也译为《我把心给了孩子们》），第二本是《给教师的100条建议》[1]。在这两本书之间，我更喜欢《把整个心灵献给孩子》。《给教师的100条建议》的建议太多，说教太重。而《把整个心灵献给孩子》主要是苏霍姆林斯基讲述自己的教学故事。书里有一段文字尤其美好："初秋，当清澈的大气中能清晰地听到每一种声响时，一到傍晚时刻我就和小朋友坐在碧绿的草地上，我让他们听了科萨科夫的歌剧的旋律。音乐引起了孩子们情感上的反响。他们说：野蜂一会儿近了，一会儿又远了。"[2]一个语文老师竟然会带着学生欣赏音乐？即便他兼任音乐老师，音乐老师竟然会带着学生到清新的树林和草地去上课？一个老师竟然能够那样在乎学生的感受，愿意倾听学生的声音，愿意与学生融合在一起？

我当时的感觉是，如果我能够像苏霍姆林斯基这样做老师，那么，我的学生会很幸福，我也会自命不凡。做一个"孩子王"并不容易，苏霍姆林斯

1　　这本书的中译本再版时，书名更改为《给教师的建议》。

2　　详见：[苏]苏霍姆林斯基，《我把心给了孩子们》，教育科学出版社2001年版，第82–88页。

基让教师这个职业有足够的欢乐和尊严，也有足够的困难和挑战性。

我决定，我要做"中国的苏霍姆林斯基"。

接下来，我面临两个具体的选择：一是在教育学一级学科之下，我应该选择哪个专业和研究方向？二是在那么多的大学中，我应该报考哪个学校？

关于专业，我最初的意向是比较教育学。这个专业不仅可以发挥我的外语本科的优势，而且可以通过比较国内外教育改革实践和教育理论，让我了解国内外教育改革的动态，为我将来的教育改革提供理论支持。我在图书馆借来各种版本的《比较教育学》，对这个专业有了大致的了解。

关于学校，我最初考虑的是北京师范大学或华东师范大学，但是，估计报考这两所学校的考生比较多，竞争比较激烈。像我这样"跨专业"的考生原本就缺少专业上的竞争优势，最好选择不那么热门的学校。因此，我将报考的范围确定在华中师范大学、湖北大学和西南师范大学三所学校。前两所学校都在湖北，交通便利，但对于湖北考生缺少陌生感和神秘感。西南师范大学虽然交通不太便利，却有神秘感，可以带来丰富的想象。最后，我确定了西南师范大学。

学校图书馆可以找到研究生招生简章，招生简章显示，西南师范大学有"中外近现代教学改革研究"这个方向，导师是熊明安教授。我猜想这就是比较教育学。

按照招生简章上提供的信息，我给西南师范大学的熊明安老师写信。那封信很简短，自我介绍之后，我直接说，"我想成为中国的苏霍姆林斯基"。信寄出之后，我开始感觉自己太鲁莽，不知天高地厚，担心熊明安老师看到"我想成为中国的苏霍姆林斯基"这样的说法之后产生恶感。

一周之后，收到熊明安老师的来信。熊老师在信里作了三个说明：第一，他的专业是教学论，不是比较教育学。"中外近现代教学改革研究"是教学论这个专业的研究方向。第二，他喜欢有志向有野心的青年，祝愿我能够实现"成为中国的苏霍姆林斯基"这个梦想。第三，欢迎我报考西南师范大学。

教学论这个专业看来也不错，离我喜欢的教学改革更近。这个专业虽然不研究某个具体的学科教学，是"普通教学论"，但普通似乎有普通的好处，它可以面对整个教学改革而不局限于某个学科。于是，我"考研"的专业，就由外语教学论变成了普通教学论。

有了熊明安老师的鼓励，我正式启动我的"考研"生活。为了更加安静地阅读，我和另一个准备"考研"的同学许茂离开寝室，在我们宿舍对面的牛头山上租了一间房。在出租房里，我们没日没夜地看书。

我报考的专业规定了四门考试科目：英语、政治、中国教育史、外国教育史。英语几乎不用备考，我的英语专业虽然不够扎实，但应付一般的考试绰绰有余。政治也可较少关注，我的文史哲的业余爱好足可以应付政治考试。我的备考重点在于两个科目：一是中国教育史，二是外国教育史。我以前虽然没有完整地学习"中国教育史"这门课，但我此前读了李泽厚的《中国近代思想史》和《中国古代思想史》。读了这两本书之后，再去读中国教育史的教材，感觉轻车熟路。因此，对我来说，所谓备考，其实是学习"外国教育史"。

在备考的那一年，我的绝大部分时间都用于阅读和思考外国教育史，满脑子都是柏拉图、夸美纽斯、裴斯泰洛齐、洛克、卢梭、杜威、布鲁纳、赞可夫、马卡连柯，当然，还有苏霍姆林斯基。而正是在阅读和思考外国教育史的过程中，我越来越坚定地相信：教育学这个专业有足够的魅力和实力。

1993 年 9 月，我考上了西南师范大学，正式进入教育学这个领域。报到的第一天，我去拜访熊明安老师。熊明安老师告诉我，外国教育史试卷由张俊洪老师负责评改。改卷之后，张俊洪老师说：有一个学生的答卷，几乎是标准答案。他给了 92 分。

后来发现，这个考生叫刘良华，是熊明安先生的学生。

三、外籍教师 Debbie

并不是所有的外籍教师都是优秀的，但 Debbie 是名副其实的优秀教师。她教我们"口语"。

Debbie 的第一个特点是她不只是讲英语知识，她的重点在于传播英语文化。她给我们推荐的教材是蓝色封面的《走遍美国》，里面大量地介绍美国人的日常生活与节日风情。在 Debbie 的课堂上，我们开始养成"准时到达"、"兑现承诺"、早晨见面一定要说"早上好"、向帮助自己的人说"谢谢"、自己犯错之后一定要说"对不起"、别人送来礼物时要"当面拆开"等等习惯。她详细给我们介绍美国的节日、美国的风俗，她专门为我们做"美国学生的性教育"的专题讲座。

从她那里，我们第一次知道迟到是多么可耻的事，迟到后，我们会满脸羞愧，站在教室门口，必须请示"我是否可以进来"，得到允许后，才进入教室。

从她那里，我们第一次知道在公共场合绝对不能吐痰，吐痰时要掏出卫生纸，吐在卫生纸上，包裹起来，走到垃圾桶那里，扔进去。有一次周围没有垃圾桶，她竟然用卫生纸包裹之后，放进自己的口袋里，发现路边有垃圾桶，她才从口袋里掏出来，扔进去。

从她那里，我们第一次知道开门或关门时，要照顾后面的人。以前也许我们会无意识这样做，但经过她提示之后，就成为我们必须做到的规范。

从她那里，我们第一次知道有那么多的场合需要及时说出"谢谢"或"对不起"。有一次班上一个同学拿到自己的练习本时没有说感谢，她当场提醒那位同学"你是不是应该说点什么"，那位同学一脸茫然。Debbie 终于忍不住了，她说："应该说谢谢，你已经不是小孩子了（you are not young）！"她跟我们一起挤公共汽车去秋游的时候，我们担心她过于礼让而无法挤进去。她却说："我从纽约来，有经验！"然后，很麻利地从人群的缝隙里钻进车里。

Debbie 的第二个特点是尽可能为学生提供丰富而有趣的教材。尽管有确定的教材，但她几乎每节课都会拎一个大袋子，那个大袋子里有她临时印制的"补充材料"或"教具"。上课的时候，她总会给我们提供新的材料。那时复印机并不普及，也不发达，我不知道她是如何做到这一点的。后来我在给中学生、本科生或研究生上课时，也重视给学生提供材料，这受了 Debbie 的影响。

Debbie 的第三个特点是尽可能使教学游戏化。她几乎每节课都会安排游戏，让我们在游戏活动中用英语相互交流我们的感想和喜悦。有时她会挑起有争议的话题，让我们用英语相互辩论。可惜，那时我英语口语水平一般，总是感觉有很多话说，但说不出来。

Debbie 的第四个特点是她有足够的生活情趣。她教我们唱英文歌，跟我们学中文歌，学打乒乓球，学做中国菜。她似乎不想错过任何一个周末、节假日或者秋游。她玩的时候那么投入，跟对待她的工作一样敬业。我们组织舞会或者晚会，她是最积极的参与者之一。在元旦晚会上，她献唱中文歌曲《外面的世界》，比我们唱得更好。她跟我们打乒乓球的时候，全身流汗。当熊 Peter 问她是否需要毛巾的时候，她直接用手挥汗，然后说："Sweat it!"那次我们发现，作为名词的"汗水"还可以作为"挥汗"的动词使用。

Debbie 教学的第五个特点是爱国。1989 年 3 月 8 日，为庆祝妇女节，学校给全校的女老师和女学生提供电影票。可是，当天下午看完电影之后，Debbie 怒气冲冲地出现在教室里。她花了将近 15 分钟的时间用来表达她的愤怒。具体的原因是：她看到中国人拍的电影中有贬低、诋毁美国人的镜头。她有足够的文化自信，这点我们能够理解，也觉得很自然。令我们感到比较突兀的是，她竟然会为一部电影中的一个细节大动肝火。那几年中国人普遍对某些"官倒"、"权力寻租"、"垄断"等社会腐败现象不满。相比之下，我们觉得中国人似乎比 Debbie 这样的美国人更有自我批评的精神。后来，她跟我们作了解释。她说，如果身处美国，她也会批评自己的国家。但是，到了国外，她会尽量想象自己的国家有哪些好的地方，尽量不说自己国家的缺点。

我们寝室几乎每个男生都敬畏 Debbie。我们对 Debbie 有那么多的好感并不是因为她是外籍教师，真实的原因是：Debbie 很注意自己的言行，几乎在所有行为细节上显示出"师德高尚"的精神气质。

后来 Debbie 做了一件事情"得罪"了我们，我们很失落。有一段时间有一个男青年到我们班上来听 Debbie 上课。几个月后，Debbie 宣布和这个男青年恋爱了。我们班很多同学一度为此事愤怒，至少我们寝室的男生好长一段时间都不怎么谈论 Debbie。

一年之后，Debbie 带着那个男青年去美国了。

四、大学同学

大学同学中，交往最多的是两个人，一男一女。男同学是 Peter，女同学是黎萍。

黎萍同学不只是成绩好，她真正吸引我的地方是性情乐观而宽容，仁慈如圣母。矮个子，圆脸，一开口就笑，牙齿洁白。小腿如夏天的莲藕，唯一的瑕疵是膝盖不那么精致。

我视嫉恶如仇为好德，好评议他人，以此为乐。《增广贤文》亦曰："谁人背后不说人，谁人背后无人说。"但是，黎萍在背后从不说他人坏话。每次我在她面前议论某人如何坏，坏到全寝室同学都讨厌他，黎萍就说，其实他蛮好的，比如他成绩好，会写诗，打篮球的样子很好看……巴拉巴拉一大串。在此之前，我从未遇到过如此乐观而宽容的人，断定那必是高贵的物种。

于是，大学二年级刚开学，我就开始急不可耐地追求黎萍。周末约她去划船，约她去宿舍对面的牛头山上约会，约她去慈湖的沿岸，躺在有草的斜坡上听她讲她爸爸和她姐姐的故事。小时候爸妈出去上班，她一个人被锁在家里，阳光从窗户射进来，形成一道光柱。听她讲完那些故事，到了三年级下学期，我明显感觉后劲不足，铩羽而归。

我一度把恋爱的不成功归因为我的穷困潦倒。其实，恋爱不成功往往有多种原因。"命苦，不要怪政府。"

自从遇上黎萍，我明确地知道自己喜欢什么样的女子。后来遇上高师妹，我发现，她们是同样的物种。Peter 也说，高师妹像黎萍。其实，她们相貌不见得一样，但乐观而宽容的性情，几乎相同。

在我和黎萍之间，Peter 是一个重要的中间人。他帮我做过努力，努力的结果是，Peter 做了黎萍的"干弟弟"，我还是孑然一身。

Peter 是个"义人"，以厚道行走天下。我们大学一个班只有二十几个人，多数是女生，只有九个男生。在九个男同学甚至在所有同学中，Peter 是最厚道的同学。

我和 Peter 构成了湖北人的两个极端。我狡黠、虚荣、以自我为中心；

Peter 厚道、实在、处处为他人着想。我从来不觉得我的性格有什么不好，直到遇见 Peter，我才知道，这个世界上竟然还有人可以做到不虚荣、不狡黠、不以自我为中心。Peter 是我的灵魂的净化剂和解毒剂。

Peter 以他的厚道征服了班上很多同学，也征服了外籍教师 Debbie。在我们班上，我最喜欢 Peter，Debbie 也特别喜欢他。

Peter 家里比较困难，但他好像从来不为钱的问题操心。倒是在我遇到难题的时候，他就拿出钱来请我喝啤酒。他可以用钱很大方地帮助朋友，但自己吃饭、穿衣一律简单。毕业那年，我们寝室很多同学都买了正式的西服，为实习作准备。Peter 花 30 元也买了一件西服。可是，买回来之后，他穿了几次，总觉得那件西服穿在身上不自在，想退回去。我问他"为什么"，他说："我不该用父母的钱买这么贵重的西服。"我正色告诉他："那不贵。30 元钱的西服是最便宜的。"他仍然坚持："不行，太贵了。"他让我陪他去退衣服，我恨恨地拒绝，他一个人拿去退了。

临近毕业的一天晚上，Peter 很神秘地带我去萧然老师家，叮嘱我"穿上胶鞋"。我问"干什么"，他说："你去了就知道了。"

进屋后，萧然老师说："我们去青山湖砍竹子。怕不怕？"我对这些事情向来感兴趣，立刻表态"不怕"。我和 Peter 各自拿了一把砍刀，萧然老师拿着一支长长的手电筒，走进青山湖。

青山湖就在湖北师范学院的边上，那时尚未划归学校。山里死沉沉的安静，薄薄的雾气在树干之间穿动，像是神出鬼没的地方。周围完全漆黑，手电筒只能照亮一小块地方。萧然老师自己有些害怕了，他拿手电筒不断往上空和远处照射。

这个萧然老师也太笨了，当他拿手电筒四处晃动的时候，忽然有人大喊一声："站住！"我们赶紧站住。萧然老师熄了手电筒，将我和 Peter 手中的砍刀藏到杂草丛里。

那些人走过来，都穿着制服，他们说是"青山湖保安室"的人。

他们问："你们来这干什么？"

萧然老师说："来跳舞。"我和 Peter 赶紧跟着说："对，来跳舞的。"

他们问："舞场早就结束了，这么晚来跳什么舞？"

萧然老师说："我们不知道已经结束了。"

他们看我穿着胶鞋，指着我问："有穿胶鞋跳舞的吗？"

萧然老师说："他就喜欢穿胶鞋跳舞。"那些人比较生气，押送我们到保安室。保安室有很多人，他们把我们三个人分开，每人一间屋子，隔离审查。

负责审问我的是两个人，一胖一瘦。胖子负责审问，瘦子只是旁观。胖子问："你哪个单位的？"我说："没单位。"胖子问："你们来这儿干什么？"我说："跳舞。"胖子再问："你真的是来跳舞的？"我说："真的是来跳舞的。"其实我很想承认"我是来偷竹子的"，偷竹子不是什么大不了的事，但我的信念是："既然萧然老师不承认，我无论如何不能说出真相。不然对不住朋友。"

胖子看我的态度，估计是不太可能问出真相的了。他开始使用他们的专业策略。他说："坦白从宽，如果你坦白了，揭发你的同伙，可以减轻对你的惩罚，如果你不坦白，你的同伙揭发了你，会加倍惩罚你。"

他的这个道理我懂，很多书里面讨论过这个"囚徒困境"。我对付这个困境的办法很简单：即使加倍惩罚，我也不说。不过是偷竹子，无论如何惩罚，也不过是写检讨或者罚款。

胖子看出我死不认账的决心，他放弃了审查，向我吆喝："转过去，对着墙，两手抬起来。"我不知道"两手抬起来"意味着什么，他做出两手抬起来的动作给我示范。那个动作像达·芬奇的"人体比例草图"。

我无法做出那样标准的动作，那胖子就过来踢我一脚。我还是无法做出那样的动作，他就过来又踢我一脚。我不怕他踢。我只担心 Peter 是不是也在被人用脚踢。Peter 是个老实人，要是有人踢他，我担心他会惧怕，会哭起来。

我渴望萧然老师尽快承认"我们是来偷竹子的"。我所能想到的承认偷竹子的后果不过就是罚款或者只是写检讨。这没什么，我小学时写过很多检查，初中时也因为参与赌博写过一次检查。这种事很快就可以完成。

果然，大概一个小时后，萧然老师从另外的房间情绪激动地跑过来。他冲着我喊："说吧，我都承认了。没什么了不起的。"然后补充一句："我现在带他们去找砍刀。"

当然没什么了不起的。我眉飞色舞地把真相全告诉他们了。胖子写字的速度慢，不断提醒"慢点说，慢点说"。我说"你就快点记吧"，然后故意说得越来越快，情到深处，忽然说"就这些"。

胖子问："就这些？"我说："你还想知道什么？"胖子说："再说说你以前还偷过什么？"我说："以前没偷过，这是第一次。"胖子说："不可能，你这个样子一看就知道不是什么好人。"我冲他大喊一声："你才不像好人！"胖子大概没想到我的变化会这么快，已经完全不是刚才低眉顺眼的样子。他不知道，既然我亮出了身份，就不会怕他。刚才是"嫌疑犯"，现在我是"大学生"。

胖子着急了，他威胁说："你要是不说出你以前偷过什么，今天晚上你就别想离开这里。"我赶紧说："好，你记录吧。我以前偷过邻居的西瓜。"

胖子很开心："还偷过什么？"我盯着胖子说："你以前偷过邻居的西瓜吗？"胖子很生气，他说："我邻居没有西瓜。"

胖子问："没了吗？"我答："没了。"胖子说："没了就按手印。"

他让我在"竹子"、"西瓜"等词语上面按手印。只有在这个时候，才感觉有点委屈和惭愧。我长这么大，第一次被人牵着手按手印。

按了手印之后，胖子带我出去，让我上车回去。湖北师范学院保安处派了一辆漂亮的小车来接我们三人回学校。坐那么漂亮的小车，长这么大，也是第一次。

在车上，我问 Peter："他们打你了吗？"

Peter 说："打了。"

我问："他们怎么打你？"

Peter 说："他们踢我屁股。"然后问："他们踢你了没有？"

我吹牛说："他敢？"

Peter 就很羡慕地望着我。然后，我就说："他们也踢我屁股。"Peter 咧嘴大笑。

仲夏夜，夏服既成，冠者两三人，砍刀一两把，浴乎黄石，风乎青山，咏而归。[1]

五、我的暑假生活

受祖父影响，我从小就对"挣钱"感兴趣。小学四五年级时，我跟同学一起卖知了壳、卖甜瓜、卖米。有时赚钱，有时亏本。有一次卖甜瓜，遇到村里比我年长的青年，他很爽快地要了两个甜瓜。拿起来，用手锤开，瓜吃完了，不给钱。他说，先赊账，以后再给。那时不懂江湖，以为他一定会欠债还钱。后来，此事不了了之，做了赔本的生意，从此不再卖瓜。

小学时，我曾经陪祖父一起走街串巷卖甘蔗。初中时，我曾陪祖父在唱皮影戏的夜场卖冰棍。进入高中后，我几乎每年暑假都忙于复习功课，毕业那年又忙于到各个同学家串联，没时间去做买卖。

上了大学后，我几乎不再向父母要钱，但很少缺钱花，我会想办法，自食其力。我曾经帮人誊写稿件。那时誊写一份5000字的稿件，可以挣5元钱。后来班主任陈平利老师介绍我去做家教。做家教很有趣，不仅可以挣钱，还可以观察不同的家庭环境和他们的家庭教育方式。那时我就发现，很多孩子成绩不好，不是学校老师没教好，也不是孩子智力不好，而是他们的家庭环境出了问题。父母关系不好，父母生活习惯混乱，于是，孩子成绩就不好。在辅导一个小男孩学英语时，我甚至想终身从事家庭教师这个职业，因为我发现，那个小男孩那么机灵，唯一的问题就是他接受了错误的家庭教育。他长期被母亲训斥，孩子在母亲面前总是战战兢兢、唯唯诺诺。他父亲多次跟我说："这孩子可惜了，他母亲要求太多，孩子胆子小。"我为此提出要带孩子到我的学校去学习。他母亲最初不同意，但他父亲极力支持。我带他出来后，做了很多学习之外的事情。比如，带他去操场跑步；带他打排球；带他在山上

1　此处戏仿《论语·先进》曾点的说法："莫春者，春服既成，冠者五六人，童子六七人，浴乎沂，风乎舞雩，咏而归。"

使劲叫喊，发出自己的声音；带他去摔跤，教他如何战胜我，教他失败后再战；跟他讲什么叫"男子汉精神"。当然，每次也学一些英语。后来，那个小男孩中考英语考了70多分。他母亲来学校感谢我，给我额外增加了2个月的课酬，作为奖金。

我读硕士之前的那个暑假，父母多次问我读硕士要带多少钱。我说，不用钱，我自己工作了一年，已经有了积累。更重要的是，我在暑假还可以挣钱。那个暑假我跟舅舅去做室内装修，不仅挣了60元钱，还熟悉了做室内装修的基本程序。

因为有挣钱的习惯，有自食其力的自信，我从来不担心自己穷困。即便遇到困难，我也相信凭借我的双手，绝不至于饿死。硕士毕业那年暑假，我和高师妹初到广州，学校还没发工资，我们几乎身无分文。高师妹回河北老家去了，我一个人在广州，手头只有100元。高师妹生日那天，我为她买了一件泳衣作为生日礼物，等她回广州后送给她。那件泳衣花了35元，我只剩下65元。到了8月初，钱快花完了，无论如何节约，也撑不到开学领工资的日子。于是，我打算去打工挣钱。我发现学校附近的金城酒家招洗碗工，我去应聘。我问那里的负责人："你们这里招洗碗工吗？"那人回答："招。"我问："我可以吗？"那人打量我之后，说："不可以。"我不明白那人为什么不让我在那里洗碗。他大概怀疑我是调查酒店卫生条件的卧底记者。

洗碗工没做成，我去找王师兄，问他是否可以帮我找事做。王师兄是广东经济管理干部学院教务处的科长，他让我去给他们学校的"夜校学生"讲"公文写作"。师兄提前支付了我一笔钱，他说以后再从讲课费里扣除。那个暑假我不仅挣了不少钱，还找到了比较稳定的兼职工作。接下来的两年，我一直在王师兄的学校讲"公文写作"和"公共外语"。后来，我去华东师范大学读博士，他们学校还给我集中发了一次课酬和奖金。

我正式找到"挣钱"的感觉，是在大学暑假期间。从二年级暑假开始，我几乎每年都组织英语培训班。前两次是在我家乡的小学。我在家乡读小学时，杨老师曾经是我们的班主任，那时他还没有退休。我去拜访杨老师，请他帮我招生，举办英语培训班。招生对象是考上初中的小学毕业生。每人交

3元学费。那次来了30多个学生，除去一些简单的开支，那年暑假我挣了80多元。那时80多元是一笔不小的财富。9月份回到学校后，我告诉寝室的同学我在家乡办了英语培训班，挣了80多元，他们觉得amazing（不可思议）。大学三年级暑假，我还是请杨老师帮我招生，学费提高到每人5元。那年我挣了100多元。

大学四年级暑假，我已经大学毕业了，7月初我去黄石市十五冶子弟中学报到，成为了那里的外语老师。暑假即将来临，外语组的田老师有意举办英语培训班，邀请我加入。问题是，当时学校禁止办班，不提供教室。外语组的彭灵玲老师告诉我，也许可以借用十五冶工会活动室，正好有一个学生家长是工会主席，只是那个家长是个"古板人"，坚持原则，不变通。我闻言大喜，觉得有希望，鼓动彭老师跟我一起去拜访那位工会主席。去了那里，那个工会主席果然"古板"，拒绝了我们的请求。从工会主席家出来后，彭老师感觉很尴尬，建议放弃办班计划。我告诉她："只要想办这个培训班，我就一定可以想出办法。"她问："你有信心一定会找到教室？"我告诉她："万一找不到教室，我们可以在学校树林里开班。"她大笑，被我感染。那年7月中旬，我们英语培训班盛大开班，报名人数火爆，有不少家长到我寝室来送酒，请求我允许他的孩子报名学习英语。课室问题很顺利地解决了，因为有一个学生家长自告奋勇，去找学校领导疏通了关系。

那几年暑假办英语培训班的第一目的显然是为了"挣钱"，这是市场行为。但是，在办英语培训班之前，我就感觉这样的活动类似一次重要的教育实习。在给学生培训的过程中，为了让他们对英语学习感兴趣，为了让他们学到真正有用的英语知识，我会想很多办法。

比如，我会教他们唱英语歌。那时我连26个字母歌都不会唱，但是，为了教孩子们唱英语歌，我去拜访村里的一位姓吴的师兄，据说他是武汉音乐学院的学生。我向他请教英语书上那些英语歌的唱法。他教我识简谱的方法。那天早晨我在他家里诚心诚意学了一个多小时。我先自己学会唱那些英语歌，然后再去教我的学生。

比如，我会给他们每个人取一个英语名，规定每个同学除了要记住自己的英语名，还要尽快记住同学的英语名。为了尽快记住那些英文名，我规定每个同学要做一个 32 开纸的姓名卡，放在自己的桌子上。班里有 30 个学生，他们记住同学的英文名之后，每个同学至少已经学习了 30 个英语单词。

比如，我会组织学生进行英语口语模仿秀比赛。我会给他们推荐几个有趣的句子，让他们在小组范围内模仿训练，然后以小组为单位进行比赛。比赛结束之后，我们给他们评奖，用他们交的学费购买简单的奖品。

比如，我会带着小伙伴们一起做游戏，把我从外籍教师 Debbie 那里学来的游戏项目尽可能用在我的课堂里。除了玩英语游戏，我也带着他们玩猜谜游戏。因为我的英语培训班除了教英语，每天下午还有一个小时的"活动课"。在活动课里，我会跟学生一起做猜谜语、词语接龙、画画、拔河、打排球等各种活动。

无论在中学还是在大学以及后来的"读研"或"读博"，每年暑假我都会策划一个"挣钱"或"学习"的项目。后来，我跟女儿可可炫耀我的经验：每年暑假一过，我的同学就会发现我有一个 unbelievable（难以置信）的大进步。暑假是我和其他同学拉开距离的最佳时机。

这个时候，高师妹会补充说："那年读研的暑假，我们都回家了，爸爸留在西南师大。暑假结束之后，我回到学校，发现他跟李臣之叔叔一起合作写了很多文章。很神奇。"

自从知道这个秘密之后，可可同学在每年暑假快要来临的时候，都会跟高师妹一起设计详细的计划。

我的暑假模式，可可几乎完整地延续了下来。

我的硕士生活

一、不写文章不看书

熊明安先生是我的硕士研究生导师。其人外表儒雅，待人谦和，可是内心激情澎湃，傲然自负，独树一帜。他的外表儒雅、待人谦和对我影响不大；他的激情澎湃、傲然自负和独树一帜对我影响较大。

熊先生以自己的学术经历突显"自学"的重要性与可能性。他本人笃信孟子的"自学自得"理论。孟子曰："君子深造之以道，欲其自得之也。自得之，则居之安；居之安，则资之深；资之深，则取之左右逢其原，故君子欲其自得之也。"[1]

熊先生将他的自学理论称为"以写带看"、"不写文章不看书"。

"不写文章不看书"的意思是：只有在写文章的时候，

---

[1] 详见《孟子·离娄下》。

才去看书；如果不写文章，就不必看书。或者说，只有在写文章的时候看书，看书才会心领神会，才会如饥似渴，才会让书中的某些观点为自己正在写的文章纷纷聚拢。相反，如果不写文章，即便看书，那些书跟你没什么关系，你和书没有建立某种关联，那样看书不会有效果。

"不写文章不看书"当然也不会这么简单。在很多时候，即使不写文章，也还是需要读书的。如果仅仅为了写文章而读一些有限的"专题文献"而不是大量地泛观博览，那么，读书的格局就比较小气。急功近利的文献搜索与文献阅读将导致视野逼仄，目光短浅。

但是，休闲阅读与专业阅读是有区别的。休闲阅读的益处是修身养性，也可以拓展专业研究的视野。而专业阅读旨在了解他人对某个课题的研究有哪些新观点和新进展，以便让自己超越他人，形成自己的知识贡献。

正因为相信"不写文章不看书"，熊先生把"写作"看得比"读书"更重要。他的理由是：只有在写作的时候，只有带着问题去阅读的时候，你才有可能把书读明白，才有可能对书中的某些观点有深刻的印象，才有可能珍惜、领会书中的只言片语。

"不写文章不看书"意味着读书的时候不只是简单地"旁观"，而是深入书本的内部与作者展开一场深度会谈。会谈的结果常常显示为"参考"、"引用"作者的观点。而所谓"参考"、"引用"，实际上就是"使用"、"操办"。你不只是跟在作者后面亦步亦趋，而是让作者跟着你走。你在前面走，作者在后面呼喊。这就是"不写文章不看书"的状态。这种读书状态当然也需要理解作者、理解文本，但它不同于一般意义上的"阅读理解"。一般意义上的"阅读理解"是"我注六经"，我战战兢兢地去参与别人的话题；"不写文章不看书"的阅读立场是"六经注我"，让作者参与我的话题，甚至逼着作者说出书中的"言外之意"。

让作者参与我的话题，实际上就是"以写带读"。我与熊先生见面的第一天，他就建议：多写文章，写多了你就会读书了。而且，他补充说，如果家庭经济条件困难，就更应该发表文章，因为发表文章是有稿费的。

读书大概有两个办法，一个是"微风吹水法"，另一个是"投石击水法"。

熊先生推崇的"以写带读"、"不写文章不看书"其实是"投石击水法"。

"微风吹水法"是"风乍起，吹皱一池春水"。一阵微风显然也可能使湖水发生波动，但波动的力度往往有限，只能引起表面的变化，甚至可能出现"水波不兴"的结果，不能产生深度的影响。

"投石击水法"是以石击水，湖水将以石子为中心激发出一轮一轮的涟漪。涟漪虽然不能波及整个湖水，其影响似乎也不够全面，但是，涟漪在以石击水的中心位置却有明确的中心和足够的深度。

"微风吹水"的效应是"一米宽，一尺深"。而"投石击水"的效应是"一尺宽，一米深"。前者比较重视整体和系统，却缺乏足够的深度。后者虽然影响的范围有限，但是，只要多次投石，就可能引发整个湖水比较持久的动荡。

据说，学者有两种类型。追求知识的系统性和广博性，这是狐狸型学者。追求问题意识、怀疑精神和探究学习，这是刺猬型学者。

在狐狸和刺猬之间，熊先生推崇后者。

二、熊明安与生存教育学

熊先生曾经给我"口述"过他的"教育自传"，叙述他从医学研究转向教育学研究的经历。

1951年他开始做小学教师，第二年开始做小学校长。1955年入西南师范学院，成为教育系本科生。熊老师早年受父亲的影响，阅读各种小说和《药性四百味》、《医学三字经》等医学资料，曾经在一家医学杂志上发表《诸疾原候论》。在大学期间喜欢心理学，推崇巴甫洛夫，在同学中一度有"巴甫洛夫教授"的绰号。毕业留校，在教务处工作了24年。工作期间，阅读兴趣逐渐转向历史，关注史学研究，曾有意去历史系工作，其绰号由"巴甫洛夫教授"转变为"基辛格博士"。后来，发觉自己读书太杂，决意"由博返约"，选择了教育史学作为自己的研究领域。曾写诗明志，作为"由博返约"的宣言：教育史学志终身，鼫鼠之戒明于心。[1] 夙兴夜寐苦耕耘，何愁五谷不丰登。

由博返约之后，他开始系统研究"中国教育史"，在中国教育史研究领域开创多个第一。

第一，第一本"高等教育史"。熊先生著的《中国高等教育史》（1983年第1版，1988年第2版）是中国教育界第一本"高等教育史"，而且开创了"中国高等教育史"这门学科。熊先生与他人合著的《教育学名词浅释》（1982年第1版，1986年增订版）和《中国教育家传略》（1983年版）这两本书可视为《中国高等教育史》的准备和铺垫。

第二，第一本"断代教育史"。熊先生著的《中华民国教育史》（1990年第1版，1997年第2版）是中国第一本"中华民国教育史"，也是中国第一本"断代教育史"。此后中国教育界相继出版了《辽金元教育史》等其他断代教育史。熊先生与他人合作主编的《晏阳初教育论著选》（1993年版）可以视为《中华民国教育史》的后续研究。

第三，第一本"中国教学思想史"。熊先生主编的《中国教学思想史》于1989年出版。此前，熊先生与他人合著的《简明中国教育史》（1985年版）、熊先生校译的《教育学》（1985年版）、熊先生与他人合编的《魏晋南北朝教育论著选》（1988年版）可视为《中国教学思想史》的准备和前奏。

第四，第一本"校史"。熊先生主持编写的《西南师范大学校史稿》（1990年版）是中国教育界第一本"校史"。

第五，第一本"地方教育史"。熊先生与徐仲林、李定开主编的《四川教育史稿》于1993年出版。

第六，第一本"中国教学改革史"。熊先生主编的《中国近现代教学改革史》于1999年出版。

1　"鼫鼠"之喻出自荀子的《劝学》："螾无爪牙之利，筋骨之强，上食埃土，下饮黄泉，用心一也。蟹八跪而二螯，非蛇蟮之穴，无可寄托者，用心躁也。是故无冥冥之志者，无昭昭之明；无惛惛之事者，无赫赫之功。行衢道者不至，事两君者不容。目不能两视而明，耳不能两听而聪。螣蛇无足而飞，鼫鼠五技而穷。"详见：孟宪承，《中国古代教育文选》，人民教育出版社1979年版，第81—82页。

第七，第一本"中国教育实验史"。熊先生和周洪宇主编的《中国近现代教育实验史》（2001 年版）以及熊先生和喻本伐主编的《中国当代教育实验史》（2005 年版）可视为姊妹篇。

在有关"中国教育史"的研究过程中，熊先生逐渐形成自己的教育主张和教育信念。1996 年前后，熊先生提出创建自己的教育学派，最初的设想是创建"西南学派"。2010 年，熊先生提议将学派改称"自我教育学派"。2012 年，熊先生将学派正式称为"生存教育学派"。生存教育学派包含九个基本主张。

第一，在方向上选择程朱理学并由此坚持"自然为人立法"的谦卑教育，而在方法上选择陆王心学并由此提倡"人为自然立法"的自信教育与主体主义教育。也就是说，本学派虽然在方法上推崇心学，但并不因此而攻击或轻视理学。韩愈在《原道》里说："入者主之，出者奴之；入者附之，出者污之。"本学派以此为戒。

第二，在刚性教育与柔性教育的课程目标的选择上，生存教育学派立足于"三世说"而强调刚柔相济的教育。据乱世宜采用法家的刚性教育。太平世宜采用道家的柔性教育。升平世宜采用刚柔相济的教育改革战略：既要重视体育、劳动教育和法治教育等刚性教育，又要重视太平世之智育、美育和情感教育等柔性教育。若不顾及社会的形态和具体的时代精神，过早地走浪漫主义教育将因其国民整体纵欲、身体衰败、精神腐朽而导致国破家亡。

第三，在自然法与人为教育之间，站在自然法这边。自然法不仅是身体教育的标准，而且是知识学习的标准。

第四，在劳动教育与审美教育、运动与休闲之间，站在劳逸结合这边。生存教育学派立足于忧患意识而将"劳逸结合"、"文武双全"作为教育口号。即便不劳动，至少要加大运动的力度。一个既不劳动又不运动的民族，是垮掉的民族。一个既不劳动又不运动的一代，是垮掉的一代。

第五，在情感教育与理性教育之间，生存教育学在总体方向上强调情理结合、以情改礼，但在具体方法上重视情感主义。

第六，在自我教育与他人教育之间，站在自我教育这边。自我教育并不反对教师、家长以及各种他人的影响，但生存教育学更重视个人的自我规划、自我控制和自我发展。

第七，在尊德性与道问学之间，以尊德性为先。德性的核心是自信心和意志力。

第八，在学与思之间，思具有优先性。思的核心是自学自得。

第九，在知与行之间，行高于知。行的核心是"做中学"和职业生涯规划教育。

第一条是生存教育学派的哲学视角，由此派生出课程理论和教学理论两个总纲。第二条是生存教育学派的课程理论总纲。由此出发，可发展出文武双全、劳逸结合、通情达理的"新六艺教育"，具体包括德育、智育、体育、美育、劳动教育、情感教育。第三条是对文武双全的具体解释，在智育和体育两类课程中，生存教育学派侧重体育。第四条是对劳逸结合的具体解释，在劳动和审美两类教育中，生存教育学派侧重劳动教育。第五条是对通情达理的具体解释。法治与情感两类教育中，生存教育学派强调双管齐下的人格教育。也就是说，第三至第五个主张是对第二个主张（课程理论）的具体解释。第六条是生存教育学派的教学理论总纲。第七至第九个主张是对第六个主张（教学理论）的具体解释。

后来，熊明安先生出版《熊明安与生存教育学》，详细解释生存教育学的由来和基本主张。[1]

在形成生存教育学派的基本主张的过程中，熊先生与我们进行了多次讨论。我个人最看重三个主张。一是"理学为体，心学为用"的哲学视角。从心学的方法出发，可发展出"主体主义教育理论"。二是"三世说"与"自然法"，由此可发展出文武双全、劳逸结合、通情达理的课程理论和"新六艺教育"。三是兴发教学，其基本策略是自信（含意志力）、自学和自食其力（含职业生涯教育）。这些观点后来成为我撰写《教育哲学》的基本思路。[2]

1　详见：熊明安，《熊明安与生存教育学》，重庆出版社 2018 年版。

2　详见：刘良华，《教育哲学》，华东师范大学出版社 2017 年版。

三、不负韶华不负卿

在熊先生的影响下，我在"读硕"期间至少有五个方面的收获成长。

第一，受熊先生的影响，我接受了"以写带读"、"不写文章不读书"的研究方法。这个方法训练了我的写作技能，甚至形成了一套写作模式。当时的写作主要是针对各类教学实验的"述评"。这类"述评"文章主要包括三个部分：一是由来或演进，比如某教学实验的由来（或演进）。二是基本主张或主要观点，比如某教学实验的基本主张（或改革措施）；三是影响或评价，比如某教学实验的影响（或评价）。我的绝大部分文章都采用这个模式。后来写文章时有所改变，但有时会不知不觉回到这个写作模式。

第二，受熊先生的影响，我初步掌握了投稿的技巧。在投稿之前，我会反复琢磨和猜测该杂志或报纸主要发表哪类文章，投稿时尽量"投其所好"。为了让自己的文章能够"货殖焉，亿则屡中"，常常挖空心思去琢磨杂志和报纸，这样不免显得探头探脑、鬼鬼祟祟、投机取巧，比较猥琐。后来看到身边有人炫耀自己发表了多少文章，我就想起这三个词语：探头探脑、鬼鬼祟祟、投机取巧。

第三，受熊先生的影响，我形成了比较坚定的"无休止的批判性思维"。熊先生向来强调"怀疑"，以"无休止地质疑"的态度对待一切貌似"毋庸置疑"的学术观点，用新的概念、新的定义或新的分类取代旧的概念、旧的定义和旧的分类，以"三不畏"[1]的态度对待一切学术批评，尽量提出与众不同的观点和立场，不必担心俗人的批评或嘲笑。俗人总是对新观点持批评或嘲笑的态度，新观点若不被俗人嘲笑，那就算不得新观点。《老子》四十一章曰："上士闻道，勤而行之。中士闻道，若存若亡。下士闻道，大笑之，不笑不足以为道。"熊先生所倡导的"无休止的批判性思维"使我受益无穷。我对这一思维的理解是：如果某个存在是正确的，那么，与之相反的存在可能也是正确的。警惕道貌岸然的说法，尤其警惕那些振振有词或义正辞严的学术批评。

1　《宋史·王安石列传》云："天变不足畏，祖宗不足法，人言不足恤。"

熊先生教我的办法是：从对面的、反面的立场去重新提出自己的观点，反其道而行之，绝不轻易接受所谓的"定论"或"常识"。

第四，受熊先生的影响，我初步形成了自己的研究兴趣和研究方向。熊先生的研究方向是"中外近现代教学改革研究"，顺着这个研究方向，我搜索了大量的文献，大体知道中外近现代有哪些著名的教学改革或教学实验，然后，逐一展开个案研究。最初大概一两个月才能完成对某个教学实验的研究并形成述评文章。后来加快速度，大概一个月或一两周就可以完成对某个教学实验的研究。当时关注的教学改革或教学实验包括：卢仲衡主持的"自学辅导教学"实验、黎世法主持的"异步教学"实验、段力佩主持的"八字教学法"实验、顾泠沅主持的"尝试指导，效果回收"教学实验、邱学华主持的"尝试教学法"实验、李吉林主持的"情境教学"实验、全国各地的"目标教学"实验、"愉快教育"实验、"创造教学"实验，等等。硕士期间的阅读和写作，逐渐聚焦到教学改革（教学实验）和行动研究两个主题。有关教学改革的兴趣主要源自熊先生主持的课题"中外近现代教学改革研究"。后来，我的硕士论文的选题确定为"我国学导式教学实验研究"，对中国近现代所有强调"学生自学，教师辅导"的教学实验进行聚类分析。有关行动研究的兴趣固然延续了入学之初对"教育理论与教育实践关系"的关注，但主要是受师兄李臣之的影响。

第五，受熊先生的影响，我建立了学术自信。当时壮志凌云，立下宏愿，要在三年内完成对所有著名教学实验的研究，一个都不能遗漏。有一段时间，每天早晨我在学校食堂买四个包子，早餐吃两个，剩下两个放进书包，进入图书馆中的"民国馆"。早晨进入后，一直站在书架中间看书，弯腰驼背地做笔记。中午11点半前后，图书管理员冲着里面喊："还有没有人啊？要下班啦！"我不答应，继续看书。下午2点管理员再来开门，到了下午5点左右，管理员又喊："还有没有人啊？要下班啦！"我就从里面走出来。她很惊奇地看着我，估计会想："见鬼了吧。没人进来，为什么会有人出来呢？"

为了延续某个主题的研究，不愿意因为上课而中断了研究的节奏，有时我会选择"逃学"。尽管教我们政治课的马学融老师讲课生动活泼，大家都喜欢听他上课，但是，有几次我还是选择了图书馆而放弃上课。马学融老师每次上课都会点名。我连续几次缺课，他追查到我是熊先生的弟子。他与熊先生是邻居，于是，他跟熊先生告状说："你有一个学生，93级的，经常缺课。"熊先生很生气，把我的一个师兄李海洋（我们同一年入学）叫过去，严厉训斥。李海洋师兄辩解说："没有啊，我每次都上课的，从来不缺课。"熊先生更生气，他反问："你不缺课，难道是刘良华缺课吗？不可能嘛。"熊先生只知道我喜欢学术，但他不知道，我更喜欢到图书室看书而不愿意在教室里听课。李海洋师兄在熊先生那里有口莫辩，做了替罪羔羊，只好回来寻我，嬉笑怒骂一通，勒令我上课认真听讲，不做小动作，不嫁祸于人。

"不负韶华不负卿"。熊先生收我为徒，我下过苦功夫，以此回报老师的知遇之恩。

四、我的硕士论文

1. 选题

在三年级之前，我很少思考硕士学位论文的选题，也不为此焦虑。熊明安老师只是大致说：你可以在"中国近现代教学改革研究"的系列问题中选择一个主题。于是，我围绕"中国近现代教学改革研究"的大方向，挨个研究各种教学改革实验。

到了大家都在为论文的选题感到焦虑的时候，我初步决定在三个"教学实验"研究中选择一个。一是黎世法的"异步教学"实验研究；二是卢仲衡的"自学辅导教学"实验研究；三是段力佩的"茶馆式教学"实验研究。

最初的选题意向是"异步教学"实验研究，打算从"行动研究"的视角来讨论"实验研究"的问题。1992年做中学老师时，我试用过"异步教学法"，主要采用了其中"自学—启发—复习—作业—改错—小结"的教学程序，对其推广和传播方式有较深的印象。我后来重点阅读了黎世法的专著《异步教学法》和他的相关论文，感觉这个实验比较值得关注。1994年寒假回家的途中，路过武汉时，我到湖北大学教育系（当时好像是教育心理系）打听到黎世法老师的联系方式。经黎老师允许，我登门拜访了他。我向他请教的问题是："您的异步教学实验和卢仲衡老师主持的自学辅导教学实验两者是否存在一些相似的地方？"黎世法老师回答："不是一回事。他的自学辅导教学只适合初中数学，我的异步教学适合所有年级和所有学科。"接下来，他跟我讲他的异步教学在人类教育史上的重要意义。按照他的说法，自夸美纽斯发表《大教学论》以来，人类教育普遍采用"同步教学"，也称班级授课制，一个班的所有学生按照同样的步子听课、做作业。异步教学是现代教育的基本方向，它是人类教育史上的大转型。

为此，我撰写并发表了相关的论文，论文写成之后，我的兴趣转向卢仲衡的"自学辅导教学"实验研究和段力佩的"茶馆式教学"实验研究。

二年级下学期，我在听老师讲中国教育史以及阅读相关材料时，有一段时间曾想将"王阳明课程思想研究"作为硕士学位论文的选题。阅读了相关资料之后，我将王阳明的课程理论称为"减损课程论"，它与朱熹的"增补课程论"相对应。我将王阳明视为"明心论"教学流派的三大关键人物之一。另两位是孟子和陆九渊。后来虽然没有实现这个方案，但陆王心学的课程与教学思想一直是我感兴趣的课题。后来，我在《校本教学研究》这本书中专门讨论了陆王心学的课程与教学思想，我称之为"明心论"。[1] 而在《教育哲学》中，我甚至将陆王心学及其所隐含的主体主义教学理论，作为未来教学改革的基本方向。

在与李臣之师兄合作撰写有关行动研究的文章的过程中，我也曾设想将行动研究作为我的硕士学位论文的选题，也获得李臣之师兄的认可。

但是，随着我围绕"中国近现代教学改革研究"搜集相关资料并写成系列论文，我越来越清晰地意识到，我的硕士学位论文的选题应该与"中国近现代教学改革研究"相关。"中国近现代教学改革研究"这个课题太大，而某个具体的教学实验比如"异步教学"实验又太小。我决定对"中国近现代教学改革研究"中呈现出来的各个教学实验进行"分类研究"，并以此作为我的

1   详见：刘良华，《校本教学研究》，四川教育出版社 2003 年版。

学位论文的选题。

接下来的问题是：我如何分类？学术界有哪些比较成熟的"分类框架"可以参考或借用？

为此，我请教了生物学专业的同学，他介绍了生物学界有关界、门、纲、目、科、属、种的分类系统。他举的例子是猫科，包括猫、虎、豹、狮，等等。这在生物学专业的人看来只是一个常识，但对我来说这样的分类不仅新奇，而且对我分析各种教学实验很有意义。国内外教学改革或教学实验多如牛毛，需要有一个分类框架对此进行归纳、概括，便于记忆，也便于理解和实施。

当我开始设想如何借用"生物分类学"对教学实验进行分类的时候，我突然想起哲学系的同学曾经讨论的维特根斯坦及其"家族相似"概念。我利用听讲座的机会，向西南师范大学哲学系年轻的博士于奇智老师请教。他承诺为我提供资料。几天后，他委托他的学生给我带来了两页纸的有关"家族相似"的解释。

当我大致了解"生物分类学"与"家族相似"两个概念之后，我开始觉得我的硕士学位论文有了比较可靠的"研究思路"了。按照这个思路，我尝试对"中国近现代教学改革"做了几次分类研究，形成了几种不同的分类。接下来，我面临两个选择：一是继续调试我的分类，直到我的分类有足够的解释力和说服力。二是选择其中某一类，缩小论文的研究范围。

最终，我做了两件事情：一是继续对"中国近现代教学改革"进行分类研究，写成《当今中小学教学实验的四大主题》，使之成为一篇可发表的论文（发表于《教学与管理》1996年第1期）。二是缩小研究范围，使之成为学位论文的选题。学位论文的标题一度呈现为"我国学导式教学实验范式研究"，这是我曾经发表的一篇论文的标题。后来，我调整为"我国学导式教学的家族分析"。

2. 摘要

本论文从家族的视角探析我国中小学"学导式教学"实验的源流、特征及其问题与发展趋势。

首先关注"学导式教学"实验家族的形成与发展。具体包括："学导式教学"实验家族的初建与衰退（二十世纪初至五十年代晚期）；"学导式教学"实验家族的复苏与受挫（五十年代晚期至七十年代末）；"学导式教学"实验家族的重建（七十年代末至八十年代中期）；"学导式教学"实验家族的发展（八十年代中期至今）。接下来对"学导式教学"实验家族形成与发展的动因作了简要的分析。

其次分析"学导式教学"实验家族的特征。主要表现为：（1）实验目的上的培养学生自学能力，发展学生智力。（2）师生关系上的学生主体，教师主导。它受之于教学理论界关于"主导主体"说的启示但稍微作了调整。调整后的"主体主导"说建立在学生单主体基点之上。（3）教学组织形式上的学生自定步调，教师异步指导，它既不是传统的班集体教学，亦非完全的个别教学，而是一种"准个别教学"。（4）教学程序上的先学后教，先练后讲。以此为"生成规则"，可形成教学程序的各种变式。（5）教学评价上的学生自评或互评，教师宏观调控。

接下来讨论"学导式教学"实验家族的问题与发展趋势。（1）"发展学生智力"的承诺并没有完全兑现。只是在培养学生自学能力上作了某些努力。"阅读"、"训练"等成为"常用主题"，而"问题"与"假设"意识显得捉襟见肘。可供选择的理想性自学辅导教学模式为"阅读—疑问—假设—证实（或证伪）—发表"。（2）未将教师摆在恰当的位置。在教学研究情境中教师主体失落现象成为突出的问题。在肯定学生主体的同时，应承认、支持"教师主体"。（3）在教学程序的周期确定上存在疑问。需要审慎地将学生年龄的特征及所教学科的性质纳入考虑的范围。（4）教学组织形式面临两难选择。在快速型学生与慢速型学生的分置上并无实质性进展，对个别教学与分组教学不必怀有偏见。（5）对学生互评倚靠太多，应使学生自评成为学生主体性发生的一个有机构成部分。

3. 后记

早些时候，笔者对库恩（T. Kuhn）的范式在课程与教学研究领域的应用产生兴趣，论文的前半部分，就曾经写成《我国学导式教学实验范式的形成与发展》。

后来在整理论文的后半部分时，感觉自己所使用的范式与库恩的"科学共同体"、"常规科学"差得太远。尽管这种"差得太远"在教育文献中并不可耻，如加拿大学者巴罗（R. Barrow）所言，"在课程领域里使用'范式'一词与库恩的'范式'是否一致，这又有什么关系呢？"但是，毕竟有部分学者对范式一词的泛化理解不太满意，因此，笔者由范式转向生物分类学中的"科（family）"，再由"科（family）"转换为"家族（family）"。同属一科的动物如猫、虎、豹等往往有共同的特征，同一家族的教学实验之间想必也有相似的规则。文中出现的"家族分析"、"家族相似"，便由范式几经转换而来。

导师熊明安先生对论文的选题与思路给予了热情而细致的支持，先生教学素有"自学辅导"之风，惯常鼓励学生大胆怀疑，"以写带看"（通过写文章促进读书），在他身边生活多年，我获益良多。文中诸多观点，便直接受之于先生的启发。谨此向恩师及关爱我的师母致谢。

靳玉乐老师为论文作了细心的书面修改，李臣之博士是一位热情而足智多谋的师兄，我们曾拥有亲密、甜美的合作时光。坦诚而充满学术热忱的博士生和学新师兄对论文提出了有价值的指点。文中不少地方，因他们三位的建议而得到反复的调整。

教科所诸位老师为论文的形成提供了许许多多具体的帮助，凡有点滴的进步，都与他们的支持相关，教育系李定开教授多次给予我耐心的鼓励。刘克兰教授、吴洪成副教授、湖北大学黎世法教授为论文的形成提供了宝贵的资料。

富有绅士气质的李海洋师兄和聪慧善良的高慎英师妹对我一直关切入微，与他们在一起是莫大的幸福。

五、《成人教育》的兼职工作

硕士二年级时，一位师兄推荐我做西南师范大学主办的《成人教育》杂志的编辑助理。编辑助理的主要工作是负责每一期论文的整体校对。除此之外，还有两个附带的任务：一是负责某些文章的初审；二是邀请同学、朋友为杂志投稿，或亲自写文章为杂志投稿。工作报酬是每个月100元。每发表一篇文章，则另外再给予100元的稿酬。

参与《成人教育》的编辑工作之后，几乎每期都有我的约稿或我自己的投稿。如果遇到个别特殊的稿件，编辑部领导会要求我作适当的修改、补充或"扩写"。

由于《成人教育》不是知名刊物，当时的稿源比较紧张。于是，我后来的主要任务不是对文章进行整体校对，而是约稿和投稿。我不仅自己投稿，也发动高师妹给杂志投稿。一次在北碚街逛街，看到街边旧书摊上有一本卡耐基的《人性的弱点》，售价3元。我鼓励高师妹买下来。她问："为什么？"我说："你花3元钱买下来，将书中的观点归纳成几条重要主张，就可以变成《卡耐基成人教育思想研究》，给《成人教育》投稿，可以获得100元的稿费。"高师妹将信将疑，买下那本书之后，按照我的建议整理成论文发表，果然得到100元的稿费。

有了那次成功的经验，我继续鼓励高师妹看李宗吾的书，然后写一篇《李宗吾成人教育思想研究》。遗憾的是，高师妹不接受书中的观点，觉得那些观点不合主流，放弃了。我告诉高师妹，李宗吾的书里专门有一个部分谈论"中国学术之趋势"，在那么多有关中国哲学思想的研究中，李宗吾的这篇文章说得清晰而惊心动魄。由于高师妹不喜欢李宗吾这个人，对他的"中国学术之趋势"也提不起兴趣。

当杂志稿源紧张，面临无米之炊时，杂志领导鼓励我自己投稿。给自己工作的杂志投稿，貌似监守自盗，实则不得已而为之。

那两年参与杂志编辑工作，至少获得了以下几个好处：

第一，因兼职而获得工作报酬。当时编辑部提供的报酬足可以应付我和高师妹两个人的生活开销。当周围同学因经济窘迫感到难受时，我会偶尔给他们提供一些帮助。有了这份兼职，我几乎没有经济压力，可以无忧无虑地读书、写作。

第二，真实地体验了编辑工作之精细与不易。最初以为"校对"是简单而机械的工作，大致翻阅之后，感觉文章已经达到刊发的标准，于是提交上去，纳入刊发程序。可是，编辑部的主管老师将校对稿取回来，让我重新校对。经他提醒，我发现我第一次提供的校对稿竟然在标点符号、参考文献、标题、句子、词语等方面存在密密麻麻的问题。我感到羞愧，感觉自己玩忽职守，应该引咎辞职。主管老师只有一个要求："下不为例！"从那以后，我开始让自己沉静下来，学会了"逐行扫描"，并逐渐学会了校对的重点，知道一篇文章最可能出错的几个地方。有了这个"职业病"，后来读其他同学的文章，每次遇到标点符号的错误或参考文献残缺，就感觉不适应。

第三，它给我提供了向同学约稿的机会。利用约稿的机会，我可以向同学打听他的研究主题和研究进展，从他们那里不仅可以获得稿件，而且可以向他们请教相关的专业问题。不少同学由此逐步形成一个比较稳定的专业团队。

第四，因为熟悉了杂志投稿、审稿、采稿、校对、印刷和刊发等程序，尤其是有了校对和刊发的真实体验之后，我自己写文章时，对文章的标题、参考文献以及基本的写作规范有了更加完整而深入的理解。后来，我给编辑部投稿或给出版社提供书稿时，我会尽量提供比较干净、规范的版本。

第五，更重要的是，在参与约稿和编辑的过程中，我开始理解"原则性与灵活性相结合"的处世原则。虽然这个杂志籍籍无名，但它依然有基本的审稿标准。它既渴望遇到好的稿件，也会拒绝某些"劣质"稿件。如果遇到比较差的论文，编辑部会有几个处理办法：（1）直接拒稿。（2）请作者修改。如果作者是不便拒稿的"熟人"，则由编辑部提出修改意见，请他本人修改。或者，很客气地请作者更换一篇论文。（3）帮助作者修改。如果作者是"重要熟人"，则由编辑部请人直接帮那位作者修改，然后再纳入刊发范围。（4）为领导写稿。虽然编辑部的主要职责是编辑杂志，但是，如果遇到特殊情况，编辑部也需要为领导写发言稿。如果该发言稿的主题比较切近学术前沿问题，那么，编辑部会进一步将发言稿整理成可发表的论文，而且，会促成这篇论文在比较有影响的杂志上发表。论文正式发表的时候，知识就是力量，作者就是领导。

编辑部是个小社会。但凡有编辑部，就会有"编辑部的故事"。

六、硕士同学

我的硕士生活过得简单而自足。偶尔带高师妹去逛街，跟朋友喝酒，吃重庆火锅，看电影或录像，踢足球，打乒乓球，参加研究生排球队比赛，或者，去跟隔壁的西南农业大学研究生队举行排球联谊赛。除此之外，绝大部分时间都在课室或图书馆的阅览室。三年的硕士生活大体实现了我在大学本科期间对"考研"的想象和期待。

在"读硕"期间，我最初关心的问题是"教育理论与实践的脱节"。不仅把它当作一个值得研究的问题，而且为此义愤填膺，藐视群雄，觉得众人皆醉我独醒。后来才发现，这几乎是教育学领域的初学者或尚未入门者的普遍特征。相反，那些已经理解教育学基本原理的人，那些有教育学理论素养的人，那些已经在教育学研究领域入门的人，不仅不会再去为"教育理论与实践的脱节"的问题操心，反而会对提出此类问题的人持怀疑的态度。并不是说，凡是提出"教育理论与实践的脱节"问题的人一定不学无术，而是说，如果缺乏基本的理论素养，往往会对类似"教育理论与实践的脱节"特别热心，特别起劲。

研究教育学的人对"教育理论与实践的脱节"这个问题的兴趣和激情大体显示出三个阶段：第一个阶段，对这个问题特别起劲。这几乎是教育学研究领域所有初学者或未入门者的基本症状。第二个阶段，潜心研究教育理论，感叹教育理论必须超越教育实践。唯有超越，才可能指导教育实践。第三个阶段，再次关注"教育理论与实践的脱节"问题，期望以自己的教育理论指导教育实践。

我在"读硕"期间写的第一篇文章，正处于批评"教育理论与实践的脱节"的兴头上。那篇文章的标题就是："论'力行'之于教学理论研究"。

这篇文章原文很长。当时觉得自己站在正义的一方，浑身是胆，豪情万丈，指点江山，一泻千里。当时西南师范大学教育科学研究所庆所十五周年，老师发动我们研究生写文章，并承诺集结刊发。我提交这篇论文时，自信满满，觉得这么好的文章不发表，天理不容。

这篇文章后来真的发表了，但发表时，被压缩成一份800多字的"论文提要"。虽然只是"论文提要"，但也还是表达了我对"力行教育学"（或称之为"实践教育学"）的基本期待。

有关"力行"问题的关注持续了整整一年。一年之后，"力行"问题转换为"行动研究"。我对行动研究的关注主要受李臣之师兄的影响。

那天李臣之师兄请客，去他寝室吃他做的"担担面"。他的床架上有一本胡森主编的《国际教育百科全书》第一卷。那本书开篇就列出了"行动研究"（action research）词条。

我问："行动研究是什么？"

李臣之师兄说："简单地说，就是行动者成为研究者，理论研究者与实践工作者相互合作。"

我很吃惊，我一直为之操心的问题，西方人竟然已经有专门的讨论并形成了专门的概念？

我借了那本书，重点研读"行动研究"这个词条，第一次接触斯腾豪斯（Stenhouse）、埃利奥特（Elliott）和凯米斯（Kemmis），知道这三个人和他们有关行动研究的专著在行动研究领域影响甚大。我迅速写成文章，请李臣之师兄帮我修改。我每次把文章送去，他会"三下五除二"，倚马可待，迅速反馈，修改之后的文章总是变得面目一新。

那年暑假，我们围绕行动研究的问题合作撰写了三篇文章，然后由我们合作署名，给杂志投稿。投稿之后，很快收到样刊，也收到了稿费。由于李臣之师兄坚决不接受稿费，后来我们决定将稿费存到银行，作为以后购买资料或喝酒聚会的经费。我拿到西南师范大学校内银行去存款，在银行存折的用户名那一栏填写了"行动研究"（那时在银行开户不需要使用真实姓名）。银行职员问："有这样的姓名啊？"我说："是的。"然后，我们真的就有了一个用户名是"行动研究"的银行存折。毕业那年，有朋友去北京出差，我托朋友复印了几本行动研究的资料。复印资料以及毕业前喝酒聚会的经费，从"行动研究"存款中支出。

从李臣之师兄那里，我学会了写文章的三个技巧：一是用一个有魅力而且有关键词的句子作为标题，让这个标题既一目了然又清新响亮。二是用"已有研究和研究不足"的模式写开头。三是多写"述评"式的记叙文而不要轻易写"思辨"式的议论文。最后一个技巧尤其重要。我写过一篇类似"从坐等到行动"的2000字左右的议论文，热情地主张不能依靠制度的改变，要发挥人的主观能动性。不要抱怨，怨妇心态不仅无助于问题的解决，反而使自己失去他人的帮助。如此等等。写成初稿后，请李臣之师兄帮我修改。其他文章送过去请他修改，立等可取。但这篇文章送过去之后，第二天才有反馈，而且，他只是说："写得好！"没有任何修改。他建议我尝试给《重庆日报》或《重庆晚报》副刊投稿。投稿之后，石沉大海。后来他说："这样的文章我也不会写，所以也不知道如何修改。"我不服气，打算自己修改。可是，无论如何修改，总觉得这样的论文只是一些议论纷纷的废话。寻思良久，我慢慢悟出这个道理：以前之所以写文章比较顺畅，是因为那些文章主要都是"述而不作"的类型。而这篇论文看上去更有思辨的逻辑，但缺乏事实的说服力。这个顿悟或觉悟对我来说很重要。

暑假结束后，我得意非凡地向高师妹炫耀那个暑假留守学校期间的顿悟或觉悟，以及正式跟李臣之师兄建立了交往关系之后的突飞猛进的成长。

那次的顿悟或觉悟为我后来从事学术研究带来了深远的影响。在此后的学术研究中，我很少撰写纯粹思辨的论文。博士期间，我有一段时间试图以"语言的教育学价值"为博士论文的选题，后来发现，这个选题的研究如此艰难。等到我意识到这是"思辨"式的选题时，我毅然放弃了。博士毕业后，我曾写过一篇以"什么知识最有力量"为题的"议论文"。那篇论文看起来气势非凡，洋洋洒洒，也获得不少朋友的赞赏，我很为之得意。但等到我静下来重新阅读这篇"议论文"时，立刻觉得不过是一连串华而不实的独断论。后来我撰写《教育研究方法》的教材时，将这篇议论文作为"如何选题"的一个反面典型。

李臣之师兄毕业后，任职于深圳大学师范学院。我毕业后任职于中山医科大学。我们所在的两个城市只有一个多小时的车程。我们几乎每年都会聚会，讨论各自的研究进展。

李臣之师兄对我的影响并不止于论文写作的三个技巧。李臣之师兄的真正优势，是他的性格以及他的处世之道。

我素来认可我的性格，觉得自己有足够的人格魅力。比如直率、爽朗、粗犷，既见贤思齐，亦嫉恶如仇，崇尚大口吃肉、大碗喝酒的作风。可是，我又天生敏感，自信能够体察他人微妙的心理波动，甚至一度觉得自己适合从事弗洛伊德的精神分析。也许我属于那种心理学所谓既粗犷又敏感的"阴阳脸"性格。我的性情让我身边有一帮不离不弃的朋友。

但是，这种性格也给我带来困扰。跟身边朋友交往倒不成问题，问题在于跟领导或长辈交往。我也很不解，我最初总是能够迅速获得那些领导或长辈的好感，能够让他们觉得这个人既聪明能干又阳光开朗，是可造之材。可是，过了一段时间，我不知不觉地就把领导或长辈得罪了，为此吃过不少苦头。

也正因为如此，遇到李臣之师兄那样的人，我就很好奇、珍惜。见贤思齐是可能的，但不大会嫉恶如仇。即便心里崇尚大口吃肉、大碗喝酒，平时也无此作风。他的书法一如其性格：飘逸、柔顺，却隐含力量和善意。

他的优点在于我达不到的另外的地方：宽以待人，与人为善，不结怨，不树敌，绝不口无遮拦。他跟领导或长辈交往时，虽不至于"战战兢兢，如临深渊，如履薄冰"[1]，至少他总能做到言语平和，温润如玉。

"谦谦君子，卑以自牧也。"[2]

七、硕士期间的写作

在熊先生"以读带写"和"不写文章不看书"的推动下，在李臣之师兄的帮助下，我在硕士期间写过各种文章。那时只要投稿，就有发表的机会。三年间，共发表了40篇文章。

1　详见《诗经·小雅·小旻》。
2　详见《易传·象》。

（1）《论力行之于教学研究》,《西南师范大学学报》1994 年增刊。这是我发表的第一篇文章（其实只是"内容提要"）。这篇"处女作"既是我个人作为一个初学者的写作模式，似乎也是所有初学者愿意采用的写作模式。后来，我写《教育研究方法》教材时，特别将这种"对策研究"视为教育研究的三大禁忌之一。此类对策研究貌似满怀激情、指点江山，其实只是拍脑袋的自说自话，而且往往显示为"很自信地胡说八道"：我国近十年教学理论研究在取得可观成就的同时，也存在不少问题。究其原因，恐怕主要是研究者少了"力行"的功夫。与之相关的还有研究者自身的素质及对环境的态度。①教学理论研究者必须身体力行，至少需要分出一部分人去"力行"。所谓"力行"，这里是指理论研究者应较长时期地留在中小学教学第一线上，或参与更大规模的教学改革实践。真正的教育家，应该是身体力行的教育改革家。他必须有坚实广博的教育科学理论，又有躬行改革的直接经验。既博学之，又笃行之。从理论与实际的关系上看，指望中小学广大教师相信、掌握教学理论，则理论研究者必须"到群众中去"，自己在前面示范、实验，去作宣传解释，主动去推销自己的理论。"喊破嗓子，不如做出样子"。只有事实证明了理论的实用、有效，基层广大教师才信而从之。当然，教学理论是有一定超前性的。但理论的第一任务，毕竟是指导当前的教学实践。②理论研究者必须提高自身的素质。首先是建构流畅的认知结构。理论研究者需要以教学理论为中心，旁参博采心理学、哲学、历史、文学及自然科学等相关学科。入乎其内，又出乎其外，泛观博览，以期融会贯通。其次是发展意志品质。研究者需要以精诚为志，强力而不返。要努力克服障碍，有迎拒"力行"中可能出现的困难的心理准备，有韧性的反抗。既致知，又诚意，此二者是研究者"力行"的动力。③研究者必须正确认识个人努力与政策鼓励的关系。我国现行的教育科研政策是强调论文形式的科研成果，并以此为教学理论研究者的职称评定及享受其他待遇的主要指标。由于采用"力行式"较之采用"历史式"的方法去研究教学理论在劳动量上艰苦得多，形成论文也要缓慢得多，因此一些研究者为了较快地写出"职称论文"而不得不更多地选择了"历史式"的研究。显然，对"历史式"与"力行式"的教学理论研究成果应给予区别对待，这是我国教育科研政策目前改革的责任之一。但是，研究者个人的主动努力，自下而上地形成群众的需要，这是教育科研政策改革的原动力。研究者把不"力行"的责任完全推给政策的不鼓励，而自己不主动先行，这是不客观的，也是消极的。

（2）《我国学导式教学实验范式的形成和发展》，《教育科学》1995年第4期。如果说"力行"或"行动研究"是我找到的关于"教育改革"的一个途径或研究方法，那么，这篇文章则是我找到的关于"教育改革"的一个目的和主题：教育改革的基本目的或终极使命乃是让学生养成"主动学习"、"独立学习"的精神。由此，我将"自学辅导教学"或"学导式教学"定为教育改革的一个基本出路。"行动研究"与"自学辅导"一起构成我所理解的教育改革的"关键词"。

（3）《行动研究兴衰的启示》，《教育研究与实验》1995年第1期。这是《论"力行"之于教学理论研究》的延续。这篇文章后来成为我的博士论文的一个重要部分。

（4）《国外成人教育研究的新进展》，《西南师范大学学报》（哲学社会科学版）1996年第4期。国外在思考教育改革的未来方向这个问题时，我开始注意到"终身教育思潮"。这篇文章是思考"终身教育思潮"的心得。

（5）《美国学生活动种种》，《外国中小学教育》1995年第5期。李臣之师兄在华东师范大学访学期间复印了相关的英文材料，我们将这些材料翻译和整理成为"美国学生活动种种"。李臣之师兄将它作为"活动课程"的基本材料，我将它作为中国"教学改革"的可供选择的方案。

（6）《民国前期教育思潮的演进》，《教育史研究》1994年第3期。这篇文章是关于"中国近代教学改革"的思考。最初受吴洪成老师的影响。他的博士学位论文是中国近代教育思潮研究，我从中受益，同时也感觉可以从另外的视角对民国时期教育思潮进行重新归纳。投稿的标题是"民国时期教育思潮的演进"。投稿之后，编辑部觉得我所讨论的范围只是"民国前期"，所以将标题作了调整。

（7）《怎样认识行动研究》，《教育导报》1994年第39期。这篇文章讨论行动研究中的一些争议和分歧。对相关问题的解释直接导致我们开始思考"教研相长"的主题。

（8）《行动研究若干问题探讨》，《教育科学论坛》1995年第5期。这篇文章对"行动研究"的不同类型作了比较完整的解释，文章的部分观点后来成为我的博士论文的基本立场。

（9）《行动研究在幼教科研中的应用》，《四川幼教》1995年第11期。这篇文章纯粹是为了满足发表的欲望。

（10）《教师从事教育科研的几点思考》，《教育导报》1995年8月18日。这篇文章讨论"教师成为研究者"的必要与可能。这是我一直关心的主题。

（11）《教师与教育科研》，《教育导报》1996年第22期。

（12）《"教研相长"刍议》，《基础教育研究》1996年第2期。李臣之博士由"教学相长"和"教师成为研究者"这两个教育口号"合成"这个主题。我只是做了相关资料的收集和整理工作。

（13）《当今中小学教学实验的四大主题》，《教学与管理》1996年第1期。熊先生建议我系统思考和整理"中国近现代教学改革"的历史经验，这篇文章大体是对"中国现代教学改革"的类型分析。

（14）《卢作孚教育思想述评》，载杨光彦、刘重来主编：《卢作孚与中国现代化研究》，西南师范大学出版社1995年版。当时西南师范大学召开"卢作孚与中国现代化研究"研讨会，这篇文章是我和熊先生合作的一篇会议交流论文。写这篇论文的时候，多次被卢作孚先生感动。卢作孚是一个实业家，但他对教育有深入的思考，对杜威的"做中学"、"教育即生活"等教育理论比较熟悉，而且经常发表有关教育改革的演讲。后来我发现，"卢作孚现象"并非孤案。

（15）《特殊效应在教学中的影响与对策》，《教师之友》1995年第6期。这是学习了张大均老师主讲的"教育心理学"这门课程之后提交的一份课程作业。

（16）《情绪不好怎么办？》，《心理世界》1994年第3期。这是我和张金福师兄合作翻译的一篇文章，英文材料是《研究生英语》课本上的一篇课文。

这篇文章发表后，我们两人摩拳擦掌，打算继续合作，合作的主题是系统研究"艺术家的心理问题"尤其是关于"艺术家自杀"的问题。可惜这个计划后来因师兄提前毕业而终止。

（17）《也谈紧张与考试》，《教育导报》1995年12月8日。这篇文章更多地显示为一种生活信念。我鄙夷慵懒的生活方式，对"紧张"、"激情"、"野心"、"权力意志"等词语一直有好感。我的本科学位论文是《在外语教学中引导学生进行紧张的智力活动》。这篇文章实际上是本科学位论文的一个部分。我写出毕业论文的初稿之后，曾经请教我们的教育学的主讲老师杨炎轩先生。杨老师对这个主题很感兴趣，邀请我给外语系八九级学生和中文系八九级学生作同类主题的讲座。那是我人生中的第一次演讲，我演讲的自信也从那时开始建立。

（18）《教学的语音、语调与节奏》，《湖北教育报》1995年10月10日。这是当时思考"教学艺术"问题时的一份习作。这个主题的思考成为我后来谈论"教师专业成长"和"有效教学"的一个重要部分。我个人设计的标准是：好的老师是那些有艺术感和生活情趣的人，有效的教学是那些有节奏感的教学。

（19）《"马卡连柯论惩罚"之分析》，《教育管理》1995年第4期。在思考"教育改革"尤其是"快乐教育"、"愉快教育"这个主题时，我感觉人们对"惩罚"教育有某种误解和偏见。这篇文章的初衷是重新伸张"惩罚"的教育价值。我个人对这个主题一直怀有热情，也许以后会做相关的专题研究。

（20）《关于幼儿活动的论争》，《四川幼教》1996年第3期。这是学习了任一明老师主讲的"外国教育史"这门课程之后提交的一份课程作业。我感觉教育的秘密隐藏在幼儿教育那个地方，而且良好的"教育理论"隐藏在"幼儿教育理论"那个地方。由此，我重点研究了福禄贝尔、爱伦·凯和蒙台梭利三个人的教育思想。从这三个人的身上，我分别找到"游戏"、"生活"、"工作"三个关键词。这篇文章写成之后，我曾经集中精力关注"幼儿教育学"的问题。

（21）《课程与教学法之关系探讨》，《教育科学论坛》1994年第6期。

这篇文章主要由李臣之博士完成。我们当时处于合作的兴奋时期，偶尔相互挂名。

（22）《对异步教学实验影响的归因分析》，《异步教学研究》1994年第3期。这是我学习了沈小碚老师主讲的"教学论"这门课程之后提交的一份课程作业。

（23）《形成性评价在异步教学中的应用》，《异步教学研究》1994年第5期。这是我选修了刘克兰老师主讲的"现代教学论"这门课程之后提交的一份课程作业。当时重点参考了布卢姆等人的《教育评价》[1]这本书。当时很兴奋，对布卢姆的"目标教学"及其"形成性评价"比较感兴趣。

（24）《影响教育实验有效性的因素及控制》，《异步教学研究》1994年第6期。这是我学习了刘电芝老师主讲的"教育研究方法"这门课程之后提交的一份课程作业。由我和高师妹俩人合作完成。1996年高师妹到广东教育学院教育系求职，那里要求她试讲，高师妹试讲的主题就是"影响教育实验有效性的因素及控制"。试讲之后，立刻签约。据说广东教育学院教育系的施铁如教授对这个主题很有兴趣。

（25）《合理编排座位》，《湖南教育报》1995年2月18日。这篇文章原文较长，发表时被压缩。主要讨论如何使学生座位的编排避免受家长的干涉，"使学生座位有利于学生自学"。

（26）《我国目标教学实验述评》，《教育论坛》1995年第3期。这是我第一次正式思考中国现代教学改革中"目标教学"的经验与问题。当时对"单元矫正"策略比较感兴趣，但对有些说法如"目标之外的不教，非目标范围内的不学"并不看好。

（27）《目标教学实验的几个问题》，《湖南教育报》1995年10月13日。这篇文章主要针对"目标分类"和"R-D-D模式"等问题进行质疑。

（28）《论"准个别化教学"及其两难选择》，《教育导报》1995年6月14日。这篇文章也还是对"自学辅导教学"这个主题的系列思考之一。我所理

1　详见：[美]布卢姆，《教育评价》，邱渊等译，华东师范大学出版社1987年版，第228–267页。

第二部分　求学

141

解的"自学辅导教学"实质上是一种"准个别化教学"。

（29）《我国"自学辅导教学"的源与流》，《教育导报》1995年5月26日。这篇文章的真实目的是希望将"自学辅导教学"理解为一种恒久的教育历史现象，将"自学辅导教学"确立为"有效教学"的基本形态。

（30）《我国自学辅导教学实验评价》，《成人教育》1995年第3期。主要讨论卢仲衡的"初中数学辅导教学"实验研究的由来与基本观点。

（31）《学导式教学实验家族的共同特征》，《教育科学论坛》1996年第1期。这是围绕熊明安老师的课题"中外近现代教学改革研究"所作的文献分析。

（32）《学导式教学实验的若干问题》，《教育论坛》1996年第1期。这是我的硕士学位论文的初稿。

（33）《学导式教学实验的问题》，《教育时报》1996年第2期。这是我的硕士学位论文的初稿。

（34）《程序教学实验的源流与去向》，《教育科学论坛》1996年第5期。中国的程序教学实验是自学辅导教学实验的早期形态。

（35）《我国中小学教学实验的四大家族》，《教育导报》1995年12月26日。

（36）《我国学导式教学实验家族分析》，《成人教育》1995年第4期。这是我的硕士学位论文的初稿。

（37）《行动研究及其功能》，《成人教育》1995年第5期。这是学习"中国教育史"这门课程后提交的一份课程作业。受熊先生的启发，我对中国教育史上"孟子—陆九渊—王阳明"这一支脉比较感兴趣。

（38）《王阳明的课程理论初探》，《成人教育》1995年第6期。这是学习"中国教育史"这门课程后提交的一份课程作业。

（39）《课程范式简论》，《成人教育》1996年第1期。这是学习靳玉乐老师主讲的"现代课程论"这门课程之后提交的一份课程作业。这篇文章重点参考了施良方老师的《西方课程探究范式探析》。1994年，我在西南师范大学听过施良方老师的报告，他报告的主题也是"西方课程探究范式"。施良方老师的学术风格对我个人的学术研究影响很大。我曾经暗自模仿施老师的学术套路，模仿他的写作风格，模仿他惯常使用的词语，甚至模仿他的标点符号。我的文章中常常出现"看来……"或"由此看来……"，这是对施老师的模仿。我的文章中句号多，逗号少，这也是受施老师的影响。在叙述教育思想史或教育改革史的发展进程时，我更愿意像讲述"战争电影"或"战争小说"那样让不同的教育思想流派相互争执、相互激荡，这是对施老师的模仿。

（40）《魏书生"六步教学法"实验述评》，《成人教育》1996年第2期。这是硕士学位论文的一个部分。

在所有这些文章中，绝大部分论文都采用"述评"的方式。所谓"述评"，一是叙述，二是评价。既叙述又评价，这是我所理解的历史研究的两道工序。

可是，在后来的研究中，我开始扭转我的研究套路：由原来的"既叙述又评价"转换为"只叙述不评价"，尽量保持价值中立。貌似价值中立，其实是在"述评"的过程中隐含了自己的价值关怀。唯一的差别是：前者直接提出价值判断，后者不直接提出价值判断而只隐含价值关怀。后来，我专门为此写过文章，也作过讲座。文章和讲座的标题就是：一种既有价值关怀而又保持价值中立的教育实证研究何以是可能的？

从1993年9月到1996年7月，除了上课和忙里偷闲的娱乐，绝大部分时间我都浸泡在西南师范大学图书馆里。毕业离校的前一天晚上，我还在跟高师妹一起熬夜整理有关中国近现代教学改革的资料和论文。

离开西南师范大学的时候，我感觉自己对中外教学改革实验已经了如指掌，无所不知。以至于两年后到上海初见叶澜老师时，我说了很多不知天高地厚的大话。

后来，只要遇到自以为是、不知天高地厚的"年轻的狂徒"，我就想起我初见叶澜老师的情境。

我的博士生活

一、遇见叶澜老师

1996 年硕士研究生毕业后，我在中山医科大学教务处工作了两年。两年后，我决定"考博"，幸运地成为叶澜老师的弟子。

1998 年 9 月，我在华东师范大学第一次见到叶老师，听她兴奋地给我们讲她所理解的"社会转型"[1]和她正在研究的"新基础教育"。

当初我之所以报考华东师范大学，对叶老师其实并无多少了解，只是因为读了她的几篇论文和她的《教育研究及其方法》，感觉很特别，觉得她的论文或著作观点明亮、清晰，提倡什么和反对什么，不含糊。

进入华东师范大学之后，我的顽劣习惯使我跟不上叶

---

1 我参加博士入学考试时，"教育学原理"的试卷有一道考题是：试论社会转型与基础教育改革。事后我们意识到，这正是叶澜老师那几年关注的核心问题。

老师的学术节奏。相反，在她的讨论课上，我总是喜欢跟她抬杠。

比如，当她讲量变和质变的时候，我就突然冒出一句话："有一个说法是，只有量变，没有质变。"叶老师愕然，转入动态生成教学，提供额外的解释。

比如，当她欣喜地给我们讲"复杂理论"及其"涌现"现象时，我就说："涌现"这个词的美好主要来自中译者的翻译，其实这个词也可以翻译为"冒出"、"出现"。叶老师提醒我："看整体，不要纠缠细节。"

比如，当叶老师讲她的《教育研究方法论初探》的"诞生"有一个长时间的过程时，我就说，"诞生"在英语里是一个"瞬间动词"，不能说"诞生"有一个长时间的过程。

那次叶老师不高兴了，第二天我到她家里给她送信时，她特别叮嘱我：要做严肃的学问，不能像小猴子一样耍猴戏。要做大事，不要炫耀你的英语知识。

其实，我的英语知识也很有限，英语原本不是我的强项。我的优势是在学教育学的人面前讲英语，在学英语的人面前讲教育学。

在三年"读博"期间，叶老师让我们重点读联合国教科文组织编写的《学会生存》、杜威的《民主主义与教育》、海德格尔的《存在与时间》和沃尔德罗普的《复杂》。根据叶老师的推荐，我的确读了不少书。但对叶老师的论文和专著缺乏深入的阅读和思考。直到后来我深读她的学术著作和了解她的求学经历，感受她的学术创见与人格特质，学习并反思她如何不断地更新她的研究主题而又持久地引领她的研究团队推进"新基础教育"和"生命·实践"教育学研究，才知道"钢铁是怎样炼成的"，被她震撼。

叶老师以多种方式影响她的学生。若她发现学生做错事或说错话，她会严厉提出批评。叶门弟子中间流传一个说法：当叶老师批评你的时候，说明你还有希望，因为她还愿意敲打你。如果她不批评你了，说明她放弃你了。

叶老师用自己的学术经历给学生作了示范。不仅示范学术研究的方法和主题，而且示范如何以一身正气推进自己的学术研究，她称之为"以身立学"[1]。

1　叶老师将"以身立学"作为叶门弟子微信群的群名。

二、叶老师的教诲

1998 年，我进入华东师范大学教育学系，成为叶澜老师的弟子。自此以后，在她的课堂里，在跟随她听课、讨论的实验学校里，在陪她散步回家的路上，听她讲人生感悟、人生信条或学习戒律。举其大端，摘录如下。"此其荦荦大者，若至委曲小变，不可胜道。"[1]

（1）"多读书，少写文章；多写读书报告，少发表论文。"在"考博"之前，为了让叶老师了解我的学术实力，为了让她愿意收我为徒，我在信里告诉她，我在硕士三年期间发表了 40 篇论文。从那以后，叶老师就知道我是一个"快手"。在叶老师看来，这不是个好习惯。叶老师第一次召集我和侯怀银两个"新生"时，她给出的建议是："多读书，多写读书报告，少写文章，少发表。写读书报告比发表文章更重要。"在"读博"的三年期间，我只发表了五篇论文。

（2）"说话不要偏激，不要以为偏激就能解决问题；如果不能重建，就不要把墙推倒。"

（3）"好好说话，不要吵架。"她说："我最不愿意看到别人吵架。"

（4）"要重视实践智慧，实践智慧是真正的大智慧。"亚里士多德、康德、孟子等人都谈论实践智慧。叶老师所说的实践智慧与康德所讨论的实践智慧差别较大，而与亚里士多德的 phronesis（实践智慧）和孟子的"经权智慧"比较接近。

（5）"不要指望两极思维就能解决问题，真正能够解决问题的思维是关系思维和转化思维。"叶老师后来将她的这个思路与中国传统文化关联起来。她尤其重视中国传统文化的"整体综合思维"、"关系思维"和"时机思维"，她将之视为与不同人交往的重要的处世之道。"事业受挫时不气馁，成功时不张狂，有理、有利、有节地处理复杂问题，无论在什么情况下都保持泰然、自重的君子之态，它为每一个活在世间的人提供安身立命的精神力量与武器。"[2]

1　详见《史记·天官书》。

2　详见：叶澜，《中国哲学传统中的教育精神与智慧》，《教育研究》2018 年第 6 期，第 4—7 页。

（6）"要研究西方教育学经典，但不要过度依赖西方概念，要摆脱中国教育学对西方教育学的依赖性。"比如，叶老师认为"新基础教育"研究的"研究性变革实践"不同于西方的行动研究，更不必以行动研究为标准并由此断言"新基础教育"已达到或未达到"行动研究"的水平。她期待发出自己的声音，期望别人能听到这样的声音，能进行交流，也期望她的努力能给学界增加一些清新空气，期待国内有更多的学者、研究人员和实践工作者，都努力用自己的实践、思考、研究，发自己的声音。[1]

（7）"要有教育学的学科立场，既要从文学、历史和哲学以及自然科学中汲取学术研究的资源，又要有教育学的独特视角。"

（8）"不要把一切失败归结为制度上的原因。制度是重要的，但不要有制度依赖症。在一定程度上，人的命运由自己掌控，要有主动性，要有生命自觉。"

（9）"要做有修养的批判者。如果不具备商榷的环境，最好不要写商榷的文章。要是真有本事，就把自己的观点说清楚。"在她看来，出现各种意见是很正常的现象。但她一向不太介意别人怎么说和为何说，也不去对每一个批评意见作回应。[2]

（10）"不要以牙还牙，不要整人。"叶老师说，她自己也曾受过打压和打击，但她知道自己想要什么。一旦挺过来，也绝不以牙还牙，不整人。[3]

（11）"要知道感恩，要感谢那些帮助过你的人。"叶老师本人总是记得那些帮助过她的人。在回顾"新基础教育"研究和"生命•实践教育学派"的创建过程时，她念念不忘那些参与者和帮助者。她在一篇论文中详细回忆了张民生和陈儒俊等人给予她的理解和帮助。[4]

（12）"要有独立人格，不跟他人作无谓的比较。卓尔不凡，越而胜己。"

1　详见：叶澜，《我与"新基础教育"：思想笔记式的十年研究回望》，《中国教育：研究与评论》（第2辑），教育科学出版2007年版。

2　同上。

3　这是2012年5月6日叶老师在丛书研讨会上的发言。

4　同1。

叶老师说，她一直记得她母亲教给她的两句话。第一句，不是你的东西，不要眼红。第二句，有本事自己努力去获得。[1]

三、叶澜与"生命·实践"教育学派

叶老师的第一本专著是《教育概论》，这是她将教学工作与学术研究关联起来的一个成果。从 1983 年到 1989 年，她给本科生开设"教育概论"这门课。她在备课和讲课的过程中酿成了《教育概论》的书稿。这本书的每一章和每一节都显示出她的与众不同的理论思维品质和独特的话语方式。这本书也预演了她此后所有的论文和专著的写作风格。在此后几十年的时间里，她的每一篇论文和每一本专著几乎都延续了这种风格：呈现出足够分量的"蜜蜂式"的研究[2]。不仅有精细的思辨、清晰的主见，而且用有条理、有文采的方式叙述出来。

1990 年，叶老师开始进行"基础教育与学生自我教育能力发展"实验研究。初战告捷之后，她正式开始了她的"新基础教育"研究。"新基础教育"研究为后来创建"生命·实践"教育学派提供了坚实的实践智慧。

在"新基础教育"研究的最初的十年探索和发展期间，她发表了《时代精神与新教育理想的构建》、《让课堂焕发出生命活力》、《更新教育观念，创建面向 21 世纪的新基础教育》以及"重建课堂"的系列论文。这些论文既为"新基础教育"研究提供了理论指导，也为后来创建"生命·实践"教育学派提供了重要的理论铺垫。2006 年出版的《"新基础教育"论》这本专著既是对"新基础教育"研究的全面总结，也向世界贡献了教育改革的中国经验，它甚

1 　这是 2012 年 5 月 6 日叶老师在丛书研讨会上讲述的故事。

2 　培根将学者分为三类。第一类是蜘蛛式的，靠自己肚子里分泌出丝来，把网做得很漂亮。虽然漂亮，那点学问却只是从他自己的肚子里造出来的。第二类是蚂蚁式的，只知道集聚，在地洞里堆起很多东西，能不能消化却不管，有没有用也不管，勤奋有余而理解不足。第三类是蜜蜂式的，这类学者最高贵。蜜蜂采花之后，取其精华而去其糟粕，创造出新的成绩。详见：陈平原，《胡适论治学》，安徽教育出版社 2006 年版，第 226 页。

至可以作为一本系统论述基础教育改革的"学校教育学"的教材。[1]

2004 年，她毅然决然地发出创建"生命·实践"教育学派的宣言。那时我在广州工作，直接和间接地参与了她的"新基础教育"和"生命·实践"教育学派研究。2012 年我的工作单位由华南师范大学转换为华东师范大学之后，更多地参与了学派的建设。2006 年 11 月 8 日她作了《教天地人事　育生命自觉》的专题报告，"教天地人事　育生命自觉"后来成为一所实验学校的"校训"。那年除夕，我给她拜年，她在电话里兴奋地跟我聊了一个多小时，聊"新基础教育"研究和"生命·实践"教育学派的新进展。

2012 年，我回到上海后参加她主持的聚会时，整个晚餐期间她一直在谈论"生命·实践"教育学派建设的思路以及"新基础教育"研究的"通化期"、"扎根研究"、"生态式研究"。在接下来的那几年，她带领她的团队出版了三套论著，形成了一批"生命·实践"合作校和"新基础教育"基地校，形成了研究团队和共生体，走出了一条理论与实践交互生成的教育学研究道路。2015 年，她出版《"生命·实践"教育学论纲》，向世界介绍"生命·实践"学派的生成历程并从教育学观和教育观两大问题总结出"生命·实践"学派的理论贡献。2017 年，她发表《"生命·实践"教育的信条》。[2]

发表《"生命·实践"教育学论纲》和《"生命·实践"教育的信条》之后，她的思考进入新的阶段，围绕三个"关系"继续推进"生命·实践"教育学派的研究并发表相关的论文：一是教育与社会的关系；二是教育与自然的关系；三是教育与传统文化的关系。

2016 年，她发表《社会教育力：概念、现状与未来指向》，强调"社会的教育责任"。[3] 2018 年，她连续发表两篇论文，她在《溯源开来：寻回现代教育丢失的自然之维》中强调教育的"自然之维"，提倡"四季校园"。[4] 她

1　详见：叶澜，《"新基础教育"论》，教育科学出版社 2006 年版，第 394–395 页。

2　详见：叶澜，《"生命·实践"教育的信条》，《光明日报》2017-02-21（31）。

3　详见：叶澜，《社会教育力：概念、现状与未来指向》，《课程·教材·教法》2016 年第 10 期。

4　详见：叶澜，《溯源开来：寻回现代教育丢失的自然之维（上）》，《教育发展研究》2018 年第 2 期；叶澜，《溯源开来：寻回现代教育丢失的自然之维（下）》，《教育发展研究》2018 年第 3 期。

在《中国哲学传统中的教育精神与智慧》中分析中国传统文化尤其是哲学传统的教育智慧,尤其重视天人合一、人生修行以及独特的思维方式,包括整体而非分解的"综合思维"、互通互化的"关系思维"和时势运转的"时机思维"。[1]

四、月末汇报与通信 [2]

叶老师您好,我是中山医科大学教务处刘良华。开学初中山医科大学人事处终于同意我报考脱产的博士研究生。今天上午我已向华东师范大学研招办报名。

1996年我曾经办理过报考博士研究生的手续,后来因为急于参加工作而没有参加考试。这次争取考试的机会不易,我会竭尽全力作好考试的准备。

我的基本情况是:

1988年入湖北师范学院外语系学习,1992年获学士学位,同年考取西南师范大学研究生。由于该年西南师范大学的录取名额有限,保留学籍一年。[3]

1992至1993年在湖北黄石十五冶子弟中学任英语老师。

1993年入西南师范大学教科所,攻读教学论专业硕士学位,导师是熊明安先生。1996年获硕士学位,毕业论文是《学导式教学实验的家族分析》。三年中在《西南师范大学学报(哲社版)》、《教育研究与实验》、《外国中小学教育》、《教育科学》、《教育管理》、《教学与管理》、《教育导刊》、《教育科学论坛》、《教师之友》等杂志上发表论文四十余篇。其中《我国学导式教学实验

1 详见:叶澜,《中国哲学传统中的教育精神与智慧》,《教育研究》2018年第6期,第4—7页。
2 在"读博"期间,每个月都会给叶老师提交一份"月末汇报",汇报自己读书和研究的进展。2011年,我们参加叶老师从教50周年和70大寿,叶老师把我们求学期间给她写的信件和我们提交的作业整理出来,放入一个大信封,送给我们,作为礼物。得到大信封时,我们如获至宝,额手相庆。大信封里不仅有我给叶老师写的信件和提交的作业,还有叶老师在上面做的批注。以下虽然只是部分信件,但每一封信都保持其原始的完整性,除了改正个别地方的错别字之外,并无删减。
3 我忘了介绍我的出生年月,叶老师根据我大学入学的时间(1988年)推测我是70后。她在信纸上做了批注:"70年代初出生"。

范式的形成和发展》被人大复印报刊资料《教育学》转载（1996年第1期）。读书期间每年都获得一等奖学金，毕业时被评为优秀毕业生。

1996年7月至今，在广州市中山医科大学教务处工作。

在近两年的实际工作中，我切实感到学到了不少实际经验，但日复一日的简单机械的工作与我所学的专业几乎没有关系。我渴望有机会从事教育理论研究和教学改革实验。

但愿能够成为您的学生！

祝您工作愉快，家庭幸福！

学生：刘良华

1998年2月20日

叶老师您好，两个月来，我主要在看杜威的作品。9月份看的是《哲学的改造》（许崇清译，商务印书馆1933年版），10月份看《人的问题》（傅统先、邱椿译，上海人民出版社1965年版），现在已转入《民主主义与教育》（王承绪译，人民教育出版社1990年版）。

因为以前读过陈亚军著的《哲学的改造：从实用主义到新实用主义》（中国社会科学出版社1998年版）和罗蒂的《哲学与自然之境》（三联书店1987年版），所以再回头来阅读杜威的《哲学的改造》时，比较容易理解。

杜威在《哲学的改造》中提出的观点，在今日的哲学界尤其是今日中国的哲学界很有现实意义。在谈到哲学界的转向问题时，杜威的《哲学的改造》是一部不可回避的经典著作。虽然只是薄薄的一本书，但它表达了当代哲学的理想。

《哲学的改造》首先讨论了哲学的起源及其变化的经过。由于受宗教的影响，传统哲学将世界划分为"实在世界"和"现象世界"，并妄自以论证超经验的实在为己任。杜威对此很不满意，建议哲学应"舍弃关于终极的绝对的实在的研究"，转向"讨论人类生活的理想和人类理智的活动所应指向的目标"。

接下来杜威回顾了自培根以来哲学领域发生的四个趋势：（1）人们的兴趣

从永恒的、普遍的转向变化的、特殊的、具体的事物；从注意来世转向关心现世。（2）注重自然研究甚于盲从权威，以经验中的起源和经验中的利害得失为标准而判定原理和所谓的真理的做法日益增加，而以超乎日常经验和独立于经验结果的高远的来源为标准的做法日益减少。（3）进步的观念大受尊重，到处都有新的可能召唤我们。（4）实验的自然研究成为进步的唯一方法。在"理想和现实的已变的意义"中杜威再次提出，哲学应从"无用的形而上学和无效的认识论"转向为"关于社会问题"。他所期望的是建立一种科学的人道主义理想。

《人的问题》读得慢一些，特别是在读第三部分"价值与思维"时，感到杜威是在谈论类似罗素的形式逻辑的问题（其中有杜威与罗素的对话，包括商榷和不满），不那么容易理解。其他的内容与《哲学的改造》的主题是一致的。相关的读书体会见附录。

学生：刘良华

1998 年 10 月 30 日

附录：读杜威的《人的问题》

关于唯心主义。杜威的书中经常出现 idealism 这个词语，傅统先先生将它翻译为"理性主义"（在另外的地方也翻译为"唯心主义"）。比如，"在从前的时代里，并非一切人都是理性主义者"（第 18 页）。而与 idealism 相应的另一种翻译是"唯心主义"。这暗示人们，所谓"唯心主义"，并非一无是处，只不过比一般人对现实的障碍与条件不那么顾忌，所以容易脱离实际，故有"唯心"的意味。看来，向来使中小学生谈虎色变的"唯心主义"并非一无是处，只不过比一般人更珍视自己的理想。而在很多时候，多一点所谓的"唯心"式的理想不完全是一桩坏事。在英语国家，说某人是唯心主义者可能还有些褒奖的成分，而说某人是唯物主义者，贬义的成分可能就更多一些。我们应该走出"唯心主义"的封条模式，不要因为某学者曾经被认为是唯心主义者就轻视他的学术结论。在哲学史上，唯心主义者由于是理想主义的，所以他们的学术思想往往更有创造性，更具有生命的活力，更能理解生命的意义，对提高人的生命的质量可能更有启发意义。

域外也有"科玄之战"。中国在 1920 年代发生了一场很有意义的"科学与人生观"的论战。而从杜威的抱怨来看，美国文化界也曾经有过"科学与人生观"的不同声音，而且分歧似乎还很大。反对用科学方法改进人生事务的论调也比较强劲，以致杜威大为不满。杜威指出，"二战"使科学成为替罪羊，并认为回到科学和技术发展前的信仰与实践，乃是我们的救世之路。

教育哲学是一般哲学的"穷亲戚"吗？杜威在《科学与哲学的关系是教育的基础》一文中指出："教育哲学并不是一般哲学的穷亲戚，即使哲学家们时常这样地对待它。"所谓"穷亲戚"，是说教育哲学经常从一般哲学那里无所顾忌地借用思想和术语，而一般哲学很少从教育哲学这里得到什么。其实，教育哲学是可以对一般哲学作出贡献的，因为教育哲学专门研究"人的问题"，这恰恰是一般哲学的基本使命。教育哲学不但可以使一般哲学对它刮目相看，而且可以成为"第一哲学"，若果真如此，教育学就可能像李泽厚发出的宣言那样，"成为二十世纪的中心学科"。李泽厚在《批判哲学的批判》中提出这个想法，并指出马克思的《巴黎手稿》和《资本论》第三卷已经有此类似的想法，但由于当时革命的需要，马克思以及后来的马克思主义者都没有发展这个方面。今天和下个世纪应该是开始发展的时候了。（参见：李泽厚，《批判哲学的批判》之附录"我的哲学提纲"，安徽文艺出版社 1994 年版，第 510 页。）

老师您好，这个月好像比前两个月收获大一些。在读杜威的《民主主义与教育》时，偶尔也翻阅其他有关民主、自由主义、公正、平等、"本质还原"、哲学解释学、新教育技术等方面的资料，尽量将这些资料与杜威的种种建议联系起来。

在《民主主义与教育》中，杜威对传统教育作了整体的、创造性的现代转换。在使教育从传统向现代迈进时，杜威选择了"民主"作为他的整个理论基调。

有一点我很感兴趣，杜威在书中谨慎地考察了"正规教育"及其"教材"的本原状态，并由此提出了"学校即社会"、"做中学"等现代教育的经典口号。杜威的建议开启了存封已久的"返璞归真"的酒坛。自 19 世纪末开始的世界范围内的现代教育改革，一直散发着以"回归生活"为表征的"返璞归真"的清香。后来的"走向复杂"、"回到真实"、"探索复杂性"、"在尝试错误中学习"、"让学生作为一个真实的人解决真实的问题"、"返回生活世界"，等等，似乎都与这股"返璞归真"的倾向一脉相承。

历来的研究者在倡导"返回生活"时都清楚"返回生活"只是使学校教育与社会生活之间保持某种联系，并不是使当前的学校教育向后撤退，回到完全的原汁原味的自然状态或社会生活。但是，在进退之间，保持平衡实在不易。从来希冀使教育接近生活的研究者，包括杜威本人，在将自己的理想交付实践使用时，总是难免使自己处于"失衡"的尴尬境地。

走出尴尬的出路之一是引进"新教育技术"。在"新教育技术"产生之前，"学校即社会"、"回到复杂而真实的生活"等口号多少有些空想的兴致。"新教育技术"的产生和相关的"教育课件"的不断开发将为杜威在一个世纪以前提出的理想提供某些可行的技术支持。杜威设计的"学校即社会"将由于"虚拟网络"的出现而使学校成为虚拟的社会。"学校即社会"将在"学校即虚拟社会"的意义上部分地得到实现。

但在使用"新教育技术"之后，将有新的危机。"新教育技术"在使学生坐在电脑面前恣意赏玩、纵情"冲浪"时，存在一种被汪洋大海般的信息淹没的危险。多变的声音符号和彩色的图像符号一起构成"虚拟"的多媒体将取代单调的黑色文字符号，这将再次对教育与生活的亲缘关系构成威胁。"虚拟"毕竟不是真实的生活，至多只是一种相对于文字符号的"虚拟的真实"，它代替不了学生真实的生活情境，包括人与人之间的情感交流、人对物的直接控制和改造。就此而论，"虚拟社会"尚不如杜威设计的以园艺、纺织、木工、金工、烹饪等活动构成的"雏形社会"。

对这个问题我还没有想清楚，只是对"返璞归真"和"新教育技术"以及将来二者的结合的可能性感兴趣。我计划在下个月整理成文，作为"期末总结"，再向您汇报。

祝新年快乐！

学生：刘良华

1998 年 12 月 31 日

叶老师您好，这个月我几乎没有看教育方面的书。月初打算整理一篇关于"生活世界及其教育意义"的文章，想以此作为上学期哲学课程的作业，而主要的期待是查明胡塞尔等人的"生活世界"与杜威的"生活"有无联系，或在多大程度上有联系。

查阅了一些关于胡塞尔和哈贝马斯的"生活世界"的资料之后，我发现"生活世界"在胡塞尔的先验现象学中是经验的存在，因而是应当受到排除的东西。胡塞尔重视的是从"生活世界"中脱身出来，努力从中苏醒，而且科学地最好是哲学地苏醒过来。而一旦从沉湎于"生活世界"中哲学地苏醒，现实世界的存在就不再被视为前提，不再被视为有效，相反，它被看作是"问题"，被作为"课题"而受到检讨。而在胡塞尔看来，这种哲学的苏醒就意味着"先验还原"或"先验悬置"的提出。

可见胡塞尔对生活世界并不"信任"，与杜威的"生活"或"经验"概念大不一样。所以，大概在一个星期后，我放弃了寻找"生活世界"的努力。

接下来我又重新开始看关于自由主义的资料。

在进入华东师范大学之前，我就对西方古典式的自由主义感兴趣，复试时我对您说"我愿意研究罗素"，现在看来专门研究罗素虽不如研究杜威有意义。但我是从"自由主义"的角度来肯定罗素的。当然，现在在我看来，杜威也是立足于自由主义的精神来谈民主问题与教育的。

进入华东师大之后，我的兴奋点仍然在西方古典式的自由主义精神上面，也买了不少这方面的书，因为受了北京大学百年校庆和顾准研究热的推动，自由主义被认为在 1998 年真正地浮出水面。所以我在看杜威的《民主主义与教育》时也不时地看看关于自由主义的资料。记得上个月我给您写学习计划时我提到过"贪看杂书"的事，所谓杂书，主要是这方面的。我还记得交了学习计划后第二天您就找我谈话，我说看杜威的书时"没有发生我预期的变化"。所谓"没有发生我预期的变化"，并不是说阅读《民主主义与教育》没有收获。

我所预期的，是希望自己认定一种积极可为的"主义"或"主意"，并以此来设计我自己思考教育问题的框架。入校以来一直以"多考虑些主意，少研究些问题"提醒自己。我所谓的"主意"，是那种能够对各种具体的教育问题发生终极关怀效应的理念。而不再像过去那样热衷于发表一些零敲碎打的太具体的文章。我想一个人一旦有了自己的"主意"，所有具体的教育问题就可以从它那里找到一个完整一致的"说法"。比如杜威立足于民主主义的视野看教育，比如罗素从追求自由的生存方式来演绎他的"活力、勇气、敏感、智慧"，比如您从整体的生命观的高度来设计您的"爱弥儿"和整个新基础教育。

我不知道我目前热心的自由主义精神能否为我将来的研究提供这样一个"主意"，尤其在中国这样一个对自由主义有过多的误解和歪曲的年代。其实当自由主义被恰当地还原为一种与教育哲学有关的学理时，它不过是一种经验主义，这与杜威的理想也是一致的，我以为这些对教育思考有益。

到今天为止，我虽然还没有看《学会生存》或《教育——财富蕴藏其中》，但一个月来我是认真的。即使爱人在这里参加考试期间我也仍然坚持每天至少看 5 个小时的书。我是那种拼命三郎式的学生，不会不学无术，这点请您放心。

学生：刘良华

1999 年 3 月 30 日

叶老师您好，交来两篇作业：《"语言转向"中的教育学立场》和《学校教育可以返回"生活世界"吗？》。

关于"生活世界"，原想着可以与"行动研究"关涉，但现在看来似乎并无多大的牵挂。只是总感到教育界谈论的"生活世界"与胡塞尔和哈贝马斯的"生活世界"相去甚远，因此写了一篇关于"生活世界"的作业。

"语言转向"问题是我一直想弄明白的一个情结，一年级下学期看过海德格尔的《诗·语言·思》，上学期看了王一川著的《语言乌托邦》、徐友渔等人合著的《语言与哲学》、赵汀阳的《一个或所有问题》，这个寒假又看了叶秀山的《思·史·诗：现象学和存在哲学研究》。

《"语言转向"中的教育学立场》参考了这些书的一些观点。叶秀山的书使人容易把现象学、存在哲学与康德、黑格尔等人的理论联系起来考虑，但这本书对海德格尔的语言观基本上没有提出特别的见解。徐友渔等人的《语言与哲学》看起来是一本关于语言哲学的诱人的书，但成书似乎快了一些，对海德格尔、伽达默尔等人的语言哲学还来不及展开就收场了。

很特别的是赵汀阳的《一个或所有问题》。这本书一如他的《论可能生活》，充满自己的观点。尽管说话霸气多了些，但赵汀阳总能说出自己的观点。在我阅读的书或文章中，唯赵汀阳的《一个或所有问题》是对"语言"最超脱或冷静的。我在文章中的"行动转向"或"实践转向"受之启发。

当然，现在对海德格尔或伽达默尔的语言观以及胡塞尔的"先验意识"说不似乎还为时尚早，赵汀阳是提前作了批评。我也只是凭一种初步的感觉，以为语言的本质并不是海德格尔说的"诗"。当海德格尔将"诗化语言"无止境地抬举，它的直接后果反而是使一般语言降格。即使人类的一切文化现象都可以追溯到语言，但这也并不意味着一切问题到此结束，而是一切问题在此处获得新的开始。它的方向在于再度转向"行动"或"实践"。哲学以及教育学可能、应该贡献的，是一种行动智慧或实践智慧，而不是某种关于语言的解释。

所以，我现在的感觉是：语言哲学并不像我原来想象的那样"可以做很多文章"。也许我还没有理解语言，还没有"进去"，但现在我已经有一种想"出来"的感觉。暂时不想再理会"语言哲学"的问题。

也因此我这学期打算转向"实践哲学"。同时读一些关于"批判理论"、"生活意义"等方面的文章，尽量和"行动研究"联系起来。若有时间，我会看一些外语教学方面的资料。

学生：刘良华

2000 年 2 月 24 日

叶老师您好，您说得很对，交往是为了开心，相互有启发，觉得有意义。很怀念过去师门的弟子们跟您和钟老师在一起聚会、聊天的日子。

骨子里，我喜欢一切爽快、仗义、快人快语的人，我身边的朋友，几乎都是这样的人。高兴就笑，不高兴就想大声吼人。如果发现某个人说话做事吞吞吐吐、疑神疑鬼、犹犹豫豫、幽幽暗暗，像个毛毛虫，我就厌恶，我就想离开。

但是，我有时一根筋，一旦感觉别人对自己有误解，就恼火。当对方是自己的老师或者领导时，感觉不适合辩驳，就忍住不说。遗憾的是，我容忍的修养又不够，忍不了多长时间，就会在某个时候不顾一切、不计后果地爆发。这样的后果是，心里明明是喜欢、敬重某个老师或领导的，可是一不小心就让老师或领导觉得我敏感、钻牛角尖。

跟您在一起虽然偶尔会发生小小的不愉快，但是，更多的时候我感受到幸福和欢乐。我相信在不久的将来，我会以自由自在、开开心心的状态融入这个由您和钟老师引领的自由自在、开开心心的团队。我喜欢您，喜欢钟老师，喜欢这个圈子。我们这个圈子是华东师大的一道美好的风景，也是全中国教育界的一道令人骄傲的风景。

另外，我虽然暂时没有找到微信的感觉，但我相信我不久会找到感觉的。您把学术和游戏融合在"生活世界"了，微信平台让您的骨子里的游戏精神爆发出来。不只是我，缺乏游戏精神的人都有些跟不上。我相信，这些人都会慢慢跟上的。

再次祝叶老师、钟老师节日快乐！

With my love!

弟子：良华

2014 年 9 月 8 日

看您的来信，

被您感动。

因为您的爱与智慧，

一切坚固的都烟消云散。

默默地记住，

做好自己，

任他人评说，

多从好意去理解他人。

不刻意追求与众不同，

做一个坦坦荡荡的人。

翻过这一页，

让一切好起来。

会记住，

让不愉快的事，永不再发生。

弟子：良华

2014 年 9 月 9 日

五、博士期间的阅读

按照叶老师"多读书，少写文章；多写读书报告，少发表论文"的建议，我在"读博"的三年期间，只发表了五篇论文。一是《教育、语言与生活》，二是《我国外语教学改革的经验与问题》，三是《中小学英语教学：问题与对策》，四是《中国教学实验百年：反思与构建》，五是《教学实验的前提性反思》。

三年里，叶老师指定我们重点阅读了三本书，加上叶门弟子的"共读"书和我的学位论文的核心文本，我重点阅读了 15 本书。

（1）杜威的《民主主义与教育》。阅读这本书时，参考了多个中译本，对照英文本阅读。同时重点参阅了杜威的《哲学的改造》和《人的问题》以及罗蒂的《哲学与自然之境》。

（2）《学会生存》，对照英文本阅读。这本书和《民主主义与教育》是叶老师最初给我们这一届博士生指定的两本必读书。

（3）沃尔德罗普的《复杂》。这是叶老师在1999年临时提倡我们共同阅读的一本书。她本人写了近两万字的读书笔记，并在1999年底由她主持的研究生月末例会上作了专题发言。叶老师说："此书在方法论上的启发和引起思维的活跃可称为'震动'级。"[1]叶老师遇见这本书之后，本书与前两本书一起构成叶老师指定的三本必读书。

（4）海德格尔的《存在与时间》。这是叶老师给师兄师姐指定的读本，受师兄的影响，我将它作为我选读的重点。

（5）胡塞尔的《欧洲科学的危机与先验现象学》。因为叶老师关注海德格尔，很自然也就开始关注胡塞尔。而且，那些年大家都在议论"教育与生活世界"的问题，我个人将这个问题与杜威的"教育即经验"、"教育即生活"关联起来，所以，这本书也成为我重点阅读的书目之一。

（6）叶秀山的《思·史·诗：现象学和存在哲学研究》。为了理解究竟什么是现象学，重点参阅叶秀山的这本书。这是我2000年春节期间阅读的重点，大年初一也在读这本书，然后引用这本书的部分观点，给叶老师提交了课程作业。

（7）康德的《纯粹理性批判》。根据叶秀山的提示，开始关注康德的这本书。觉得这是高山，希望能够登顶，一览众山小。写博士学位论文时，也希望将康德的"批判哲学"与"批判的行动研究"关联起来。事实上，"批判的行动研究"与康德所提倡的"勇敢地使用自己的理性"、"哥白尼式的革命"等启蒙哲学的思路的确是有关联的。

（8）罗素的《西方哲学史》。这是本科期间和硕士期间一直带在身边的

1　这可能是中国教育学界最早在学术群体内部作有关"复杂思维"的主题报告活动。此后，叶老师持续关注法国莫兰有关"复杂理论"的著作，并在"教育研究方法论"课堂教学中讨论"复杂"，在"发展性研究"中努力用复杂理论作为方法论指导，逐渐形成自己的经验与认识，出现方法论思考的升级。详见：叶澜，《回归突破："生命·实践"教育学论纲》，华东师范大学出版社2015年版，第22页。

书。博士期间主要关注罗素对康德、叔本华、尼采和杜威等人的哲学评论。后来发现哲学专业的博士生读罗素的这本书不屑一顾，我感到遗憾。很想反驳那些哲学专业的博士生：你写出这样的哲学史著作让我们看看？

（9）冯友兰的《中国哲学史》。我将这本书与罗素的《西方哲学史》并列，作为自己的哲学入门书。后来我写《校本教学研究》书稿时，回头参考了博士期间所做的阅读笔记。

（10）李泽厚的《中国古代思想史》。叶门弟子规中有一条，每个学期要列出自己的"读书计划"。第一个学期我提交的读书计划中，就列出了李泽厚的这本书。这是我本科期间为"读研"作准备时重点读过的一本书。博士期间重新阅读，再次体验这本书的厚重与灵气。阅读康德的《纯粹理性批判》时，重点参阅了李泽厚的另外一本书《批判哲学的批判》。

（11）赵汀阳的《论可能生活》。这是一个师兄撰写论文时重点参考的文本，后来也成为叶门弟子共读的核心文献。由于曾经对"语言转向"问题感兴趣，也曾经重要参阅了赵汀阳的《一个或所有问题》。

（12）伽达默尔的《真理与方法》。由于我的博士学位论文的选题是"行动研究的史与思"，涉及有关解释学的问题，这本书成为我重点阅读的著作之一。

（13）斯登豪斯的《课程开发与研究导论》。为了完整理解斯登豪斯在这本书中提出的观点，后来参考阅读了 Rudduck,J. 和 Hopkins,D. 主编的 *Research as a Basis for Teaching: Reading from the Work of Lawrence Stenhouse*，后来阅读了斯登豪斯的那篇论战式的著名论文：What Counts as Research?[1]

（14）埃利奥特的《指向学校变革的行动研究》。重点关注埃利奥特参与"福特教学研究"（The Ford Project）以及"师生互动与学习效能研究"（Teacher-Student IQL）的过程中发生的事件。[2]

（15）卡尔和凯米斯合著的《走向批判——教育、知识与行动研究》。斯登

1　详见：Stenhouse, L. What Counts as Research? British Journal of Educational Studies. 1981(2):103-114.

2　详见：Elliott, J. (1991) *Action Research for Educational Change*, Open University Press.

豪斯、埃利奥特、凯米斯三个人原本就有学术上的交往关系。埃利奥特与斯登豪斯关系密切，而且也从凯米斯那里获得学术支持。[1]1995 年英国东盎格利亚大学教育应用研究中心的调查结果显示，《课程开发与研究导论》《指向学校变革的行动研究》和《走向批判——教育、知识与行动研究》三本书正是有关行动研究的著述中最受关注的三本书。[2]

六、我的博士论文

1. 选题

从进入华东师范大学的第一天开始，我就轮番设计我的博士学位论文的选题。我的选题经过了多次变换，最后确定为"行动研究的史与思"。

最初的选题是"自由与教育"，想从自由主义的视角讨论教育改革。这个选题在高师妹这里就没通过。她说：这个选题安全吗？

第二次设计的选题是"新技术教育与教育改革"，想从新教育技术的视角讨论教育改革。这个选题与阅读杜威的《民主主义与教育》相关。杜威的理想是"教育即生活"、"学校即社会"，我觉得这不太可能，但杜威的这个理想可以借助"新教育技术"部分地获得实现。我为此复印了大量有关新教育技术的资料。后来，感觉这不是我的长项，也不是我的专业，放弃了这个选题。我复印的那些资料，至今保存在我的书柜里。

第三次设计的选题是职业生涯规划教育的原理与策略。这是我大学本科期间感兴趣的主题，主要受一个外籍老师 Marry Young 的影响。她利用暑假旅游的机会，用反转片拍了很多照片，返校后，她给我们作了一场她的旅途见闻的讲座。我当时很震撼，决心将来像她那样，到全国各地去采访各行各业和各个大学，拍下工厂和大学校园的照片，到全国各地作职业生涯规划教育

1　Ebbutt, D. (1985) Educational Action Research: Some General Concerns and Specific Quibbles, in Burgess, R. (ed.) *Issues in Educational Research: Qualitative Methods*, The Falmer Press.

2　McKernan, J. (1996) *Curriculum Action Research: A Handbook of Methods and Resources for the Reflective Practitioner*, Kogan Page.

方面的演讲。我觉得这是个有价值的选题，对孩子填报高考志愿和选择自己的职业有帮助。我看过金一鸣老师主编过一本关于职业生涯规划的书。我特意去华东师范大学文科大楼金一鸣老师的办公室去拜访他，向他请教。金老师的建议是：这个主题可以写一些小文章，但很难做成博士学位论文。

第四次设计的选题是"新基础教育研究与行动研究的比较"，打算总结"新基础教育"的独特的研究方式，比较新基础教育研究与行动研究两者之间的异同。这个选题受到叶澜老师的鼓励，我也为此申报了相关课题，获得了5000元的资助。可惜，后来感觉自己很难归纳"新基础教育"的独特的研究方法，我无力承担这么大的责任。"德薄而位尊，知小而谋大，力小而任重，鲜不及矣"。[1]

第五次设计的选题是"语言的教育学价值"，那段时间兴致勃勃地读海德格尔以及相关的文献，热衷于"语言学转向"。我的想象是：既然这种语言学转向引发了哲学领域的大变革，也必然可以引发教育学领域的大变革。跟叶澜老师汇报了我的这个意向之后，叶老师也表达了她的支持。可是，等到我后来感觉这个选题做起来越来越艰难的时候，猛然醒悟我在做思辨式的"价值研究"。这不是我的学术强项，我甚至视之为选题的"三个禁忌"之一。于是果断放弃。

第六次设计的选题是"外语教学改革的经验与问题"。这只是一个大方向，主题及其具体的表述形式也还没有想清楚。之所以考虑这个选题，是因为当时我参与了"新基础教育"实验学校之一上海市静安实验学校英语教学改革的指导，在这个过程中我收集了相关的资料，希望将我的研究与我的博士学位论文关联起来。而正是在收集有关外语教学改革的过程中，我遇到了外语教学改革的行动研究的问题。鉴于外语教学改革过于具体，我突然意识到，我可以直接围绕行动研究做成我的博士学位论文。

第七次设计的选题才是"行动研究的史与思"。这既是我个人感兴趣的主题，手头已经积累了大量的资料，也是华东师范大学教育学系的一个传统，

---

[1]　详见《易传·系辞下》。

这里已经有三四个人将这个主题作为硕士或博士学位论文。我唯一要面对的问题是：他人已经围绕这个问题写出了相关的论文，我如何超越那些研究？

博士论文的选题往往决定一个人未来的学术发展方向。有人遇见某个主题，一见钟情，私定终身，不离不弃。有人初次接触某个主题，心花怒放，热情追求，试婚。

2. 后记

在这里自由、畅快地住了三年。

离开之后，不想这地方会有难度。总归会想起从师大后门到三村的那条拐了几道弯的马路，想师大图书馆四楼，想在楼道唱《回到拉萨》的感觉，想圣约翰的故事。

这是一个让人有大片空间享受自由和激情，又时常催促自己静静地仰望夜空的地方。

感谢叶澜老师，她让我的生活朝有光亮的方向往前走。她的智慧和灵性不断地影响我对待专业和生活的态度。

陆有铨老师的豪情与义气，一直打动他身边的所有学生。不少学生把他当朋友或哥们。

熊川武老师为我的学业和生活提供了多方的帮助，我很为之感激。

陈桂生先生给了我不少指教。郑金洲博士耐心地阅读了论文的初稿并不吝给予指教。崔允漷博士、黄向阳博士、李臣之博士、吴刚平博士、郭良菁博士、卜玉华博士为论文提供了弥足珍贵的资料或建议。周勇、岳龙、刘济良、潘艺林、娄立志、张国霖、马和民、阎光才、胡东芳、杨小微、李家成、李伟胜、李政涛、么加利、袁文辉诸位以贡献资料或交谈的方式为论文的形成提供了帮助。感谢所有帮助过我的老师和朋友。

高师妹以她的领导气质和批判精神为论文和我的日常生活世界增添了光泽。

那一帮子坐而论道的、打球的、喝酒的或吹牛瞪眼睛的狐朋好友若叶茂林、侯怀银、张平海、庞维国、张蓉、黄力萍、郅庭瑾诸位，再见。

在我做"队长"的时候，萧刚、周军、周彬、张于堂、李本友、吴迪、何丽君、陈茜、赵捧莲、石芳华、包小红诸君风风火火地"合伙"做事的热情，让我难忘。

七、博士同学

1998—2001 年，我在华东师范大学"读博士"。那是我人生中最美好最浪漫的三年。

那时的博士生看重读书，不读书都不好意思说自己是博士生，没脸见师弟师妹。同学之间，都相互比较自己最近买了什么书，在读什么书。午餐或者晚餐之后，要么散步去图书馆的中兴书店看看有什么新书，要么去丽娃河边的丽娃书店随便翻翻，有时也可能去枣阳路上的后校门斜对面的旧书店，看看有什么打折的好书。

那时大家讨论得最多的是海德格尔的存在哲学和胡塞尔的现象学。好像不读或者完全不懂一点海德格尔哲学，会感觉很丢人，对不住自己的专业身份。除此之外，还会讨论赵汀阳的《论可能生活》。看赵汀阳的简历，知道他与我们几乎是同时代人。他的书和他的文字功夫如此成熟，让我们唏嘘不已。

他们知道我是叶澜老师的学生，我又喜欢在同学中卖弄自己如何读海德格尔哲学和胡塞尔哲学，这让有些同学感觉我是高人。当时女博士中间流行一个说法：常波的身材，娄志的眼睛，刘良华的脑袋。常波是体育系的博士生，一米八的个子，身材好。娄志是山东人，五官方正，浓眉大眼，美得不可方物。我并非聪明之辈，好虚荣，喜欢卖弄，如此而已。

读博期间总是有足够的时间读书。读书其实不是一个人的事，因为读书之后，会在同学之间交流。睡觉之前，偶尔会去同学寝室串门，交流读书心得，或者去师兄的寝室，向他请教海德格尔某句话到底想说什么。为了能够跟同学分享自己的读书心得，我一个人躲在叶澜老师的办公室里，把门关起来，从早读到晚。晚上回寝室的时候，骑一个破旧的自行车，自行车上安装了一个塑料的喇叭。每次经过丽娃河的桥头，我就按那个塑料喇叭，发出清亮的声音。

读博期间也总是有足够的时间玩乐，玩乐的项目主要包括喝酒、打牌、打球、跳舞、唱歌、郊游。

喝酒是常有的事，陆有铨老师也经常加入进来。华东师范大学后校门对面有一家火锅店，若吃火锅，啤酒免费。我们七八个同学，加上陆有铨老师，喝了三箱啤酒，每箱 12 瓶，从下午一直喝到天黑，再喝到凌晨。晚上 12 点过后，后校门关门。关门后，我们翻墙而入。若陆老师在场，我们会提议绕道正门。他虽年近六旬，却从不服老，捋起袖子，爬上三米多高的铁门，扶摇直上，铁门摇摇晃晃，顺势而下。不仅翻墙，而且继续骑车。我与"侯哥"担心陆老师路上出状况，一路骑车追随，直到他安全到家。返回途中，"侯哥"迷迷糊糊，骑车径直冲上内环高架，被警察发现，奋起直追。第二天，我问"侯哥"为何上高架桥，他反复说："哪有？你这娃，烦死了，烦死了。"第二天，几个同学再去喝酒，走到了后校门，发现都没带钱，于是给体育系的"黄大姐"打电话，让她带钱来请我们吃宵夜。"黄大姐"是在职博士生，家境富裕，为人豪爽。我们在后校门口等她，她笑嘻嘻地跑过来，跟我们一起去喝酒。喝酒的另一个主题是庆祝生日。生日礼物不重要，庆生的地点也不重要，重要的是持续增加喝酒的理由和主题。也有经济条件好的同学，比如叶茂林，他生日时，会请我们去上海虹许路一家比较高档的酒店吃大王蛇，喝蛇胆酒。

不仅喝酒，也打牌或打球。在一个寝室打牌或聊天不能连续重复两次，这是潜规则。次数多了，会影响自己读书和写作，也会干扰寝室的另一个同学。有一次在博士楼五楼的一个寝室连续两次打牌、聊天，寝室的另一个同学随后就在门上张贴布告：正在写作，请勿打扰。

打球一般在晚餐之前，下午 4 点左右。读书累了，太阳下山了，还没到晚餐的时间，正好去打球。叶茂林主要打篮球和排球，偶尔也打羽毛球或乒乓球，我主打排球和乒乓球，偶尔跟他们一起去踢足球或打篮球、保龄球。我最喜欢的项目是排球。我负责二传，师弟肖刚扣球。每次完成一次默契的配合，就击掌庆祝。打乒乓球时，我们一律拜"老贾"为师。"老贾"在深圳大学任职，有钱而任性，带我们买各种类型的球拍，亲自帮我们粘贴胶皮。

他对乒乓球之爱，远胜于教育学专业。每晚上床睡觉之前，他必用专用抹布清洗他的爱拍，晾干，带到床上，凝视球拍一两分钟，嗅球拍的味道。礼毕，将球拍置于枕边，方可安然入睡。"老贾"组织各种范围的乒乓球赛。在他的带动下，我参加过华东师范大学教育系研究生乒乓球比赛、全校研究生乒乓球比赛，也乘车去上海市一家工厂参加那里的乒乓球联谊赛。打球时，会邀请郅庭瑾和阎文珍师妹参战。"老贾"说，乒乓球是中美建交的重要外交手段，友谊第一，打球第二。

周五或者周六的晚上，学校两个地方可以跳舞。一个是大学生学生食堂，后来那里改造成了校史展览馆；一个是工会舞厅。前者学生居多，后者老师居多。我们博士生中很多同学原本是在职的老师，更喜欢去工会跳舞。叶茂林是篮球和排球爱好者，也是跳舞高手。后来大家只热衷于打游戏或看手机，走上不归路，不跳舞了，跳舞厅也没了。

那时学校电影院后面有一个临时搭建的房子，里面可以唱歌。叶茂林会唱粤语歌，我虽在广州混过两年，但不会唱粤语，我只唱《回到拉萨》。不仅在歌厅唱，回到寝室之前，进入博士楼，在楼道里也会大声吼两句。在楼道里不好唱太多，每次只唱头两句，就收场。那年我和老贾住528寝室。我在走廊里唱《回到拉萨》，他也唱。他唱歌走调，也改动歌词。他的唱法是："回到拉萨，回到528。"从一楼一直唱到五楼。一年后，有同学真的去了拉萨，拍了很多拉萨的照片，在学生食堂附近墙壁上办了一个展览。展览的前言是："去年这个时候，每到晚上快要睡觉的时刻，对面的博士楼就有人高歌：回到拉萨，回到布达拉。回到拉萨，回到布达拉宫。戛然而止，再也没有了下文。今年暑假，我去了拉萨，拍了照片，带回一个真实的拉萨。"高师妹吃饭回来，告诉我："有人在食堂那里办了一个拉萨采风展览，前言里好像提到你了哦。"我去看了，显然是在说我的故事。那次我带高师妹去歌厅唱歌，突然想起那个拉萨采风的同学，让同学去找她，我答应唱完整的《回到拉萨》给她听。可惜那天晚上她出去了，没找到。那个学期末，学校举办研究生毕业晚会，在几个同学的怂恿下，我在晚会上完整地唱了《回到拉萨》。我唱歌的时候，有献花的，有拿水的，有助威的。唱完之后，一帮同学去大草坪围成一圈，继续哼唱。

　　到了五四青年节或者春末夏初的季节，就会有同学组织郊游。第一次郊游是去绍兴，喝黄酒。那次我没去，很遗憾。第二次去了青年文化主题公园，在那里烧烤，玩飞盘。玩飞盘的时候，谁失手了，就做三个俯卧撑。侯怀银同学总是失手，总是让飞盘掉到地上。他长得膘肥体壮，人又厚道，守承诺，尽管每次做俯卧撑都比较艰难，动作不完整，但认真。一旦他做俯卧撑，就有人乘机去拍打他的屁股，全场欢呼。那年春末夏初，十几个同学相约骑自行车去郊游，从华东师范大学一直往虹桥机场的方向骑行。有同学骑到精疲力竭了，中途掉队，休养生息，我们在前面停下来等她们。晚上安全回来之后，喝酒庆祝。

　　那年放寒假之前，我给叶澜老师提交月末汇报的时候，我在汇报开头就说："这段时间过得很幸福很快乐。"

　　第二年开学时，叶老师提醒我：不能光玩，不能太快乐，要读书。

第三部分
成家立业

遇见高师妹

一、西师的约会

我和高师妹在同一年进入"西师"(西南师范大学,后改为西南大学)。其实,我 1992 年已经考上硕士,由于学校招生名额有限,我推迟一年入学。天灵灵,地灵灵,"西师"让我推迟一年入学,正好安排了我与高师妹的约会。

我们两个人对选择"伴侣"的标准都比较奇怪。她对男朋友的要求是:"愿意陪我逛街。"我对她说:"这好办,我就喜欢干这事。"我对女朋友的要求是:"不吵架。"因为我小时候总是听家里人吵架,有心理障碍。她说:"这事也好办,我长这么大几乎没有跟人吵过架。"

于是我们两个人一拍即合。

高师妹是河北衡水人,语言规范,说话字正腔圆。我们在重庆读书的时候,她最初几乎听不懂重庆话。熊老师给我们上课时满口四川方言,他特意问:"我说话你们懂得起吗?"我们都说:"懂得起。"熊老师就感叹:"是嘛,重庆话和湖北话是一个语系的。以前湖广填四川，就有了重庆话。我们说的话本来就是官话。"

高师妹大概只听懂了最后那句话，下课后她就问我："还官话呢？我怎么听不懂？"我问她："你不是说你懂得起吗？"她就说："以后可能会懂。"

离开重庆之前，高师妹真的能听懂重庆话了。离开重庆之后，她一直怀念重庆话，喜欢看电视剧《山城棒棒军》。

其实，我猜她是怀念西师。在那个地方，高师妹比较喜欢的树是铁树。西师的办公楼和图书馆周围有很多铁树。她为什么喜欢铁树啊？真是搞不懂。

她比较喜欢的地方是西师正门的花园，那里有毛主席的雕像，雕像的周围是花草树木。在傍晚的时候，我们几个同学常常在那里聚会。

她比较喜欢的娱乐项目是爬山。西师校园里面就有两座山，从杏园的宿舍门口出来，左边是山，我们叫它"东山"；右边也是山，我们叫它"西山"。我和高师妹经常在东山散步，在西山野餐。

那天傍晚，在西山正准备野餐，有一个冒充保安的人过来干涉。他的理由是："此处容易滑坡，不许停留。"高师妹羞愧难当，要拉着我跑开。我停住，站在那里，恨恨地要他出示证件。那人说："没带证件。"我威胁他："没有证件？我怎么知道你不是骗子？要不我们一起去保安科？"那人借口"还有别的事"，悻悻地走开。然后，我向高师妹炫耀："你知道什么叫临危不乱、从容淡定了吧？"

高师妹比较喜欢的休闲项目是织毛衣。她在重庆给我织过一件毛衣，一条围巾。她是河北人，把围巾称为"围脖"。后来我发现字典上真的有"围脖"这个词，太奇怪了。那件毛衣被我弄丢了，落在一家小餐馆，回头就找不到了。那条"围脖"至今还保存在衣柜里。在广州生活虽然少用"围脖"，但每次拿出来亮相的时候，我发现那的确是我所见到的最美好的"围脖"。

自从我们确定了婚恋关系之后，我喊她高师妹，我所有认识她的朋友都喊她高师妹。后来，她的博士生导师陆有铨老师也模仿我喊她高师妹。

在上海读博士期间，我经常给高师妹写信。每次都是同样的信封、同样的邮票、同样的厚度。信封上最初写"广东教育学院教育系高慎英收"，后来写"广东教育学院教育系高师妹收"，最后变成了"广东教育学院高师妹收"。

二、高师妹的性格

1. 挤牙膏的故事

大学时，我遇到一位老师，他们家就经常因为"挤牙膏"的问题而不断发生争吵。他爱人不断提醒："从牙膏的后半部往上挤，牙膏会一直保持比较好的体形。如果拿起来就捏中间，牙膏会变得皱皱巴巴，很难看。"可是，无论他爱人如何提醒，他每次挤牙膏时，总是拿起牙膏就往中间捏。一旦捏中间，牙膏就往两边跑。

于是，他爱人就经常跟他吵架：你怎么老是忘记了？为什么故意跟我唱反调？为什么就不能从下面往上面挤？

那位老师经常给我们讲述他的爱人如何每天都盯着他挤牙膏的故事。他每次挤牙膏时，总担心背后有人，弄得提心吊胆的。

我当时就发誓，结婚后，我一定买两支牙膏。

可是，我结婚后也只买了一支牙膏。我们家里的牙膏一般不会皱皱巴巴的。因为高师妹早起，她挤牙膏的习惯是：拿起牙膏就往中间捏。这一捏牙膏肯定会变形。我起床比较晚，我挤牙膏的时候，总是从下面往上面捏。无论高师妹挤过的牙膏如何变形，我挤牙膏之后，牙膏就会恢复原形。

我曾经提醒过高师妹，告诉她挤牙膏的正确方式，可是她并不当一回事。有一段时间我经常出差，每次出差回来挤牙膏时，我都会认真地整理牙膏的形状。

直到有一天，我忽然想起我的那个挤牙膏的大学老师，才开始不再对挤牙膏的事耿耿于怀。

家庭生活幸福是比较困难的。各家都有自己的难处。但很多家庭的不幸并不是因为房子太小，挣钱太少，而是因为不宽容。

高师妹的日子一直过得不错，主要是因为她对任何人都很少挑剔。偶尔她也会说："你要是像人家叶茂林那样会挣钱就好了。"我知道，这些话她并不当真，她不在乎这个。

高师妹宽容一切，她是女版的弥勒佛。

2. 花瓶与盘子

高师妹追求简单而不慕虚荣。我买衣服，不论整体感觉如何，先看服装的牌子。高师妹买衣服，从来不看牌子，只关注整体效果。

我们领结婚证的那天下午，我特意提前回家，在路上，给她买了一束玫瑰。为了让她的房间经常有玫瑰，我到广东教育学院附近新港东路的一家瓷器店买了一只漂亮的花瓶。

进门的时候，高师妹看到那么大一束玫瑰花，也看到了那只花瓶。我看着她，等她说话。

没想到她说："是不是很贵？"

我说："是啊。今天是重要的日子，俺一生只结一次婚。"

她问："花瓶多少钱？"

我说："一百多块。"

她问："花瓶在哪儿买的？"

我说："新港东路的瓷器店。"

她问："可以换吗？"

我说："可以。"

她又问："可以换成盘子和碗吗？"

我很吃惊，问："为什么啊？"

她说："现在我们这么穷，换成盘子和碗更实用。一百多块钱可以换很多盘子和碗呢。"

那天晚上，我们赶到新港中路的瓷器店，用那只漂亮的花瓶，换回了一堆盘子和碗。那些盘子和碗直到今天还在发挥它们的实用价值。

3. 成为独立而强大的人

高师妹与我的性格相反，我们两人为人处世的方式也截然相反。

我性情急躁，自负而虚荣，追求乾坤独断，喜欢背后臧否人物。又自视甚高，小有成就，则喜形于色；稍得志，则张狂。

高师妹不这样，她性情温和、谦逊，从不自以为是，随时用商量和请教的态度提出自己的意见。一年四季从容生活，气定神闲。她父母教给她一个信条："无论有多少只羊，都会赶到山上去。"无论遇到何种困难，无论发生什么不愉快的事情，一律兵来将挡，水来土掩。当我感到困扰或焦虑的时候，她会举重若轻地帮我处理。遇到需要整理材料或者填报表格之类的事情，我会焦躁，想逃避，高师妹却不同，她有足够的耐心。

高师妹向来与人为善，不发火，不吵架，不背后臧否人物。她不会轻易跟他人有深度的交往，很少有自己的朋友，我的朋友，就是她的朋友。这似乎是一个缺憾。但她跟任何人都不会有深仇大恨，不与任何人交恶，她对他人原本期望不高，又总能发现他人的优点。

她有自己的学术追求，喜欢研究"成语故事"和"童话故事"中的教育学智慧，喜欢研究幼儿教育和家庭教育。她的博士学位论文专门研究"体验学习"，出版成书时，书名就是《体验学习论》。她有多大的学术成就和学术激情，这不重要，重要的是，她有自己的兴趣和主题，这让她更加独立。我总鼓励我父母或姐妹要找到自己感兴趣的事情，不要让自己无所事事，因为无事则生非。但在高师妹这里，我从来不为她操心这样的问题。高师妹从不惹事，没有无事生非的可能性。

高师妹独立而强大。她是自成体系、自成一体的人。她随时愿意与他人合作共事；无事则自己阅读或写作。用之则行，舍之则藏，进退自如。举世纷扰躁动，高师妹守其宁静。知其白，守其黑；知其刚，守其柔。

高师妹还有一个本领：如果困了，她躺到床上或者沙发上，即刻入睡，像开关。我曾经怀疑，性格稳定、温和、宽容的人，除了源自后天的修炼，是否也有身体的原因。一般而言，能够快速入睡的人，往往性情温和、心胸开阔。相反，像我这样入睡不易的人，往往工于心计，心胸狭窄。

高师妹是上帝派来拯救我的人。山无棱，天地合，乃敢与君绝。

遇见高师妹之后，我跟很多朋友说："想找女朋友吗？最好找河北女人。"

三、美好的 O 型气质

血型与人的气质或性格究竟有多大的牵连，现在还很难说。有一种关于 A 型血的解释，大体接近我的性格。从高师妹的日常行为和追求来看，有一种关于 O 型血的描述，大体接近高师妹的气质[1]：

A 型性格的特征是感情丰富、敏感、理想主义、渴望和谐一致。A 型性格的人重视他人，他们有灵敏的"天线"去感受别人的内心状态，照顾别人的感觉，所以，他们是理想的顾问、帮手、保护者及聆听者，给人温暖与安全感。但不是所有人都能够同样地了解他的感受与需要，所以人们必须很郑重地与他们交往，而他是一种极度渴望被需要的人，害怕遭到别人的拒绝。他们渴望和谐一致，因为他们不能够轻松地回避自己的侵略性。生气的感觉是危险的，因为他们担心当他们发泄怒气时会遭到拒绝并失去人们对他们的喜爱，因此 A 型性格的人喜欢隐藏自己易怒的性格，但怒气只能在隐藏中积聚而不会真正地消散，他们的怒气一旦突然爆发，会使所有涉及者大为吃惊。没人能够料到，A 型性格的人已经长时间勤奋地在他们的怒气收集本中做记号，而现在就是"清算之日"了。这对人们的警告是，不应该过长时间以及频繁地利用 A 型性格的忍耐能力。

A 型血是一个顺从型的血型，这样的孩子很容易受教育，他们常常被父母称赞是容易照顾的孩子。因为任何"火药味"的争辩都能够使他们发疯，而一切紧张都很容易把他们击倒，让他们处于惶恐之中。他们的弱点是，他们期望从他人身上得到很多很多，如果这些过高的期望不能实现，一切好感都会在一瞬间变成失望，甚至是愤怒。A 型性格的孩子容易受伤，这是他们为敏感和丰富的内心世界所付出的代价。对于某种情绪，他们通常会有相比其他

1　相关解释参见：［德］艾克曼，《血型的秘密》，陈婕译，哈尔滨出版社 2008 年版。另参见：续金健，《血型密码》，新世界出版社 2009 年版。［日］能见正比古，《血型与性格》，陶粟娟等译，北方文艺出版社 1988 年版。［日］铃木芳正，《血型性格学》，于红雨等译，黑龙江人民出版社 1999 年版。［日］铃木芳正，《血型与儿童教育》，于红雨等译，民族出版社 1988 年版。有关血型与性格的关系的研究，目前仍然在争议之中，尚缺乏令人信服的实证研究。

人双倍甚至三倍的深刻体验。他们比成年人所能设想的还要认真和脆弱。所以，惩罚对他们影响强烈并唤起他们深刻的内疚感，只能较少地使用。

与 A 型性格几乎相反，B 型性格更多地显示为固执和坚定。他们有条理、认真、节制、固执、坚定、可靠，是典型的实干家和出色的组织者。"原则"对于 B 型性格的人至关重要，必须有条理，行为必须合适。他们不仅喜欢一目了然和准时，而且喜欢一丝不苟地作计划，为一次旅行安排紧凑的行程，或为购买汽车而探听未来的油价或停车位价格，为子女编制文件夹，细致地保存着各种成绩单、图画、照片、接种疫苗的数据，等等。他们自制、节俭、忍耐，这些品质成就了众多的这种血型性格的富翁和成功人士。但是他们也有缺点，他们不够浪漫（在他们眼中这些可能算不上什么），对一些事斤斤计较（在他们眼中这些事可能特别重要），很容易被激怒，说话很直接，让人觉得难于相处，他们不是良好的合作者，因为他们好像并不需要一个真实的对手，他们只关注自己能做到什么，并成为自己的主人，对于别人，也有较强的支配欲，"这里我说了算，我就是法律"。

B 型性格的孩子相对 A 型性格的孩子来说显得更加成熟，因为他们表现得更理智和清醒。他们在理科上的成绩往往比较突出，常被夸为"聪明的孩子"。但是他们稍微有些固执，为了自己的权利会固执地斗争；他们不喜欢与人合作，如果有人不遵守约定，那么情况会更严重，为了惩罚他人，他们宁愿全线退出。用普通的教育方法，很难"对付"他们。B 型性格的孩子有强烈的责任心和上进心，想要解决他们的问题最好的办法是鼓励他们直接讲出自己的想法。

也就是说，基本的血型只有两种：A 型和 B 型。AB 型血是 A 型血和 B 型血相结合的结果。若双亲的 A 型和 B 型血液没有一方占优势，而是合成了一种既不是 A 也不是 B 的血型。这种结合有两种情况：一种是不太稳定的结合，即 A 型血与 B 型血的成分接近平衡，这是一般意义上的 AB 型血，可称之为 AB1 型。另一种是稳定的结合，即 A 型血和 B 型血的比例近乎完美地平衡、稳定，此时形成一般意义上的 O 型血，可称之为 AB2 型。

也就是说，O 型血（AB2）是 A 型和 B 型血的比较稳定的结合。而 AB

型血（AB1）是 A 型和 B 型血的不那么稳定的混合。

AB 型的典型性格是"没有性格"，因为既包含有 A 型性格，又包含 B 型性格，这导致拥有这种"混合"血液的人时而像 A 型性格，时而像 B 型性格，有时又是一种全新的性格。这种"没有性格"的性格使拥有 AB 型性格的人难以捉摸和令人惊叹。他们神秘、迷人和充满魅力，有着非凡的创造力和直觉能力，天生具有艺术天赋，富有表现力。他们既内向又外向，出现在公众场合时有时拘谨，有时自信。这不知是取决于当天的心情还是身体状况，连他们自己都难以确定到底哪个是真的自己。而且，他们经常掩饰内心的感受，让人更加难以理解。但这并不妨碍人们喜欢与他交往，因为他们比较单纯。AB 型性格的人不善于勾心斗角，不具攻击性，却也不会任人摆布。在做某件事情之前，他们必须获得充分的自我解释和自我说法。如果没有说服自己的理由，他们不会采取行动。

相对来说，不稳定的 AB 型性格更趋近于 A 型性格，他们出众的敏感和艺术气质使他们看起来更像是同一类人，而 B 型性格的条理、规则、节制、固执常常使他们感到威胁。一个 B 型血的母亲很可能看不惯自己 AB 型血的孩子的异想天开、喜怒无常、胆怯、内向。她觉得这根本不像是她的亲生骨肉。她会一再尝试把孩子培养成像她那么"有条理"、"守规矩"、"雷厉风行"。遗憾的是，这样只会扭曲孩子的性格。AB 型性格的人需要的是稳定，其需要的是理解与赏识。他们的无限的幻想、幼稚的天真、时而忧郁时而活泼的气质、需要保护的样子看起来是那样惹人喜爱。如果父母想要"修理"他们的个性与多彩的生活，可能会使他们失去全部自信。他们需要的是：给他们时间、空间以及让其独立，接受其独一无二，不要企图改变其性格以适应环境。

O 型血的人是领导者和决策者的代表。他们明智、自信、健壮、免疫系统强大、精力充沛、吃苦耐劳，并且有极强的适应能力。他们野心勃勃、勇敢无畏、能屈能伸，极少会不知所措。他们这些优异的性格与能力可能缘于"整体大于部分之和"的数学定理，因为 O 型血是 A 型血与 B 型血的比较稳定的结合。在他们的性格中，也处处表现出稳定的品质。

总之，A 型性格显示为：内向、谨慎、多疑而沉思、重细节、重技艺、完美主义、守秩序、有团队精神。B 型性格显示为：外向、乐观豁达而粗心大意、灵活敏捷、追求自由、缺乏协作、行为散漫、随大流而凑热闹。AB 型性格则显示为：谨慎、细腻、直觉能力发达而有艺术气质，唯一的遗憾是容易疲劳而嗜睡。而 O 型性格则显示为：奔放、精力充沛、身体强健、有强烈的竞争意识却又容易鲁莽冲动、大胆冒险。O 型血的人往往重视直接的经验而拒绝复杂的沉思。

　　高师妹是 O 型血，拥有美好的 O 型气质。

可可的成长

一、3 岁前后的感觉

1. 情感

在可可出生前后，我和高师妹开始关注家庭教育。对于家庭教育，我们认可一个基本观念：孩子成长有三个关键年龄，不同的关键年龄需要接受不同的教育。

可可 3 岁前后，主要由高师妹和岳母陪伴。

高师妹性情温和、字正腔圆，正好可以为可可发展语感、情感和动感提供专业化的支持。在可可 3 岁前后，高师妹为她提供了足够自由的环境。

高师妹陪可可读绘本，讲故事，做游戏。岳母主要负责可可的饮食。可可从小身体结实，与岳母的厨艺有关。岳母是河北人，擅长做面食。我在家的时候，岳母做米饭和炒菜。我出差的时候，岳母做饺子或馒头。可可既有湖北人的饮食习惯，偶尔也能吃辣，还能像北方人那样吃饺子和馒头。可可有时甚至能像北方人那样，把大葱加在馒头里，大口大口地吃进去。

那时住在广州海珠区大江苑。在珠江边上，高师妹和岳母经常带可可到江边散步。从大江苑往西边走 1 公里，就是中山大学。她们偶尔会进入中山大学校园，从北门进去，从西门出来，西门旁边有学而优书店。从大江苑往东走 500 米，过了广州大道的天桥，就是广东教育学院。

可可有时会跟着高师妹和岳母去广东教育学院的操场或学院后面领事馆区的草坪上奔跑。后来，广东教育学院更名为广东第二师范学院，领事馆区建起了房子，"小蛮腰"也在附近突然耸立。可可开始改变她的活动范围，她游玩的地方转移到二沙岛，或者更远的地方。

我们家里三个大人陪伴可可，按照人物的重要程度，可可的排序是：妈妈第一，奶奶（外婆）第二，爸爸第三。

我的排名靠后很正常。我常年在外出差，即便在家里，也常常关闭在书房里写作。写作的时候，总是面对窗户，背对房门。可可偶尔会站在房门口，看我在忙碌翻书或写作。3 岁前后，可可是看着我的背影长大的。

我写《叙事教育学》的那一年，经常住番禺南浦海滨花园。可可几乎每周都跟高师妹去那里玩。南浦海滨花园有一个游艇形状的小岛，周围是"护城河"，河上有几座木板桥（后来变成了水泥桥）。可可把那些木板桥称为"小竹桥"。每次从桥这头走到桥那头，可可就会跟外婆一起唱："小竹桥，摇啊摇，有只小猪要过桥。"

上幼儿园后，可可学唱儿歌"数鸭子"。从那以后，每次到了"小竹桥"，可可就开始唱她的"数鸭子"：

门前大桥下，游过一群鸭。快来快来数一数，二四六七八。嘎嘎嘎嘎，真呀真多呀。数不清到底多少鸭，数不清到底多少鸭。

赶鸭老爷爷，胡子白花花。唱呀唱着家乡戏，还会说笑话。小孩，小孩，快快上学校，别考个鸭蛋抱回家，别考个鸭蛋抱回家。

2. 语感

可可的普通话是跟高师妹学的。岳母跟可可说话时，也用普通话，但岳母跟高师妹说话时，只说河北衡水话。后来，可可偶尔也学岳母说几句河北衡水话。

高师妹负责可可的普通话，因为长时间跟高师妹在一起，可可很快就掌握了儿化音。我只关注可可的英语。可可3岁前后，我开始留意《天线宝宝》等英语节目。后来开始推荐可可看《托马斯小火车》《迪士尼神奇英语》，可可上小学后，我推荐她看《成长的烦恼》，陪她看《哈利·波特》《分歧者》等英文电影。在初中时，可可开始看《老友记》，我推荐她看《生活大爆炸》。

可可在小学二年级时，就开始显示出对英语学科的偏好，能比较自信地与外国人用英语对话。

如果母语、英语、数学、音乐、美术也属于"语言系统"，都属于"语感"范围，那么，高师妹重点关注了母语、音乐和美术，高师妹比较关注可可唱歌、弹钢琴和绘画。高师妹一直坚持陪可可定期去学唱歌、跳舞、画画或练书法。后来，可可把业余爱好的重点放在游泳和弹钢琴两个项目上，一度暂停了唱歌、跳舞、画画或练书法。但是，只要有了空隙，可可又会鼓动高师妹陪她去学唱歌、跳舞、画画或练书法。

数学也是一门语言，但我和高师妹都不太重视可可的数学学习。我调侃说：小孩数学成绩太好，容易自闭。不过，身边不断有朋友提醒：数学学习要适度超前，否则考重点初中时，会遇到困难。高师妹有几次动心了，带可可去考察"学而思"之类的机构。后来还是没有"超前学数学"。在整个小学阶段，可可没有花太多的时间学数学。可可的数学成绩一直处于平均状态。

可可的特长是英语，这给她整个学习带来了信心。

3. 动感

3岁前后的孩子是个"工作狂"。可可的主要"工作"是折腾，像小猫小狗小鸡小鸭子一样折腾。她对陌生人没什么兴趣，对动物最有兴趣。看到动物，就觉得找到了组织。

她会把所有的柜子都拉出来，然后把抽屉里的发票、证件、相片、钉子、锤子……全部散扔到地上。为了防止她翻箱倒柜，高师妹把所有的柜子都上了锁，无法上锁的柜子就用绳子围住，打了疙瘩。为了不让可可解开疙瘩，高师妹把绳子打了死结。绳子约束了小孩，也限制了大人。每次我从衣柜或抽屉里拿取器物时，就比较着急。

她会把那么沉重的椅子像蚂蚁搬家那样拖到另外的地方。然后借助椅子爬到桌子上去，再把桌子作为跳板，爬到窗台上去晒太阳。为了防止她摔倒，高师妹不得不挪动餐桌，把餐桌搬到另外一个比较安全的地方。那样虽然破坏了家庭装修的结构，但为了孩子的成长还是值得的。

她会跟着她妈妈一起去洗碗，她一定是认为她有权参与所有的家庭事务，你不让她洗碗是不合理的。她不仅要参与洗碗活动，还坚持按照她自己的方式洗碗。用很小的手捏拿一只大碗在水池里面抖动。等到拿起来的时候，就把碗摔到地上了。高师妹的理论是：小孩不摔碗是长不大的。再摔碎几只碗，她就长大了。

她会拿彩色画笔在墙上、椅子上、桌子上乱画。比较要命的是在洁白的床单上乱画。据说儿童的涂鸦具有重要的生命意义和美学意义，高师妹不敢阻拦，我也不敢轻易制止。她想怎么样就怎么样吧。反正她长大之后就不会胡闹了。高师妹看了龙应台的文章之后，发展出一套不着急的幼儿理论。龙应台的说法是："孩子，你慢慢来"。

和所有小孩一样，她会胡闹，完全没有秩序感和制度感，全然不理会所谓的传统、习惯和规则。她吃饭的时候，有时喜欢躺在地上，仰面朝天。只要她愿意张开小嘴巴，大人就可以把饭菜送到她嘴里。据说靠喂饭长大的孩子没有独立性和责任感，后来就调整办法：如果她不想吃，就不让她吃。等到她想吃了，就由她"亲自"拿筷子吃或用手抓饭。

她吃饭的时候还有一个习惯：她愿意把两盘菜放到一个盘子里，她愿意把鱼汤和红烧肉搅拌在一起。大人这时不免会很气愤，但你得忍住。据说孩子有孩子的逻辑，只是成人暂时还不那么理解她的逻辑。不就是把两盘菜放到一个盘子里吗？那有什么了不起的。

那么冷，我们都已经穿上厚厚的棉袄，厚厚的袜子，严严实实的皮鞋，但她坚持光着小脚在冰冷的地上走动。天啊，那么冷，她还赤脚，不生病才怪。但她已经那样光着脚好几天了，依然没有生病。后来光着脚过了一个冬天，也没有感冒或发烧。你能说什么呢？当然也就算了。

那么冷的晚上，我们睡觉时盖上了两层棉被，她就只要盖一层薄薄的毛巾被。毛巾被不保暖，但要那么保暖干什么呢？我很好奇，一直在观察她到底能够坚持多久。终于有一天，她病了，高烧，嗓子哑了。赶紧送她到医院去打吊针。等她病好之后，我们总结经验，再不能让她着凉。可是，她还是不愿意盖厚被子。怎么办？那还能有什么办法？也只好由着她那样。

我有时觉得对小孩不能过于纵容，不能过于迁就，不能让孩子趴在地上吃饭，不能在冷天赤脚走路，不能养成坏习惯……高师妹就立刻嘲笑我：你不是提倡自然教育学吗？那么多不能，那么多禁止，孩子哪还有成长的自由？

我赶紧去找《西游记》，里面有一段话："话表齐天大圣到底是个妖猴……那齐天府下二司仙吏，早晚扶侍，只知日食三餐，夜眠一榻，无事牵萦，自由自在。……今日东游，明日西荡，云去云来，行踪不定。"

孩子有自己的生长速度和生长方向，孩子并不需要大人盯着她。你看，树不需要人整天盯着它如何长高，它自己生长；花开不需要人盯视它如何开放，它自己绽放。

可可两岁的时候，就不允许高师妹或我牵着她的手。我们那时住在9楼，没有电梯，几乎每天都爬楼梯。那样陡峭的楼梯，可可两岁的时候，就一个人独自在楼梯上行走。

我不放心，拉着她，她摆脱，抗议说："我是大姑娘了，大姑娘不拉手。"在大街上，人来人往，那是多么危险的事。我抱着我孩子，她呼喊："下来吧！下来吧！"

我就让她下来，她自己穿行在拥挤的街道上。我担心，牵着她，她还是摆脱，她愿意一个人在前面走，她愿意在前面为我们引路，呼吁我们跟上她。

孩子喜欢自由，想自己做主。她在自己做主的过程中不可避免地会出现一些错误甚至会遇到一些危险。也许，这是成长必须付出的代价。

可可那么喜欢自由，自由之后，她会好奇地寻找她感兴趣的事情。自由只是形式，自由的内容是兴趣和好奇心。按照罗素的说法，他会像一只猫在房间里西闻闻，东嗅嗅，不放过每个角落和每件家具。这就是正当而纯朴的好奇心。你可以从儿童身上看到这种冲动。[1]

据说，孩子3岁前后需要接受宽松教育，不要给3岁前后的孩子定太多规矩。否则，孩子会变得胆小谨慎，没脑子，没主见，养成退缩型、躲闪型的人格。

还好，可可3岁前后，我们没有过多干涉她的自由。

二、9 岁前后的规则

1. 可可弹钢琴

4岁半，高师妹开始陪伴可可弹钢琴。孩子何时开始弹钢琴比较合适？为此我们请教过不少钢琴专业的老师，他们说：在4岁以前，孩子的小肌肉腱还没有长出来，弹钢琴容易使手指受伤。而且，4岁前的孩子缺乏必要的心智和意志力。但是，5岁以后再开始弹钢琴，又错过了孩子培养乐感的关键期。所以，最好在4岁半开始弹钢琴。

买钢琴之前，高师妹带可可看过多家钢琴培训班和琴行。多次征求可可的意见，确认可可愿意弹钢琴之后，高师妹带可可亲自去挑选钢琴。最初，高师妹亲自陪可可学钢琴，回家后，高师妹辅导可可弹钢琴。如果高师妹出差，就由岳母陪可可学钢琴，回家后，岳母辅导可可弹钢琴。两年之后，高师妹和岳母都赶不上可可的进度了，可可开始独立弹钢琴。

最初，可可对弹钢琴没什么兴趣，高师妹唯一的要求是"坚持"。进入初中后，可可弹钢琴的兴趣陡增，高师妹的要求是"少弹"。可可跟她的同学说："小时候，我妈逼我弹钢琴，因为我不喜欢。到了初中，我妈妈逼我不要弹钢琴，因为我太喜欢。"

有一段时间，她每天都坚持弹1到2个小时的钢琴。最初的激情来自英皇钢琴八级考试。通过之后，她继续弹钢琴，把弹钢琴当作真正的业余爱好了。

1　［英］罗素，《教育与美好生活》，杨汉麟译，河北人民出版社1999年版，第40页。

2. 可可学游泳

小学一年级的暑假，可可就想去学游泳，高师妹带可可去考察了华南师范大学游泳馆的少儿游泳训练班。但可可听说游泳教练会把小孩提起来，扔进水里，让小孩在水里挣扎，她吓怕了，跟她妈妈说："我是坚决不跟教练学游泳的！"高师妹建议我带着可可去学游泳。我虽答应了，但我总是出差，靠不住。于是，高师妹开始纸上谈兵：她自己不会游泳，但相信她可以教会可可游泳。

小学二年级的暑假，高师妹带可可去南浦海滨花园的游泳池学游泳。在那里，也有别的家长教小孩游泳。大家的方法一致：先学憋气。让小孩把头埋进水里，在水里憋气。有些家长着急，看到自己的小孩怕水，不肯憋气，就呵斥，甚至打孩子。

高师妹很得意，她纸上谈兵的第一个原则是：游泳要先学会憋气，但是，如果孩子怕水，则不强迫孩子憋气。让孩子在浅水区自由玩耍、自由浸泡。等孩子和水建立了亲密关系后，再让孩子学憋气。

第三天，高师妹向我报告，可可已经学会憋气了，而且，她已经会游泳了。我问"会游泳是什么意思"，高师妹说："抱着浮板，游几米远。"我问是怎么学会的，高师妹说："可可有一个优点，她能吃苦。为了学会憋气，可可不断尝试。如果不成功，就对妈妈说'重来'、'再来一遍'，让妈妈监督她憋气的效果。"我问"她是如何学会游几米远的"，高师妹说："第一天和第二天只学憋气，学会了憋气之后，第三天就开始抱着浮板游了。"可可邀请我去看她游泳。果然，她真的能"抱着浮板，游几米远"。我建议可可扔掉浮板，让我来抱着她到深水区学游泳。可可试了几次，后来，她还是愿意自己抱着浮板游。

第四天，高师妹回来宣布，可可已经能够不用浮板，把头埋进水里游泳。我问："如果要呼吸怎么办？"可可说："那就停止，呼吸之后，再游。"我告诉可可，可以一边游，一边抬头呼吸。

两天之后，大概是第六天，可可已经会一边游，一边呼吸了。我问可可是怎么学会的，可可说："妈妈教的。"我说："妈妈自己不会游泳，她怎么教你？"可可说："妈妈最大的本事是，只鼓励，不断地鼓励，不批评！"

那年暑假，可可感觉自己已经学会了游泳，只是动作不标准，看到有几个大孩子在游泳池里用标准动作游泳，她很羡慕。高师妹让我教可可标准动作，可是，我自己的动作也不标准，只能报名参加正规的游泳班。后来，可可去北京旅游，二年级的暑假，可可暂停了学游泳。

三年级的暑假一开始，可可就要求报游泳班。高师妹和可可考察了几个游泳班，选择了华景的游泳班。那几天我在外地出差，高师妹在电话里告诉我，可可买了整齐的游泳的装备，高师妹自己也买了，她们计划一起学游泳。

在华景新城的游泳班，可可和一帮小朋友一起学游泳。

先参加"包会班"，学蛙泳，十天。最初在岸上学基本动作，为了掌握基本动作，可可回家时，我看到她的胸前有血印。可可说，那是因为身体趴在岸边，把头埋进水里，做腿和脚的动作，胸前就有血印了。我问"痛吗？"可可说，"当时不痛"。岳母和高师妹每天都在旁边观看可可学游泳，岳母说："这孩子是最努力的，上进心忒强。"

训练五天之后，高师妹说，可可已经学会蛙泳了。十天的蛙泳训练结束之后，可可报名参加了"提高班"，开始学自由泳。她学自由泳的第二天，我从外地出差回来，悄悄地去看可可同学的游泳状态。我发现，可可学游泳的劲头，和她学翻双杠的劲头，是一样一样的。

高师妹自己不会游泳，但她教会了可可游泳。

可可说："看来，纸上谈兵也是管用的。"

进入小学五年级后，可可学会了蝶泳、仰泳、蛙泳和自由泳四种游泳动作，游泳兴趣猛增。每年暑假一到，她就会报名参加各种游泳班训练。最初在华景新城的露天游泳池游泳。可可戴游泳镜在户外暴晒，整个脸都晒黑了，只有两只眼睛那里是白色的，看起来像个"熊猫"。到了9月1号开学的那天，她回到学校，全班同学都为她的"熊猫脸"惊呼。

此后，每年暑假出去旅游，可可都带上泳衣、泳镜和泳帽。到了宾馆，可可就提议去找游泳池。她一旦下水，整个泳池的人都会看她在"蝶、仰、蛙、自"四种动作之间转换，有人会去询问：你在哪里学会的？学了多久？学蝶泳是不是很难？

这个时候，可可同学就会显得很谦逊地回答他们的提问。

从泳池出来后，我问她："听到有人夸你的游泳动作，是不是很得意啊？"

可可说："有一点。"

我问："他们向你请教的时候，你显得很谦逊哦。"

可可说："全靠装。"

在这点上，像她爸。

3. 可可翻双杠

不知道可可为什么会喜欢翻双杠这个项目，这个项目似乎也不怎么适合淑女。但，可可就是喜欢上了。每天中午和晚上放学之后，可可会拉着她的几个死党往双杠那里跑。学校中午 12 点 10 分放学，如果放学后直接回家，可可 12 点 15 分就可以回到家里。但，可可不到 12 点 30 分以后，是不会回家的。往往要玩到 12 点 45 分甚至 13 点，她才周身流汗地跑回来。第一次我们没有经验，她 12 点 30 分还没回家，我们在家里很着急，担心她在路上出事故。到了 12 点 45 分还没回家，我们就赶紧给她的同学家里打电话询问有关信息。等到 12 点 50 分，她带着满脸的成就感回家了。我压住愤怒，问她为什么那么晚才回家，知不知道家里人多么着急。她轻松地说："我们几个同学一起玩双杠去了啊。"我问："还有谁一起玩双杠？别的同学的家长不会着急吗？"她说："最初有五六个同学一起玩，后来只剩下我和另外一个同学。最后另外一个同学回家了，我才离开。"据说，一个同学有一天中午和她一起玩双杠，回家晚了，被她妈妈严厉指责，要求在规定的时间之前必须回到家里。从那以后，她再也不敢和可可一起玩双杠了。

我和可可同学约定：可以玩双杠，可以晚点回家，但，如果是放学后去其他同学家里，那么，必须给家里人打电话，家长同意后，才能到同学家里去。

于是，可可同学每天就成为她们学校最后一批离开学校的人。学校中午 12 点 10 分放学，可可一般在 12 点 40 分回家。中午玩双杠的时间是半个小时。学校下午 15 点半或 16 点放学，可可每天坚持不懈地在 17 点或 17 点半回家。下午玩双杠的时间是 1 个小时以上。

玩双杠的地方在他们学校的露天操场，可可同学因为每天在那里疯玩，曝晒在岭南的毒太阳之下，皮肤明显晒黑。为了保持淑女的形象，可可请求购买防晒霜。高师妹满足了她的要求。

晒黑尚不成问题，最大的问题是手掌磨出了多个血泡。嫩嫩的两只小手，已经布满了老茧。翻双杠磨出了血泡之后，高师妹劝可可休息几天。可可果决地说："不可能啊！一天都不能少。"

在玩双杠的一群人中，可可最初的技术并不好。但，不到半年，可可就从她的同学那里学会了各种玩双杠的高难度动作。每一段时间，集中学一个动作。一个动作熟练之后，就一定会玩一个新的花样或提高难度。可可告诉我，她目前最厉害的招数是：别的同学只能一格一格地抓住头顶上的铁栏交叉行走，她却可以越过四格在空中行走。到目前为止，没人超越她。

我终于明白了可可同学狂热喜欢玩双杠的原因：因为有挑战性，又有成就感。

我愿意鼓励可可坚持玩这样比较野蛮的游戏，因为这样的游戏可以让身体变得有野性，可以增加在户外的活动时间。

类似知识学习的活动主要在户内，类似玩双杠的活动主要在户外。学校的诞生使原始人由户外活动转移到户内，能够拯救人类或能够使人类再次返回户外的，唯有体育。

4. 可可的运动会

小学一年级时，可可的学校在华南师范大学运动场举办运动会。可可参加了三个项目的比赛。

可可参加的第一个项目是 60 米短跑。她平时最喜欢做的游戏就是跟男孩相互追逐，这训练了她跑步的速度。后来，她发现学校不鼓励下课期间相互奔跑，因为那样容易引发事故。于是，她就改为在走廊里"竞走"。如果有男孩逗她，她就以"竞走"的办法来追逐男孩。可可几次跟我吹牛说，她跑步可快了，竞走速度尤其快。我跟她比试过几次，她竞走速度确实了得。我猜想她跑步的速度一定不慢，估计她在女子 60 米短跑中会拿前三名。

遗憾的是，第一天上午 60 米短跑竞赛，她没有获得决赛的资格。上午 11

点我去找她的时候，她蹲在看台上画画，看我一眼，没表情。高师妹告诉我：没进入决赛，因为起步慢了一点。我看看可可，想安慰她，但她蹲在那里画画，不给我说话的机会。孩子有自己排解失落的办法，我的安慰可能反而会强化她的失落。于是，我蹲下来，跟她一起画画。化解失败或失落的最佳办法，可能就是转移注意力。

下午我有课，下课后，高师妹在电话里兴奋地告诉我：可可的一（2）班在"接力赛"中获得第三名。每个班 30 人参加接力，除了比速度，还比团队的配合（交接时不掉棒子），比班级的士气。高师妹最开心的是，可可是最后一棒，她接过棒子后，一路疯狂地奔跑，追上并超过了跑在她前面的一个同学。

我很后悔，要是我在现场，看她如何超过前面的人，那是多么开心的事。

晚上我问："我该如何奖励你呢？"可可说："吃一个面包就行。"

第二天上午，可可参加的项目是跳远。我赶过去的时候，她和另外一个同班同学光着脚，打算赤脚跳远。我几次建议她们穿上运动鞋，因为运动鞋有弹力，可以帮她们跳得更远。她的同学接受了我的建议，可可却不听，依然准备光着脚跳远。

我只好依她。在她的身边鼓励她一边排队，一边做准备动作。

轮到她出场了。第一次试跳，她跳了 1.45 米，暂时名列第二。第一名的成绩是 1.58 米。第二次起跳，她跳了将近 1.50 米，但脚尖触到了起跳线，成绩不算。第三次起跳，这次跳得更远了，但她的脚尖再次触到了起跳线，不算。两次成绩都不算，可可并不知道具体的规则，她只知道她跳得比较远，大概第二名。

接下来是决赛，决赛的名单上没有可可的名字。高师妹发现没有可可的名字，拉着可可的手，准备离开。高师妹说："没有就算了，我们下次再来。"

可可有些失望，她原以为她是有决赛资格的。现场有家长感觉裁判可能有误，请裁判核对：虽然有两次触线，那两次成绩都取消了，但可可第一次就跳了 1.45 米，应该有决赛的资格。裁判核实之后，可可获得了决赛的资格。

决赛开始。第一次，可可跳了 1.50 米。可可起跳的时候，高师妹在前面负责照相，我在她身边助威，像日本武士那样用特别的沙哑声大喊：啊——啊——啊——第二次，可可跳了 1.55 米。第三次，可可跳得更远，1.57 米。这是可可最好的成绩，获得第二名。第一名是 1.58 米。

班主任杨老师说：可可赢在她的心理素质好。

杨老师是对的。我跟可可说：你赢在有自信心和意志力。

在回家的路上，高师妹开车，我和可可坐在后排。为了奖励可爱的可可同学，我给她写了"一首诗"：

> 我们的教室在一楼，
>
> 教室有四十六个同学。
>
> 老师轮流来看我们，
>
> 老师来看我们的时候我在教室里安静地读书。
>
> 学校有宽宽的走廊，
>
> 走廊里总是空空荡荡，
>
> 下课的时候老师规定我们不可以在走廊追逐，
>
> 我不追逐，我可以和男孩子在走廊里竞走。
>
> 学校每年有运动会，
>
> 我的项目是短跑、接力和跳远。
>
> 爸爸说，好孩子要静如处子，
>
> 还要动如脱兔。
>
> 我可以在教室里安静地看书，
>
> 我可以在沙坑的上空成为小小的小小的飞人。

可可总是喜欢用夸张的声音和节奏来念我给她写的每一首诗。

我问：你知道这首诗总共有多少个句子？

可可：4 句，加上 4 句，再加上 4 句，再加上 2 句。

我问：总共有几句？

高师妹很不屑：那是十四行诗呢。

5. 可可的朋友

可可小学四年级前后，偶尔会受同学之间交往的困扰。我们一起吃饭时，有时我会让她讲讲在学校最开心的事，然后讲讲在学校遇到的困难。当她谈到同学之间的交往问题时，我觉得到了可以跟她讨论情感问题或爱的问题的时候了。

我：跟人交往很重要，交往出现问题，会很难受，是吗？

可可：是的。女同学比较麻烦，我喜欢跟男同学玩。

我：跟女同学做朋友，那是同性朋友。跟男同学做朋友，那是异性朋友。

可可：你想多了。

我：我没想多啊，喜欢异性朋友很正常啊。

可可：有同学的家长在传消息，说某某是某某的女朋友，某某是某某的男朋友。

我：其实只是一般朋友而已，那些家长太夸张了。

可可：是啊，我只是喜欢跟男同学在一起玩而已。

我：跟男同学玩或跟女同学玩都很重要，每个人都需要有朋友，需要友爱。如果没有朋友，没有友爱，就过得不好。

可可：就没有人一起玩啰。

我：是的。没有人一起玩，就会孤独。孤独自己难受，也会被别人瞧不起。

可可：我也想有更多的朋友。但有些同学比较麻烦。

我：你知道怎样让自己有更多朋友吗？

可可：你说啊。

我：让自己学习成绩好。

可可：这我知道啊，班上果果成绩最好，她朋友最多，我们都喜欢跟她做朋友。

我：其实，除了成绩好，还要有业余爱好。比如，会打乒乓球，会打羽毛球，会打篮球，会跳绳或者踢毽子，会玩魔方，等等。

可可：我就不打乒乓球，我就不打篮球。杨老师让我们打篮球，我就是不想打篮球。那是男孩子玩的球。

我：你可以不打乒乓球，也可以不打篮球。这都可以的，但你总要有自己喜欢的特长。

可可：我喜欢游泳。

我：游泳也不错，但游泳太受季节和场地的限制，不能随时随地跟同学一起游泳。

可可：也是。我可以打羽毛球。我喜欢那个羽毛球教练的方法。

我：那好，这段时间你加紧训练羽毛球，争取在同学中成为羽毛球高手。

可可：那又怎么样？

我：那就会有朋友。有共同兴趣的同学，会聚到一起，这叫志同道合。物以类聚，人以群分。只要你成绩好或者有比较厉害的业余爱好，别人就希望跟你在一起。这叫"桃李不言，下自成蹊"。

可可："桃李不言，下自成蹊"？

我：是的。另一个说法是"你若盛开，蝴蝶自来"。就是说，如果你自己成绩好了，有业余爱好了，你不说话，你不求他们跟你玩，他们也会主动来找你玩。

可可：对，对，对。我的双杠玩得最好，他们都喜欢跟我玩双杠。

我：爸爸教你一句话，你如果记得，会一直有很多朋友。

可可：说啊。

我：永远不要用讨好他人的方式去赢得朋友。朋友不是讨好得来的。你自己有本事，你自己过得开心，别人就会愿意跟你一起玩，别人就会觉得跟你在一起很开心。

可可：不要讨好他人是什么意思？

我：不必给同学糖果、苹果或者牛奶。你给他们，他们当时喜欢你，过后就忘了。而且，下次你不给他们，他们就很失望。这不是交朋友的好方法。

可可：班上有几个同学每天带糖果、苹果给其他同学。

我：那不好。

可可：那还有什么好方法？

我：成绩好，有业余爱好，自己强大，很多人都愿意跟你玩。但是，仅仅成绩好，有业余爱好，还不够，还要性格好。

可可：怎样才算性格好？

我：像你这样，就叫性格好。

可可：我有什么好的？

我：两个好，一是有爱心，有同情心；二是阳光，不抱怨。

可可：是的，班上有人欺负郑小洁，我就保护他。

我：我知道啊，妈妈告诉我了。

可可：有人嫌弃小岳，嫌他身上总是有汗臭。我不嫌弃。我邀请他参加我的生日 party。

我：我知道啊，那次你生日聚会的时候，我见过鲁岳。所以，我就说，你的性格是最好的。有爱心，有同情心，善良。

可可：不是说善良的人被人欺负吗？

我：妈妈是不是最善良的人？

可可：是啊。

我：谁敢欺负妈妈？

可可：嘻嘻，妈妈是最强大的人，没人能欺负她。

我：不是因为妈妈强大才没人欺负，而是因为善良本身就是一种强大的力量。爸爸妈妈研究家庭教育，我们家里有一本书：池莉的《来吧，孩子》。她在书中讲，她最初为她女儿的善良担忧，认为那是"性格弱点"，但她后来发现，"性格弱点"会转化为"高贵气质"，那是"最金贵的东西"。那些善良而有高贵气质的人，才是真正强大的人。

可可：知道了。

我：除了有爱心、善良，还要阳光、开朗，遇到不高兴的事要想办法去解决而不是抱怨。

可可：我有时也抱怨啊。

我：是的，但是你很少抱怨，这已经很不容易了。你算是性格特别阳光、开朗的孩子。没有人愿意跟那些性格忧郁、喜欢抱怨的人在一起玩，那样会很难受。

可可：性格忧郁的人一定没有朋友吗？

我：是的。除非另一个人也忧郁，有病。有病的人喜欢跟有病的人在一起。这叫同病相怜。

可可：哦。

我：好吧，关于友情这个话题，今天就聊到这里。下次跟你聊友情之外的另外两个感情。

可可：还有另外两个感情？

我：是的。一个是亲情。一个是爱情。

可可：那你现在就说。

我：今天不说，说多了，你记不住。

可可：我记得住。

我：好吧。世上有三种感情：亲情、友情、爱情。你说说，哪一个最重要？

可可：亲情。

我：不对。

可可：爱情。

我：也不对。

可可：那是什么？难道是友情？

我：是的。爸爸妈妈爱你，你爱爸爸妈妈，这叫亲情。亲人之间相爱很自然。有血缘关系，在一个家里天天陪伴，相互照顾，亲人之间当然有感情。这不算本事，也没什么了不起。

可可：也有亲人之间关系不好的。

我：是的，也有。但正常人都会喜爱自己的亲人。连自己的亲人都不爱，说明这个人很失败，不是正常人。

可可：好吧。照你这样说，恋爱最重要？

我：我没这样说，我是说朋友之间的友爱最重要。

可可：为什么？

我：恋爱当然也是重要的，但是，如果一个人没有友人，不懂得友爱，他就不可能有恋人，就不会有恋爱。友爱是恋爱的前提。好的恋人，本身就是最好的友人。有些人婚姻生活不幸福，原因就在于他们之间缺乏基本的友谊。

可可：你和妈妈是最好的朋友吗？

我：那还用说？

可可：好吧。知道了。

6. 可可的规则

可可3岁之后，我们逐步帮助她制定一些基本的规则。在9岁前后，可可大体知道哪些事情可以做，哪些事情不可以做。比如，可可一直跟外婆在一起生活，对爷爷奶奶（我父母）比较陌生，也不太愿意跟他们说话。我跟她讲过一两次道理，告诉她：他们是爸爸的父母，就像你爱自己的父母一样，我也爱我的父母。就像你必须对父母有礼貌一样，我也必须对我的父母有礼貌。等到她明白这里面的道理，她开始愿意大大方方地去看望爷爷奶奶、跟爷爷奶奶交谈。

可可13岁前后几乎没有所谓的"叛逆期"，可能与她在9岁前后建立了比较明确的规则意识有关。我和高师妹所理解的规则意识或规则教育，主要包括三个方面：尽量做到文武双全，尽量做到劳逸结合，尽量做到通情达理。这既是学习规则，也是交往规则。

在9岁前后，可可明显感到课业比以往多了，学习难度也增加了。9岁前后是文化学习的关键期，但也是延续3岁前后开始培养的各种兴趣和爱好的关键期。高师妹尽可能帮助可可赶上学习的进度，但在辅导她学习功课的同时，也特别重视亦文亦武、劳逸结合、有张有弛。在3岁前后，可可学过多种文艺和体育项目：跳绳、打羽毛球、游泳、弹钢琴、画画、跳舞、唱歌，等等。可可最喜欢的项目是画画、游泳、跳舞，对弹钢琴没有太大的激情，但也不反感。到了9岁前后，可可利用课外时间尤其是周末的时间延续了这些爱好。

最初我对可可的期待是学会劳动，自食其力，要从小学会挣钱，有足够的"财商"，要有基本的理财意识。后来，看到有关"男孩穷养，女孩富养"的说法，虽不完全赞同，但我还是扭转了教育女儿的大方向。

在可可9岁前后，我和高师妹除了关注她的亦文亦武、劳逸结合，我们也比较关注她的情感交往的问题。还好，可可在 9 岁前后已经显示出通情达理的性格。

7. 家长寄语

可可上小学和初中期间，我为可可写过几次家长寄语。另外几次家长寄语，由高师妹负责。

2011 年 2 月二年级上学期家长寄语：

希望可爱的可可继续以往的几个好习惯。第一，坚持课外练习英语口语和听力。第二，坚持课外练习数学解题。第三，坚持课外阅读故事、讲故事。此外，希望可爱的可可坚持三个新项目：第一，坚持训练打羽毛球。第二，坚持训练爸爸熟悉的钢琴曲。第三，坚持训练自己扎辫子、自己做饭的生活自理能力。——家长：刘良华

2011 年 8 月二年级下学期家长寄语：

可可在二年级进步比较明显。除了继续保持广泛阅读课外书的兴趣之外，比较大的进步是：第一，形成了自理生活的习惯，已经学会了自己整理书包、自己扎辫子、自己清理卧室、自己整理床铺和衣服。有时也能帮妈妈做事，比如在超市买东西时大方地询问价格并付款，主动帮妈妈把菜拎回家。第二，养成了主动学数学的习惯，自学数学课本，而且坚持参加华南师大数学系的奥数班学习。尽管有时不懂如何解某些奥数题，但可可从来不放弃学奥数。遇到难题时会主动请教妈妈。在妈妈的帮助下，可可可以解答很多奥数作业中的难题，建立了学好数学的信心。第三，坚持听英语和说英语。英语最大的进步是能听懂日常的英语对话，能自信地与外国人对话。第四，坚持打羽毛球、跳绳，有时踢毽子，晚上愿意陪妈妈爸爸出去散步、快走。第五，开始喜欢旅游。暑假里第一次到北京旅游，在旅游期间遇到问题时主动地想办法解决，大方地与他人交往，在旅游期间显示出比较强的生活自理能力。——家长：刘良华

2012 年 8 月 30 日三年级下学期家长寄语：

可可的优点是：（1）善良。对亲人、同学、朋友、老师友好，善于从好的方面看待他人，总能看到任何他人的优势和长处。（2）做事有意志力，能

坚持，不轻易放弃，尤其在翻双杠、游泳、弹钢琴等项目上能保持长期的训练，一旦喜欢、认定、选择了某个项目或主题，就会长时间地投入训练。每年寒假或暑假总能在游泳或弹钢琴、学数学等项目中有突破性的进展。（3）形成了比较稳定的阅读习惯。逐步少看或不看电视，把更多的时间用于读书。——家长：刘良华

2013年1月四年级上学期家长寄语：

上了四年级进步较大，至少在六个方面做得比较出色：第一，有了多种业余爱好，坚持弹钢琴、画画、运动，不再依赖电视。能坚持连续多天不看电视。第二，养成了独立阅读的习惯。父母忙的时候，能捧着一本书连续几个小时安静地读。看书也成为每天晚上睡觉之前的保留项目。第三，与别人说话时比较大方，参加亲朋聚会时显得比较从容自如。第四，小时候遇到好东西时倾向于独占，现在有了分享意识。第五，生活自理能力更强了，学会了自己扎马尾辫，自己系鞋带，自己买书。第六，有劳动意识，愿意和大人一起买菜、洗菜、刮土豆等等。——家长：刘良华

2013年8月四年级下学期家长寄语：

在小学四年级下学期，有几个明显的变化：第一，身体长高了，乘火车要买全票了。出去旅游的时候，能够管理自己的行李，有时还能帮父母或奶奶拎东西。第二，学会了自由泳、蛙泳、仰泳和蝶泳。学习游泳的时候，显示出较强大的上进心和意志力，除了雷雨天之外，几乎做到了风雨无阻。尽管晒黑了，但身体显得更结实更有力量了。最近有了参加乒乓球训练班的计划，希望能够实现这个计划。第三，有了更多的朋友，和朋友交往时比较从容、主动。第四，钢琴水平有了明显提高，比以往更积极地坚持弹钢琴了。第五，学会了用电饭煲做蛋糕，喜欢尝试自己做菜。第六，除了坚持阅读之外，对作文、英语和数学有了较大的兴趣。喜欢做数学作业，喜欢听英语。——家长：刘良华

2014年2月15日五年级上学期家长寄语：

可可同学有了新的进步。一是坚持四个业余爱好的训练：弹钢琴、打羽毛球、跳舞、画画。其中，钢琴和羽毛球的进步最大。二是熟练掌握了玩魔方

的技巧，能在 3 分钟内复位。三是喜欢课外学数学，听英语，把背唐诗宋词当作游戏。四是在公共场合能从容、自如地与他人交谈。五是喜欢买菜、洗菜、做菜了，能做可口的蝴蝶粉、红烧肉炖白菜。六是能完成爸爸妈妈委托的简单事务，比如拎包、取东西。希望一直保持身体好、性格好、习惯好的美好状态。——家长：刘良华

2014 年 8 月 30 日五年级下学期家长寄语：

可可同学这个学期有几个变化。一是熟练掌握了蛙泳、自由泳、仰泳和蝶泳四种游泳技巧，并希望参加较长时间的游泳集训。二是开始喜欢有关历史和地理的知识，尤其愿意了解中国和世界的历史事件。三是愿意外出旅游，能坚持长时间的户外活动。四是形成了自学数学、语文、英语、音乐乐理的习惯。五是打羽毛球的技术明显提高。六是独立生活能力比较强大，能自己出去打球、游泳、参加同学聚会，然后自己回家，不用大人陪伴、接送。——家长：刘良华

2017 年 8 月 27 日家长寄语：

一是能在钢琴考级和游泳等业余爱好上长时间坚持做同一件事。二是珍惜友谊，以善良的心态、不怕吃小亏的心态与他人交往。三是酷爱读书，喜欢逛书店，而不是用 QQ 聊天或打手机游戏打发时间。四是善于倾听并参与有关文学、历史和哲学问题的讨论并发表自己的看法。五是善于与爸爸和其他长辈聊天、对话，大方自如地回答长辈的提问。六是一直保持喜欢学英语的激情，并养成自学数学、化学的习惯。七是善于讲故事，写长篇作文。——家长：刘良华

2018 年 2 月 25 日家长寄语：

完成寒假作业成为重要主题，偶尔跟爸爸一起看英文电影，坚持跑步、跳远，几乎风雨无阻，下雨则去华南师大风雨操场。看书、写作业累了，就弹钢琴，把弹钢琴视为享受。第一次完整地逛花市，主动承担搬运的工作。越来越愿意阅读或倾听哲理故事，开始喜欢《古文观止》等经典文献，愿意帮爸爸做端茶倒水之类的事，参与爸妈朋友聚会时表现大方、得体。——家长：刘良华

三、13岁前后的意志

1. 可可的瘦身计划

我和高师妹对可可的学习成绩并不太焦虑，我多次跟可可调侃：不要为学习成绩感到焦虑。她问为什么，我就说：遗传就够了。

我们看重的是可可的"爱与意志"这两个品质。爱是情感，意志是理性。爱的教育与意志教育一起构成合情合理、通情达理的教育。

在9岁前后，可可已经显示出比一般孩子更多的意志力。她在三年级前后迷上了翻双杠，两手磨出了血泡，依然每天坚持。在13岁前后，尤其在初中毕业和高中一年级那两年，可可已经建立了比较强大的意志力。

小学一年级时，可可原本瘦小，身轻如小燕子。到了小学三年级，可可开始变得比较壮实。那段时间长势很猛，有时每个月长高一厘米，体重也稳步上升。

到了小学四年级，班上就有同学给她取绰号，喊她"胖子"，可可为此很不高兴。我告诉她："你不胖，是他们太瘦。"可可对我的话将信将疑，对于"胖子"的绰号，也不那么耿耿于怀。

从小学到初中，可可一直是班上的体育委员，她的体育成绩向来不错。她虽然比别的女同学显得更结实，但在打球、游泳、跳舞或做操的时候，动作向来标准、灵巧，她原本不为自己的体重感到困扰。但是，到了初中二年级，她发现又有同学喊她"胖子"。可可不高兴了，一天回家后，向高师妹宣布："我要减肥！不能让他们说我是胖子！"

体育中考之前，负责体育的马老师带着全班学生疯狂地训练。可可选择的项目是中长跑和跳远。初三放寒假之前，马老师说：春节期间也要加强锻炼，不要吃太多肉，"重一斤，少一厘米"。可可回家后传达马老师的精神：要控制体重，体重增加一斤，跳远就少一厘米。

那年春节期间，可可几乎每天坚持去华南师范大学的操场跑步，每天坚持长跑，风雨无阻（下雨则去风雨操场）。

寒假过后，可可的体重有所减轻。参加体育考试时，可可的中长跑和跳远皆获得满分。体育考试结束之后，全年级的同学都停止了跑步，全身心投入其他学科的备考中。可可跟高师妹说："我要减肥，要减到 100 斤以下。"

可可给自己制订的方案是：第一，每天坚持跑步，跑 3000 米以上；第二，节食，每天只吃早餐和午餐，不吃晚餐。

高师妹觉得不吃晚餐太伤身体，最好是中考结束之后再考虑节食。可可不同意，她坚持每天晚上不吃饭。后来有所妥协，每天晚上不吃饭，但可以吃水果和酸奶。

接下来，可可开始实施自己的减肥计划，兑现自己的承诺。

第一，每天跑步，由最初的每天 3000 米增加到每天 6000 米。最初在中山大学附中操场跑。下午最后一节课结束后，别的同学都在教室里安静地看书，唯有可可同学在操场上奔跑。初中毕业后，可可每天坚持去华南师大操场跑步（我们家住在华南师大）。可可给自己订立的规矩是"五四三二一"：每天晚上先跑五圈，再跑四圈、三圈、两圈，最后跑一圈。每个组合之间休息几分钟。总共 15 圈，共 6000 米。如果外出旅游，就尽可能找到当地的某个大学，去大学操场跑步。

第二，每天晚餐绝对不吃饭，最多只吃水果和酸奶。我们吃晚餐的时候，她就在旁边看书。我们晚上有朋友聚餐的时候，她就留在家里，不参加我们的活动。

第三，每天晚上睡觉之前，坚持做平板撑，同时加入一些仰卧起坐和她在舞蹈老师、游泳教练那里学来的新动作，比如"撑蹲跳"、"压腿"、"举腿"、"两头翘"、"转转"（平躺之后手肘交叉碰膝盖），等等，一起构成大概 1 个小时的组合运动。如果旅游，就在宾馆房间里做这些组合动作。如果在火车上，她会在火车卧铺上做平板撑。

从 2018 年 3 月开始，到 2018 年 8 月初，坚持了不到半年，可可成功地实现了减轻体重的计划。体重降到 100 斤之后，可可依然坚持每天晚上跑步、不吃晚餐、睡前做平板撑、仰卧起坐等组合运动。冬天到了，可可的晚餐稍稍作了调整：依然不吃米饭或面食，但由吃水果改为吃青菜、玉米、红薯或土豆。

此后，可可每次参加同学聚会，同学就会惊呼：可可变瘦了。然后问：

第三部分 成家立业

201

"怎么变瘦的？"

可可说："每天跑 6000 米，每天晚上不吃饭。"

同学就喊："我的个神啊，这怎么行？"

2. 可可的志愿

广州有四大名校：华附（华南师大附中）、执信（执信中学）、省实（广东省实验中学）和广雅（广雅中学）。可可最理想的高中是华南师大附中，原因是离家近，不用住校。

按照可可在中山大学附中（初中）的平时成绩，她考入华南师大附中是有可能的。我和高师妹一直相信可可的潜力。尽管可可平时的考试成绩总分在全年级居中，但她的英语成绩比较出色。由于经常看英语录像和英语电影，她的英语口语发音标准而且流畅。出色的英语口语激发了可可学习英语的热情。

英语成绩优异让她对其他学科的学习充满信心。而且，可可有提升学习成绩的热切愿望，有旺盛的精力，有稳定的情绪，我和高师妹相信，可可必将以"加速度"的方式提升她的学习成绩。她本人对此也深信不疑。

不过，可可的中考成绩并不理想。按往年的招生情况，可可很难进入广州的四大名校。填报志愿的常规套路是：第一志愿要"冲"，尽量冲名校，高风险带来高回报。第二志愿要"稳"，尽量选择名校之外的比较好的学校。第三志愿要"保"，尽量选择保底的学校。但是，高师妹和可可商议之后，她们两个人作了一个奇异的选择：第一志愿是华附；第二志愿是执信。这几乎是"前无古人后无来者"的志愿填报方式。可可的初中同学看到她的志愿之后，一再调侃她："我为你的前途很担忧。"但是，可可和高师妹坚信她们的选择。

令人意想不到的结果是：可可中考成绩偏低，眼看无法进入华附或执信。在接下来的日子里，可可作了卧薪尝胆的计划：她在"学而思"报名参加了高中物理、化学等学科的预习。除了学习，可可坚持游泳、跑步、弹钢琴，保持正常的节奏。

在等待录取通知书的某一天，高师妹突然接到执信中学的录取通知。高师妹最初以为是虚假信息，但很快得到消息：由于这一年报考执信的人数太少，执信不得不降低录取分数线。降低分数线之后，可可不但被执信录取，而且比录取分数线高出了 20 分。

可可和高师妹极度惊喜。她们两个人谋划的"前无古人后无来者"的志愿填报方式，竟然在关键时刻起了作用，可可顺利进入执信。在填报志愿这件事情上，可可和高师妹是最大的赢家。不少同学的中考成绩远远高于可可，但他们没有机会进入执信。

拿到执信中学的录取通知书后，可可作了三个决定：第一，照样保持游泳、学习的节奏。第二，设计了半个月的旅游计划，乘火车去呼伦贝尔看大草原。第三，坚持"瘦身计划"，以新的形象出现在新的学校。

3. 意志的限度

按照惯例，可可去新学校上学的第一天，我会送可可去上学。2018 年 8 月 19 日，可可去执信中学报到，在送她去学校的路上，我跟可可说："爸爸最看重爱与意志，你都做到了。"

可可：差不多吧。

我：有意志力的人往往有自信心，这是爸爸最近才悟出来的道理。

可可：哦。悟出这个道理重要吗？

我：当然重要。这就是今天爸爸想跟你作的补充说明。

可可：补充说明？

我：因为我以前已经跟你讲了"爱与意志"有多么好。今天要给你补充说明：过度的"爱"或过度的"意志力"，都不好。

可可：爱和意志有什么坏处？

我：父母过度地爱自己的孩子好不好？

可可：不好。溺爱不好。

我：过度的同情心也不好。

可可：你说过，升米恩斗米仇。

高师妹：是的。如果你对那些不该同情的人给予了同情，你对他好，那么，他会认为你对他好是应该的。相反，他如果希望你继续对他好或者更好，你做不到，他就会仇恨你。

可可：好吧。意志力和自信心有什么不好呢？

我：过度的自信叫什么？

可可：自负，自傲，傲慢。

我：说得好。意志力过于强大有什么不好？

可可：不知道啊。

高师妹：意志力过于强大就会虐待自己的身体。

可可：你们不是说，身体用进废退的吗？

高师妹：身体是遵循用进废退的原理，但是，身体也是有极限的。如果一个人晚上不吃饭，而且无限地加大运动量，就可能导致休克甚至会猝死。

可可：那么可怕？不过，好像也有点道理。执信中学开学后，我可以晚上吃青菜。我自己做，不让奶奶做。奶奶做的菜油太多。

高师妹：好。你自己做吧。

我：意志力过于强大主要还不是给自己带来不好，而是给别人带来不好。

可可：为什么会给别人带来不好？

我：你听说过希特勒吗？

可可：听说过。

我：一个人的意志力过于强大，过度崇拜权力意志，就会瞧不起他人，甚至会希望让别人死，让自己活。更可怕的是，他可能会认为只有自己的民族才有资格活，别的民族都是劣等民族，要消灭别的民族。希特勒就有这样的想法。

可可：太可怕。

我：是的，很可怕。有两部有关希特勒的电影，一部是《意志的胜利》，这是吹捧他的；一部是《意志的毁灭》，这是批评他的。

可可：知道了。

我：爸爸就是希望你知道，对于一般人而言，爱与意志是好的。教育的最大目的就是培养孩子的爱与意志。但是，过度的爱，过度的意志，也不好。

可可：知道啦！

高师妹：那，晚上还吃饭吗？

可可：吃啊，等开学了，晚上吃青菜。我自己做。

我：好。

4.可可的自信、自学与自食其力

进入执信中学，可可果然以崭新的形象出现在新的学校。

开学之前的军训期间，可可就显示出她的独特性。别的同学觉得白天的训练太苦太累，可可觉得不过是休息而已，她平时跑步、游泳的运动量，远远超过了军训的运动量。别的同学晚餐之后回到寝室，已经累得不能动弹了，可可却每天不吃晚餐（只吃水果），而且睡觉之前坚持做平板撑、仰卧起坐、撑蹲跳、压腿、举腿等等大概 1 个小时的组合运动。不少同学以为她是运动特长生。

可可有自己的学科偏好（英语），有自己的艺术特长（弹钢琴、跳舞）和体育特长（游泳和跑步），这让可可比较自信。

进入执信中学后，由于第一次月考成绩"大跃进"和运动会的多项冠军，可可不仅显得更加自信，而且开始觉得自己有了比较强大的自学能力。她不再像以前那样遇到数学或物理的疑难问题就依赖高师妹。高师妹鼓励可可尽量自学，既不依赖学校的老师或"学而思"的老师，也不依赖妈妈，尽量自己琢磨。高师妹一度让可可做"小老师"，把她自学的过程和自学的结果讲出来，高师妹和岳母充当可可的学生。

可可在自学和小老师的角色中逐步对数学、物理、化学等学科有了掌控感。到了要选择高考科目的时候，可可选择了物理、化学、生物。

更重要的是，可可觉得自己已经长大，要有自己的担当。她进入高中不久，作了一个新的决定：早睡，早起。每天由以前的晚上 11 点半甚至 12 点睡觉，提前到 10 点半甚至 10 点睡觉。第二天早晨 5 点半起床。

每天 5 点半起床之后，可可自己做一些简单的早餐，吃完简餐之后，自己去华南师大操场跑步。跑步之后，再吃正式的早餐。在 7 点 15 分之前，可可拎着跑鞋，背着书包，穿着执信特有的"青蛙"校服，进入学校。

成为初中英语老师

一、看窗户的老师

1992 年我大学毕业，到湖北黄石市十五冶子弟中学做英语教师。1994 年在西南师范大学附中做过一年代课教师。前后加起来，我做了两年的中学教师。

在没有正式站在讲台上给学生讲课之前，我一直不敢想象我第一次上课的样子，我不知道我是否有勇气抬头看我的学生。

小时候性格内向，即便到大学，我还是害怕见到某些威严的长辈或老师。在那些人面前，我会紧张。一旦紧张，眼皮就会不由自主地跳动。在面对那些人之前，我会在无人的地方使劲地撑大眼皮，龇牙咧嘴地活动脸部，但是，等到见了那些人，我还是止不住地紧张，呼吸急促，眼皮痉挛。高考结束后，我从县城的考场回家。到了村头，经过小学时，以前教过我的杨老师正在操场上跟学生讲话。操场旁边就是我回家的路。我到了路的这头，不敢往那头走。当我发现无路可逃时，就只好一路小跑，跑过那段路，才停下来。

有时候，我会想象，如果我站在讲台上，高高在上，我会不那么害怕。事实上，高中时我已经有两次登台演讲的经历。第一次是语文老师陈老师让我们自己讲课。我负责的课文是《景泰蓝的制作》。那是我人生中第一次登台演讲。第二次是陈老师让我们讲故事，自愿报名。我讲的故事是《头大哥和阴到底》。那是我人生中第二次登台演讲。

大学二年级开始，我连续两年在村里办英语培训班。站在一群小学生面前，我很自信，从容自如地讲课。

有了前面几次登台演讲的经验，我以为从此以后，我就不必再为我的"教态"问题担忧了。我想我会抬头挺胸，看着我的学生，从容淡定地讲课，绝不至于像有些老师那样，不敢抬头看学生。

大学毕业之前，学校组织我们实习。我实习的地方是黄石市第二高级中学。上课的前一天晚上，我还信誓旦旦，我会抬头挺胸，笑眯眯地看着我的学生讲课。但是，到了真正要登台讲课的那一刻，我开始紧张起来。还没有走进教室，我就意识到教室后面还坐着听课的老师和同学。我走上讲台，开始讲课。整节课，低着头，不敢看学生，一直看着讲桌讲课。我偶尔会看天花板，最有安全感的是黑板。当我感到浑身不自在的时候，我就转身在黑板上写字。

下课后，有位老师告诉我："看得出，你比较紧张。其实，你不必怕学生，你完全可以想象前面是一堆土豆或一堆白菜，你就看着教室前方，把他们当作土豆或白菜。土豆、白菜有什么好怕的？"后来，我的实习带队老师告诉我："你上课之前，可以先去教室里走动一下，熟悉一下环境，跟学生打个招呼。这样上课的时候，你就会感觉比较自在一些。"

我接受实习带队老师告诉我的建议，第二节上课之前，我提前进入教室熟悉环境，跟学生打招呼，询问他们是否对外语感兴趣。到了正式上课的时候，我真的就感觉比较轻松了。

在十五冶子弟中学教英语时，感觉自信满满，浑身是胆。那时年轻，走路快，吃饭快，睡觉快，上厕所解决问题也快。我可以感觉到自己走路的样子，一阵风，上半身故意不动，身体微微前倾，双臂保持有节奏的摆动，脚下生风，从某个地方出发，双眼认真地盯视前方，目中无人地飘移。上课铃声响起，必准时出现在教室门口，飘然而至。红色的 T 恤，米黄色或白色的裤子，因为是矮个子，所以皮鞋一律高跟。

几乎每天都得意洋洋地夹着课本或抱着练习本去给学生上课。走进教室后，第一个动作是扫视全班同学，恍如君临天下。

我随时欢迎有人来听我上课。如果某一天教研组宣布让我上"公开课"，我会心中窃喜。我对自己的教学技艺和掌控能力有足够的信心。自信给我这样的新手教师带来了勇气、力量和不怯场的好处，但也会带来尴尬或难堪。

传闻，学校有一位教化学的老师，上课从不看学生。我好奇，就邀请跟我同住一个寝室的纪老师跟我一起去听他上课。

这个老师看起来比较受学生喜欢，课堂气氛比较活跃。这个老师看起来一切皆佳，唯一的问题就是讲课时不看学生。他从不拿正眼看他的学生。好好的一个人，一旦上课，就牢牢地盯着右边的窗户，然后宣布："上课，今天讲第三章。"

他点学生回答问题时尤其特别。他问："谁知道？"

学生不说话。

他盯着右边的窗户，用左手的食指指着教室中间的某个位置："好，你说！"

教室里很安静。他继续盯着右边的窗户，左手指着教室中间的那个位置，坚持他的意见："你说，就你。"

很奇怪，居然有一个学生站起来回答问题。

人们常常讲教师要有个性。也许在这位老师看来，这是教师个性的一个部分。因为很多学生喜欢他，他就更不在乎。

我有一位朋友，学心理学专业的。她说这个事其实好办。办法很简单，但管用。她推荐的办法是，可以在教室右边的窗户那里挂了一张美女图像！

她说：等到那个老师走进教室，像往常一样看窗户，看到了美女图像，他不好意思，就回头看学生了。

二、我的三本教学

在十五冶子弟中学做英语老师的时候，我开始写教学日志，记录我在教学过程中遇到的人和事，也记录我尝试进行教学改革的经历。最初用一种比较常见的笔记本。由于那种笔记本不便于补充或修改，后来，换成了可以随时取出或增加纸张的活页夹。使用活页夹的习惯，一直保持了十几年。直到后来笔记本电脑普及，才终止用活页夹做笔记的习惯。至今家里有一大堆活页纸，纸上写满了我的教育日志。

在十五冶子弟中学做英语老师时，我承担了初一（1）班和初一（3）班两个班的英语教学。学校给我的任务是：向其他有经验的老师学习，多听课，尽快适应学校的教学常规。我给我自己定下的任务是：除了向学校有经验的老教师学习，最好能够形成我自己的教学风格，尽快探索出我自己的有效教学的路子。

怎样形成我自己的教学风格？怎样探索出我自己的有效教学的路子？我开始做三件事情：一是向学校其他的有经验的老师学习，有空的时候，就听其他老师上课。我重点听了田老师的课，学到不少教学和管理课堂的技巧。此外，我也听了彭老师、曹老师和张老师三位老师的英语课。二是让其他老师来听我上课，课后让他们给我提改进的建议。为了显示我的风格，我有几次特意从学校的实验室借来投影机上课，做了胶片。可惜，那次的教学效果反而不如平常的教学。三是重新阅读和整理我以前接触过的武汉的黎世法老师的教学改革经验和北京的卢仲衡老师的教学改革经验。

经过半年时间的摸索，我打算在我的课堂教学中借鉴黎世法老师的"异步教学"和卢仲衡老师的"自学辅导教学"的办法来实施我的外语教学改革。我把我的教学改革称为"三本教学"。

1992年12月，在期末考试之前的复习阶段，我开始在我任教的一（1）班和一（3）班尝试我的"三本教学"。"三本教学"这个概念原本是卢仲衡老师提出来的，他主持的"自学辅导教学"最初叫"程序教学"，中间有一段时间叫"三本教学"，后来确定为"自学辅导教学"。我觉得"三本教学"既可以作为卢仲衡老师的"自学辅导教学"的关键概念，也可以用来理解黎世法老师的"异步教学"实验，于是，我打算把我的教学改革实验称为"三本教学"。我原本想只在一（1）班做实验，把一（3）班作为对照班。但是，后来感觉这样的对照实验很难做：在一（1）班采用新的教学方法并感觉比较有效时，在另一个班上课时我就忍不住也采用这个新的教学方法。如果强迫自己在另一个班仍然采用旧的教学方法，我感觉我个人无法适应，也感觉对不住这个班的学生。后来，干脆在两个班级同时采用"三本教学"。

我的"三本教学"的具体策略主要借鉴了卢仲衡老师的做法，同时参考了黎世法老师的"异步教学"的经验。具体的改革策略有三个。

一是"三个本子"。让学生自学课本，自学课本之后，自己做练习本上的练习题，做完练习之后，自己核对答案本上的答案。

二是"评改技巧训练"。评改练习时以学生自己评改自己的练习为主，偶尔同桌之间相互交叉评改，但学生只打勾或打叉，不写评语。

三是对学生练习或考试的结果进行统计分析。练习或试卷虽然由学生评改，老师减少了"改练习"或"评卷"的麻烦（黎世法老师认为中小学老师把大量的宝贵时间用于批改学生作业，这是一个浪费，也不利于即时反馈学习结果），但是，老师依然在关注学生作业的评改。科代表把学生练习本或试卷收集放在老师的办公桌上之后，老师每天需要亲自统计学生练习或试卷上的错误，把学生的错误进行分类，并为某些学生写评语。如果有些评语不适合写在练习本上，就写在纸片上，夹在学生的练习本中（那段时间我自己买来一张大白纸，然后，不断地对折、裁剪，最后做成小纸片）。下一次上课时，老师的教学就从上一次的学生练习或试卷的错误开始，由以前的问题引入新课。

在实验的过程中，我根据具体的困难作了一些调整：最初，课本和练习本是固定的，由学校统一配发。答案本是不固定的，答案由我每天临时公布。后来，为了发挥优秀学生的引领作用，我让优秀学生设计练习题，而且，答案也由优秀学生提供。再后来，我让全班学生一起设计练习题和单元考试试卷，但答案依然由优秀学生提供。学生上课时，每天都带两支笔：一支墨水笔，一支红圆珠笔。为了提高学生评改练习和试卷的能力，我专门花时间训练学生如何打钩、如何打叉的技巧。学生只负责打钩、打叉（后来禁止打叉，转换为在错误的地方"画圈"），并统计得分。

经过将近半年的"三本教学"实验，学生的学习成绩和学习兴趣发生了一些变化。

第一个变化是学生的学习习惯和学习成绩的变化。两个实验班的学生普遍形成了自己读课本、自己做练习、自己评改作业的行为习惯，两个班的学习成绩（平均分）都不错。一（1）班的学生的语文学习成绩（平均分）比一（3）班的语文学习成绩高出将近 10 个百分点。但这两个班的英语学习成绩都比较出色，而且没有太大的差异。

第二个变化是学生的学习兴趣的变化，初一学生最初学习英语时，普遍对英语学习有兴趣（他们在小学没学过英语）。但不到一个月，学生学习英语的情绪开始分化：部分学生继续喜欢学英语，部分学生因感到记单词、学语法有困难而开始畏惧学英语。经历了"三本教学"的改革之后，虽然不是每个学生都喜欢学英语，但这两个班的绝大部分学生喜欢上英语课。学生喜欢上英语课可能有多种原因，但有一个重要的原因可能是："三本教学"让学生"自学"（自己读课本、自己做练习、自己改练习），这个办法既满足了尖子学生超前学习的愿望，也让部分学习速度较慢的学生按照自己的步调进行自学，这使不同类型的学生都能够找到自己的学习节奏和成就感。

在"三本教学"的实验研究的过程中，出现了一个比较显著的现象："尖子学生"的自学速度变得更快，"中等生"的自学速度也大体可以跟进，但两个实验班中都出现了个别学生（占 6% 左右，每个班都有 3～5 个学生）完全跟不上学习进度。如何让那些完全跟不上进度的学生也在"三本教学"中学有所得，这是以后要重点研究的问题。

三、第一次家庭教育讲座

在十五冶子弟中学，为了让学生喜欢学英语，我想了不少办法。

我坚持每天给三五个学生纸条，在纸条上写激励他们的话。用英语或者汉语写有趣的警句格言。学生都期待并珍藏我的纸条。

此前办过几次英语培训班，那些经历让我更加熟练地跟学生做英语游戏、举办英语口语模仿秀比赛。有一次举办口语模仿秀之后，我要给学生颁发奖状。于是去找学校教务处的张处长。张处长告诉我一个道理：你这是班级比赛，班级比赛的奖状不能用学校的图章。这是我没想到的，后来改为我亲自给他们制作奖品：从商店买精致的笔记本，然后在笔记本的扉页上画一个飞鸟的插图，签上老师的姓名。

为了提高学生的英语听力，我会想办法让他们多听纯正的英语，少听我讲的"湖北英语"。有时将近半节英语课，我只说三句话。

第一句话: Are you ready? 学生说: Yeah! 于是，我按动录音机，让学生听与课本配套的英语录音。听完一遍之后，我会让学生再听一遍。

第二句话: Once again! 学生喊: OK! 我倒带之后，再按动录音机，让学生听第二遍。第二遍结束，我会伸出三个手指头，做一个手势。

第三句话: One more time! Three words. 意思是说，再听第三遍，记住三个有趣的英语单词或英语句子。

然后，学生紧急动员，他们不仅愿意再听第三遍，简直愿意再听第四遍、第五遍，因为他们要完成"记住三个有趣的英语单词或英语句子"的任务。

但是，英语课堂的时间有限，英语老师不可能在课堂上大量播放录像。于是，我向家长提议：如果有条件，最好在家里看英语录像。我的这个建议得到部分家长的响应和支持。

我不知道是因为学生家长向学校童书记提议，还是童书记本人注意到我的教学效果以及学生和学生家长对我的认可，第二个学期一开学，童书记就找我谈话。她说，一个月后，学校会组织一次初一年级学生家长会。她希望我能为初一年级全体家长作一个有关家庭教育的讲座，重点讨论初一学生的特点及其家庭教育。童书记的希望是：最好写一个大致的讲座提纲，我们一起讨论一下。

我接受了童书记的邀请和要求。两周之后，我提交了一份家庭教育讲座提纲。讲座的最初标题是"初中生身心特点与家庭教育"，后来调整为"我们今天怎样做家长"。这个提纲其实是一份比较完整的讲话稿，有 7000 多字。讲座材料的主要参考资料是我在"考研"期间收集的一些教育学和心理学教材和杂志。重点参考了《儿童发展心理学》中有关初中生这个年龄阶段的孩子的身体与心理发育、发展的特点。针对特点，我主要提出几条建议。

第一，增加肉食。初中年龄段的孩子正处于身体高速发育的时期，家长尽可能让孩子补充营养，让孩子多吃肉，尤其可以多吃牛肉。我采纳了一篇文章里的观点，建议家长鼓励孩子多吃肉，肉食比素食更重要。我特别比较了肉食动物和草食动物的区别。肉食动物凶猛，有力；草食动物柔弱，无力。即便食草的牛孔武有力，但也不如狮子、老虎等肉食动物凶猛。我采纳了另一个案例：中国足球水平之所以比较低下，有一个重要原因是，中国人和西方人的饮食习惯不同。西方人偏重肉食，中国人追求素食。而在吃肉这件事上，西方人偏重牛肉，中国人偏重猪肉。牛肉比猪肉更能带来力量感。喝牛奶比喝白开水更有利于增强体力。

第二，出于孩子成长的关键期的考虑，建议家长尽可能发动孩子一起做家务，引导孩子自食其力，以此培养孩子的家庭责任感和社会担当意识。

第三，鼓励孩子运动。运动不仅能让孩子疏通筋骨，提升身体的机能，更重要的是能磨练孩子的意志力。

第四，鼓励孩子与同伴交往。孩子的交往能力甚至比知识成绩更重要。孩子将来的幸福与成功，极大程度上取决于他的交往能力而不一定取决于他的学习成绩。在同伴交往中，不要对孩子的早恋问题过于敏感和紧张。孩子在这个年龄已经开始出现第二性征。这是人生中性觉醒的年龄，家长要理解孩子的生理变化和心理需要。

为了增强讲座的效果，我向家长推荐了一些比较可读的案例，比如，孙云晓的《夏令营中的较量》。

童书记看了我的讲座提纲之后，提了两个意见：第一，尽可能淡化有关性教育的内容。这个部分可以略讲，不必太具体。第二，尽量多一些小标题，以便作讲座的时候，能够更加清晰地看到自己要讲的内容。

根据童书记的建议，我调整了讲稿。那天晚上的讲座现场效果很好。会议给我 45 分钟，我讲了足足 1 个小时。家长和老师都在会场安静地倾听。

会后，外语组的田老师跑过来冲我喊："老子十几年来，从来没有像今天这样认真地听一个人讲课。"

第二天，童书记告诉我：她帮我申请了一笔劳务费。而且，如果我愿意的话，她希望我把讲课提纲留给学校，保存在学校档案里。

1993 年，那是我人生中第一次作家庭教育的专题讲座。15 年后，我正式开始作家庭教育的讲座。

2009 年，我出版《新父母学校：刘良华家庭教育讲演录》（北京师范大学出版社出版）。

四、教育忏悔

某天晚上，同事陈老师临时有事，请我代她照看初二（3）班的晚自习。

我很少和初中二年级的学生打交道。但据陈老师说，这个班有几个学生是认识我的。因为前几天晚上，学校童书记邀请我给初中一年级学生的家长作了一场讲座："我们今天怎样做家长"。有几个家长回家后就打听那个"矮个子男老师"是谁，学生回学校后就作调查，原来那个"矮个子男老师"就是我。我立刻在学校变成了小有名气的人物。

我也没有把自己当作等闲之辈，潜意识里已经把自己当作了"名人"。当时我已经拿到了西南师范大学研究生入学通知书，学校的老师和学生都把我当"研究生"看待。

老实说，我来照看这个班的晚自习，学生们应该有名师大驾光临的受宠感才对。

我大步迈进教室，往讲台上一站，巡视教室，然后找了个凳子坐下。又觉得坐在那里有些不自在，起身，拿粉笔在黑板上写了一行英语：

Keep silence! If you have any questions, please let me know.

用汉语说就是：请保持安静，如果有问题，可以问老师。

我还是更愿意用英语写出来。在我所能够讲出来的外语句子中，我对类似"If you have any questions, please let me know"这样的句子比较有把握，感觉是比较地道的外语。在陌生人面前秀几句地道的外语句子，这是荣耀的事。好像也不只我一个人喜欢干这种事，凡是外语系毕业的人，大都有这种习性，有这种优越感，总想让陌生人知道自己是"懂外语"的人。为了让别人知道自己的外语水平不错，平时会积累几句自认为地道的外语句子，一逮到机会，就扬眉吐气地说出来。

写完这两个外语句子后，再转身，坐在讲台上，看着学生。学生的表情果然有微妙的变化。

学生开始看书或者做作业。

照看学生晚自习比较容易，只需要坐在讲台上，装出比较威严的姿态，并不需要讲课。学生在下面忙忙碌碌，我可以坐在讲台上悠闲地看我的闲书。要是做教师的人只需要做一个"守望者"，并不需要气喘吁吁地讲课，也不需要精疲力竭地批改作业，这个职业就成为真正的"太阳底下最光辉的职业"。

可是，那天晚上如此美妙的想象由于一个男学生的挑衅，立刻转换成为一场噩梦。

那个学生姓刘，我认识，是学校的知名学生。他本人经常被他的外语老师叫到办公室训话，我们外语组的老师都认识这个学生。他的妹妹在初一（1）班，是我班上的学生。

其实，从进入教室的那一刻开始，我就开始关注这男孩。我虽然故意不看他，可一直在观察他的动静。如果他今天敢惹事，我会让他知道我的厉害。

教室里那么安静，忽然有人发出"弹舌头"的声音。对这种事情我很熟悉，我做学生时也做过。一是和同学比"谁的手指弹得最响"：拇指和中指指头对齐，用力挤压在一起，突然用力搓动，就会发出响声；二是和同学比"谁的舌头弹得最响"：舌尖紧贴上颚，突然用力弹，像蛙鸣一样发出声音。

做这种事情并不可耻，但在晚自习的教室里做这种事情就令人无法容忍。

我走过去，小声提醒他："不要这样！"

他看着我，不说话。

我转身离开时，他再次发出弹舌头的声音。

我很愤怒地转身，威胁他："你再这样？"

他看着我，竟然再次发出弹舌头的声音。

我迅速出手，一巴掌，抽打在他的脸上。

他暴跳起身，使劲地抓我的衣服。他说："我要把你杀了！"坐在后排的学生冲过来，有人按住他，让他坐下。

我令他"出来"。带他到"政教处"，交给"政教主任"处理。

我回到教室，教室里很安静。坐在后排的一个学生，他并不看书，用手托住下巴，远远地望着我。我猜想，那必是捣乱者同盟。我告诉自己：只要他不弹舌头挑衅，我不会招惹他。

第二天早晨，我进入外语组办公室时，几位老师告诉我："刚才家长来了，说他孩子的脸被打肿了，家长扬言要打你。我们几个老师跟家长作了解释，同时也希望家长管理好自己的孩子。"

我坐在办公室里，很长时间无法安静。那天上午第一节课是一（1）班的外语课。我走进教室时，第一眼就看到那个男孩的妹妹。我几乎无法用心上课，一直感觉教室后面有一双眼睛紧紧地盯着我。

那几天好像整个社会都在讨论《未成年人保护法》，也有学生拿着郑渊洁的童话书质问老师（有一本谈到《未成年人保护法》的问题）。

对我来说，打学生究竟是否违法并不重要，重要的是感觉自己做了对不住学生的事，"贼夫人之子"。[1]

如果一个学生在老师面前那样放肆，我相信很多老师都无法容忍。打人有时几乎是一种本能的自卫行为。

可是，学生为什么在老师面前那样放肆？那天，那男孩为什么在我面前那样放肆？除了动手打学生，还有哪些更智慧的化解矛盾的办法？

这件事情一直成为我教师生涯中的一件丑闻。即使别人不知道，我自己知道。即使别人不记得，我自己也会一直记得。

直到后来我读《论语》，读到"人不知而不愠，不亦君子乎"这句话，我

1　详见《论语·先进》。

才有所领会我的错误。

所有的错误，皆由一个细节开始：当我在黑板上写下"If you have any questions, please let me know"的时候，错误已经开始酝酿。

你若太把自己当回事，你必追求他人的认可。你若过度追求他人的认可，他人的忽视就可能被看成是对你的蔑视和挑衅。也正因为如此，《论语》开篇就提出"人不知而不愠"，以此作为君子的基本教养。

路过中山医科大学

一、呆若木鸡

1996 年，我在中山医科大学教务处做职员。我在这里待了两年，从 1996 年 6 月至 1998 年 6 月，做教学管理工作。每天在规定的时间上班，在规定的时间下班，在规定的时间里尽可能做应该做的事情，在规定的时间里尽可能不做不应该做的事情。第一天到教务处报到时，教务处的领导就跟我们讲：要有"公务员精神"。

对我来说，这是一种从未有过的新生活。以前做学生时比较自由，做中学老师时也还是有很多自由，现在成了教务处的"公务员"，第一感觉就是不自由。工作之前很多事情都可以自由地想象，工作之后，生活好像忽然变得很确定，整个人就生活在"确定性"的链条上。

比如，前一天晚上我就得预定好明天要穿什么衣服，然后把这些衣服很整齐地摆放在离床不远的某个地方。第二天早上一起床，就直冲到那个地方取我的衣服。披上衣服，简单洗漱，就冲下楼梯。

下楼梯之后，拐个弯就进面包房。最初，卖面包的小伙子总是很客气地询问："先生，要什么？几个？"后来，只要我出现在面包房，小伙子就质问："奶油面包？两个？两杯豆浆？"我几乎不需要说话，面无表情地点头，面无表情地接过两个奶油面包，面无表情地从窗口取两杯豆浆，面无表情地把两个奶油面包吞下去，然后把两杯豆浆吸干。

出面包房，跨上我的二八式自行车，径直前往中山一路。中山医科大学教务处就在那。

在报到上任之后很长一段时间里，我经常不知道要做什么事情，坐在办公室里很容易发呆，很容易不知所从。

整天坐在办公室里其实有很多的自由时间，除了偶尔有人叫我去复印一份开会通知，偶尔有人叫我给微生物教研室、人体解剖教研室、病理学教研室或者别的什么教研室打个电话，并没有太多的事情做。

打电话时经常问："喂——微生物吗？"

对方就回答："对！"

或者问："人解吗？"

对方就回答："是。"

有很多时间是交给我"自由支配"的。教务处的领导给我暂时布置的任务是"尽快熟悉教务处的工作"。

在没有人叫我做什么事情的时候，我就想看报。教务处每天都会收到《南方日报》、《人民日报》、《中国教育报》，这些报纸不知道是教务处领导特意订购的，还是被摊派下来的，反正教务处有很多报纸。按说，当我无所事事的时候，看报纸应该是蛮好的，既可以打发时间，也在关心党政大事，我又认识很多字。可是奇怪得很，看报好像不是一个教务处的职员适合做的事情。那几乎就是公开表明自己无所事事，也是公开摆出有气无力的姿态。根据我的观察，我的领导一般不愿意看到我在看报。

我更想看书，可是看书比看报的罪过好像更严重，除非是在看医学管理方面的书。读小说、哲学或历史几乎是犯忌的。其实制度上并没有规定不能看小说、哲学或历史书。有些事情并不需要规定，早已经化为最基本的日常规范。

更要命的是，我的领导就坐在我的办公桌对面。

我无所事事的时候，呆若木鸡。

二、骆驼的样子

在中山医科大学教务处上班时，我几乎每天都可以见到一位姓古的老师。我在教学研究科，古老师在教材科。

古老师年长了，脸上有老年斑。话不多，几乎沉默寡言。即使说话，也讷讷的，语速缓慢。

他常年穿一件褪了色的蓝衬衣，偶尔发现他穿白衬衫，就有喜庆的感觉。有一次教务处一起到华泰宾馆聚餐时，古老师就穿了白色的衬衫。

他走路的样子比较特别。看着地，耸肩，个子不高，步子却大。他好像只有一条腿用力，我每次看他走路时，就会想起"抖动"、"怂恿"、"奋勇前进"这类词语。

有一次下班后我坐在学校图书馆前面的草坪上，很专心地观看古老师走了很长一段路。我比较喜欢看古老师走路的样子。我知道做这些事情很无聊，可我常常喜欢做这些无聊的事情。那时我经常做的另外一件无聊的事情，就是观看一些老年人在图书馆前面的门球场上打门球。我想我要是老了，绝不打门球，没意思。可是，又有什么是有意思的事情呢？就这样无聊地想这些无聊的问题。

古老师总是准时上班，几乎没有例外，每天几乎都在同样的时刻打开他的办公室的门。我有时上班也很早，但不如他那样很稳定地一如既往地早。有一段时间常常是我第一个到教务处，他第二个；有时他第一个到教务处，我第二个。教务处有一个专用的小水池。水池就在他的办公室门口。我拖地板前要拿拖把到水池去湿水。最初他看见我时，一般不会主动跟我打招呼。等到我喊"古老师好！"他就慢慢地说"小刘——，早晨！"我每天都会喊"古老师好！"他每天都说"小刘——，早晨！"按说，在我喊了"古老师好"之后，他直接回应"你好"或"早晨"就可以了。我不明白他为什么总是先喊"小刘"，然后再喊"早晨"。后来听多了，我也就习惯了。

广东人有见面说"早晨"的习惯，相当于西方人说的"Morning！"有时到了中午，人们见面了还是说"早晨"。我上班时每天都会听到多次的"早晨"，但在我的印象中，只有古老师的"小刘——，早晨"是最柔和、最美好的。再后来，古老师改变了打招呼的策略，只要见到我，远远地，我还没来得及喊他，他就喊："小刘——，早晨！"

我猜想古老师一定不知道，每次听到他喊"小刘——，早晨"时，我就高兴得像见到自己的祖父（古老师看上去和我祖父的年龄差不多）。

除了负责学校教材的"供销"之外，古老师每天还有一个任务，就是把教材科的一个装钱的小铁皮箱子（只有一本书那么大）准时地"送"到财务处去保管。第二天上班时，第一件事就是很准时地把那个装钱的小铁皮箱子重新从财务处"接"回来。因为有古老师的忠诚接送，那个小铁皮箱子每天就跟着古老师一起日出而作，日落而息。

在我的印象中，那个小铁皮箱子好像是教务处的"小金库"。里面装了一些现金和票据。教务处工作人员的月末奖金和年终奖金就从那个小铁皮箱子里取出来。我初到广州时，几乎身无分文。教务处的领导让我向教务处借点钱作为生活开支。张处长问我借多少，我说："两百吧。"她说："先借500元吧。"那天我拿着借条去找古老师，古老师很认真地看了借条之后，拿钥匙打开那个小铁皮箱子，从那个小铁皮箱子里拣出500元递到我手里。

后来我好像很少见到古老师接送那个小铁皮箱子，估计与那几年各个大学兴起取消各个院系和处室的"小金库"的风潮有关。

在古老师接送那个小铁皮箱子的日子里，我常疑惑教务处的领导为什么让古老师来执行这个重要的任务。在我看来，管钱的事应该由一位比较"精明"、"敏锐"的人来做。古老师显然不是那种"精明"而"敏锐"的人。每次看到古老师提着那个小铁皮箱子很小心地从教材科"抖动"、"怂恿"、"奋勇向前"地走到财务处时，我就感到教务处的领导不应该把这件事情交给古老师来做。这不妥当，不适合，至少古老师不适合出现在财务处。就我所知，在财务处那里做事的人多数有精明、敏锐的精神长相。古老师的脸上写满了安静、保守、与世无争，甚至显得有些自卑。这两种长相的人聚在一起，是不是不协调？

不过，有几次我到财务处"报账"时，顺便作了一些观察。财务处的人对古老师倒是蛮客气的。古老师去的时候，就说："我把箱子放到这儿了。"那里就有人招呼："好，您就放到这儿吧。"

我和古老师交往其实不多。有时临时需要拿几本教材，我就到古老师的办公室去。偶尔想在科室之间串门时，我第一想去的地方是资料室，因为阿丹在那里，阿丹是年轻漂亮的女士。第二想去的地方就是教材科，因为古老师在那里。古老师是年长的男士，他即使没有别的魅力，至少也是那种只要你一见到就会感到有很多安全感的男人。这种安全感不是来自他的身材如何伟岸，而是因为他的厚道、忠诚。现代人普遍追求智慧、敏捷、效率之后，还有多少人能够让人感觉厚道、忠诚？

古老师的办公室在一楼，比较暗，常年阴冷。办公室里总是显得很拥挤，像个杂物间。但只要有古老师在那里，就感觉那里是一个适合居住和聊天的地方。

和古老师聊天是比较困难的事情。我到教材科时，还未进门就会学着粤语的腔调大声喊："古老师！"他就调头招呼我："小刘，坐一下！"

我有时就听他的话坐下了。可是坐下之后又不知道要做什么了。我一般在那里坐很短的时间，甚至只是站着。有几次经过古老师的办公室时，我就在门口大声地喊："古老师，在干什么呢？"他就回答："没干什么！坐一下。"我就告诉他："不坐，有事呢。"

后来我开始在他的办公室寻找谈话、聊天的主题。有一次我找到的主题是一幅挂历。我说："啊，很漂亮！"他就说："漂亮吗？送给你。"我说："那不行，这是你们办公室的财产。"他补充说："我还有啊，在柜子里，你要不要啊？"我说："要！"他问："要多少？"我说："越多越好。"那天离开他的办公室时，我拿了两幅挂历，另外他还送了我一个台历。

另一次找到的主题是他的办公桌上压在玻璃下面的"照片"。我说："啊，古老师，这是什么时候的照片？"他说："是那次教务处的人出去玩的时候的集体合影。"我说："啊，你那个时候穿的衣服很时髦！"他很认真地反问我："我还时髦？"我说："对呀。很时髦。"他说："你才时髦呢。"我说："对，我也时髦。"我发现跟古老师聊天时，总是很轻松，不需要掏心掏肺的。

古老师做事显得比较慢，写字尤其慢，从不追求速度。有几次我到他的办公室请他开发票，他先在空白纸上打草稿，然后转移到正式的发票单据上。无论打草稿还是写正式的发票，他都照例慢慢来。一笔一画地为每个字负责，快要写满一行时，他就另起一行，绝不让某个字挤在一行的后面。写完之后，整个发票单据上的字就显得很有分寸。

古老师像一匹可靠而有韧性的骆驼。骆驼有很多美德。骆驼的所有美德在古老师身上都有。

照尼采的说法，骆驼是人的原形，也是人需要恢复的第一原形。

我对工作态度的转变，似乎与"骆驼的样子"有关。

三、能够动的事物叫动物

在中山医科大学教务处混了一年，我开始改变自己的处境。

第一个改变是我开始学会"没事找事"做。我每天准时或提前几分钟进入办公室。进办公室后就拿拖把到办公室外面的水池里弄湿，然后返回到办公室拖地板；拿抹布到办公室外面的水池弄湿，然后返回到办公室把每张办公桌擦干净；拿水壶到办公室外面接水，然后返回办公室接上电源，等几分钟就可以听到水已经烧开的报警声。

只要我愿意，这些事情每天都可以做，没人抢夺我的地盘。我向来喜欢做事，一直怕无事可做，更害怕无事生非。自从我发现我可以拖地板、擦桌子、烧开水以来，我就感觉在这个地方完全可以施展我做事的才华。

除了拖地板、擦桌子和烧开水这些现成的事情之外，我发现有些不那么现成的事情也是可以做的。

比如某天我忽然发现办公室里的白色的"美的"电风扇几乎成了黑色，

我就找来螺丝刀，把电风扇卸开，拿风扇的叶片到办公室外面的水池冲洗。然后擦干，重新安装复原。

如果某天我忽然发现办公室里的时钟的指针停止走动了，我就到外面去买一个新电池，把旧电池换下来。那只时钟很久不走动了，我曾经怀疑它已经沦落为摆设，放弃了呈报时间的功能。但等到我把新电池放进去时，它竟毫不犹豫地转动起来，绝没有偷懒的想法。

如果某天忽然发现办公室里的档案夹的标签不那么清晰，我就开始重新书写这些标签，顺便也将有些文件重新整理分类。2002年我回到我工作过的中山医科大学教务处的办公室，我看到我写的有些文件夹的标签仍然保留在那里。

当我"没事找事"做之后，当我"寻找"事情之后，我立刻发现教务处原本是一个很繁忙的地方。此前我不知道哪些事情是我可以做的，哪些事情是我应该做的。在寻找之前，对很多问题和很多事情都等闲视之，"视而不见"。一旦没事找事，问题和事情开始源源不断地被揭示出来。

第二个变化是开始学会"欣然执行任务"。我开始恢复我的真相：我以前从没想过我会在某个地方坐着，一副无所事事的姿态，摆出有气无力的样式，像鲁迅说的那样"两眼下视黄泉"、"满脸装出死相"。现在我差不多恢复到以前的状态：不让自己闲着，不让自己无事生非；不做事则已，一旦做事，则一定兴冲冲地去做。

以前我总认为自己做一些诸如复印开会的通知单、开会前给各个教研室打电话、大型研讨会时到机场接送专家之类的事情是浪费我的宝贵时间，现在发现做这些事情很有意义。这些事情总得有人去做，而且把这些事情做好并不容易。

以前总想着"执行"是"奴才对主子"的忠诚，但现在我愿意把"服从"视为美德。我愿意"执行"。

这种变化很奇妙。这以前我只要接到外出办事的任务，我就很开心，并迷恋外面的马路。比如学校的设备处在校园的西区，如果到设备处办事，我就可以暂时离开教务处办公室，在教务处到设备处之间的路上可以自由地行走，可以顺便看看路上的红彤彤的紫荆花。即使紫荆花树不开花，光秃秃的，只露出枝桠，也是好看的。学校的印刷厂也在校园的西区，如果到印刷厂去办事，去那里印刷"课堂教学质量评估报告"，我就可以再次离开教务处办公室，可以顺便看路边的篮球场上的学生打篮球。如果碰巧篮球从场上飞过来，我可以伸手把球接住，我就喜欢干那事。

这以后，我虽然也愿意外出办事，长久地待在办公室里总不是好事，但我也愿意回到我的办公室，那里有事情等着我去交接和处理。有时发现待在办公室里也蛮好的。做成一件事情之后，就自己给自己很多成就感。有成就感的日子就会更加好过。

这种变化其实很简单，不过就是变得比以前更加主动地做事，更加主动地改变自己的处境。

如果我不努力改变，我就会在教务处一如既往地孤独而郁闷。我知道，我若甘愿孤独而郁闷，我的同事或许会偶尔施舍同情。但在施舍的当下，已经"怒其不争"了。如果我不努力改变自己，我就得忍辱负重。如果既不努力改变，又不能忍辱负重，就只剩下潦倒。

"能动性"曾经被滥用，甚至泛滥成灾。可是"能动性"总还是一个有魅力的词语。这个词语提醒人类：既然也属于动物，就得留守"能够动"的天性。否则，人不仅不是高贵的动物，甚至缺乏"畜生"的美德。

四、《家庭医生》的兼职工作

1. 在编辑部求职

在中山医科大学教务处上班时，教务处每月都会获赠一本本校主办的《家庭医生》。没事的时候，我就翻阅这本杂志。最初以为这本杂志只发表医学方面的文章，后来发现，杂志每一期都有关于心理或教育方面的文章。于是，我尝试给该杂志投稿。

最初投了一篇文章《自己做自己的医生》。大概两个星期之后，我接到编辑部办公室吴老师的电话。吴老师说我那篇文章有些观点在医学专业上没有说服力，所以不能发表。但是，文章的标题和文采都不错，希望能够继续合作。她询问我的学习经历和工作经历。我告诉她：我的本科专业是外语，硕士专业是教育学。硕士期间曾经在西南师大《成人教育》杂志做过编辑。她问我在哪里工作。我说"就在广州"。吴老师对我的经历比较感兴趣，她推荐了几种合作的方式：第一，继续投稿，最好围绕心理学问题写成文章。如果发表，每篇文章大约有1000元的稿酬。第二，可以帮他们修改稿子，每修改一篇，可以获得500元的报酬。第三，如果合作愉快，她可以考虑向领导提出申请，将我调入杂志社工作，成为杂志社的正式职员。

我当时很兴奋，幸福来得太快，觉得不可思议。三种合作方式我都愿意接受。修改一篇论文竟然有500元，这是我当时一个月的工资。发表一篇文章竟然有1000元，这是我两个月的工资。而且，如果合作愉快，竟然还可能调入杂志社工作？

我答应她，先从编辑文章开始。吴老师每个月给我提供一两篇在她看来经过编辑之后可以发表的文章，让我尽可能适当调整或改写。另外，我可以随时投稿。她建议我尽量围绕心理学问题写文章。

据说，那几年《家庭医生》是国内著名的畅销杂志之一，效益极好。杂志社自己建了大楼，在繁华的东风东路开办了《家庭医生》医学整形美容门诊部。杂志社每年给中山医科大学上缴数额巨大的利润。

自从开始在《家庭医生》杂志社做兼职，我每个月都获得不少报酬。有几次我带高师妹在学校附近逛街，我会让高师妹在楼下等我，我上楼去取钱。高师妹问："什么钱？"我说："稿费。"她觉得很神奇。等到我从杂志社出来，手里有1000多元的现金，她才相信我真的在《家庭医生》做兼职。

在那里做了两个月的兼职之后，编辑部的吴老师决定让我调入杂志社工作。她向主管领导王老师作了推荐。王老师约见了我，他说他已经看过我的相关资料，知道我是外语本科、教育学硕士，曾做过《成人教育》杂志的编辑。核实了我的毕业证书和学位证书之后，他表示愿意接受我的入职申请。他问我住哪里。我说住在广东教育学院。他马上说："哦，在客村，那里有广州六中，是很有名的中学。"但他对我一直不肯透露具体的工作单位感到疑惑。我告诉他："我就在本校教务处工作。"他怔住了，立刻表态："这会比较麻烦，我们杂志社不能在学校内部挖墙脚。但是，我们会再讨论。"

从那以后，我不再幻想调动工作。我继续修改稿件，继续投稿。做这两件事，我已经很满足了。

1998 年 6 月，我离开中山医科大学教务处，成为华东师范大学的博士研究生。

就在那一年，我在《家庭医生》发表了两篇文章。一篇是《被婚姻囚禁20 年》，笔名是"杨雪"；另一篇是《外遇也"遗传"吗？》，笔名是"北京读者小靳"。两篇文章都发表在《家庭医生》1998 年第 8 期。

《外遇也"遗传"吗？》是一篇专栏文章。这个专栏一般由读者来信，由编辑部请"钟教授"回信。这个读者可能是真实的，但常常是编辑部请作者虚构的。负责回信的"钟教授"也是虚构的。杂志另外还有一个医学科普栏目，那个栏目负责回信的是"柯教授"。这个"柯教授"同样是虚构的。据说，"柯教授"之"柯"是"科学"之"科"的谐音。"钟教授"之"钟"是"中山医科大学"之"中"的谐音。

之所以写《被婚姻囚禁20 年》，是因为吴老师给我提供了一篇文章《为什么我们的婚姻味同嚼蜡》，让我帮忙修改、调整。我提交了修改稿之后，吴老师建议我试着写一篇同类主题的文章。我觉得这是一个好机会。当天晚上回到家里后，跟高师妹说："不要打扰我，我今晚要写一篇文章。"当天晚上睡觉之前，我就写成了《被婚姻囚禁20 年》的初稿。第二天上班后，我在办公室作了一些调整，然后去楼上送给编辑部的吴老师。吴老师看后当场拍板："这篇文章可以发表。"

之所以写《外遇也"遗传"吗？》这篇文章，主要是受《外遇也遗传》那本书的启发。根据那本书的原理，我虚构了一个关于外遇问题的故事。

两篇文章都是虚构的故事。但是，故事里的人和事，都有真实的原型。我虚构故事时，总是尽量想象两三个原型人物，然后将这两三个人的故事嫁接到一个人的身上。

2.《被婚姻囚禁20 年》

看完《家庭医生》1998 年第 7 期小丽的文章《为什么我们的婚姻味同嚼

蜡》，我的心忍不住又隐隐地痛起来。

我这辈子花了太多的时间去遵守所有的规范，尽心尽力地想做个好女人。早些时候是努力做父亲的乖女儿，遇上了我的丈夫后义无反顾地决定做一个贤惠的妻子和孝顺的儿媳。后来有了一个生下来就有 4 公斤重的胖儿子，从此立志做一个慈爱善良的母亲。

但现在儿子长大了，上大学了，丈夫又常年在山东或东北或别的地方做生意。我开始由孤独、寂寥而感到失落。这几个月来我时常焦虑、抑郁、失眠、容易激动、注意力不集中，甚至喜怒无常。有时夜里睡觉时突然醒来，似有一股热浪自胸腔向头部袭来。按照医生的说法，这些可能与年龄特征有关，是妇女更年期的症状。但我知道我的焦虑抑郁与我目前的处境是有关系的。当冷冷清清的屋子里就剩下我一个人独自居住形影相吊时，我就忍不住追问我自己："我的婚姻幸福吗？我一生做了哪些可称得上有意义的事情？"

我们的婚事是老式的，完全由父母精挑细拣而结合。但婚前我并非对他没有好感。他是那种性格内向、不苟言笑却英俊挺拔的男人。婚前我一直庆幸能够遇上这样一个稳重而可靠的夫君。婚后我们曾在一家纺织机械厂工作。几年后由于单位效益不佳，他主动提出停薪留职，开始做纺织机械零部件生意。

婚后最初几年，我与丈夫相敬如宾。我们从不像邻居的夫妇那样动不动就吵架打斗或摔盆摔碗。丈夫在家里寡言少语，但我们配合还算默契。他生意不佳情绪低落时，我会尽量将当天的晚餐做得丰盛一些，为他沽半斤高粱米酒。他打喷嚏了，我会到衣柜取件衣服给他披上，或者打开家用药箱拿药片递给他。

但不久丈夫的生意愈来愈难做，脾气也就慢慢变坏且多疑，动辄怀疑我与车间的某某同事有染。某次竟闹到单位上去，我忍气吞声，故意不理会他的胡闹。但这样似乎激怒了他，第二天他如法炮制，闯进单位大叫大喊，我忍无可忍，干脆辞掉了那份原本就工资低廉的工作，一心一意地留守在家里相夫教子。再后来，丈夫的生意做得越来越大，赚的钱可谓不少。生意的销路是好起来了，但他的脾气不但没有因此转好，反而变本加厉。他最关心的问题是："我外出时，家里来过什么人？"

以前我的确有一段时间与车间的一位同事相好。他总是那么有耐心地听我讲话，有时他也为我讲一些他儿时的故事，我视他为自己的弟弟。有一次我邀请他到家里来做客，没想到这样会惹丈夫发怒。不过，退一步想想，丈夫也许是对的。据说婚姻有一种"排他性"。丈夫嫉妒我与任何其他男人往来，这不正说明他是重视我、爱我的吗？所以，我辞掉工作后，再也没有与那位同事往来。我也尽量不与其他男人接触，甚至连女人也少交往。但丈夫还是不信，坚持"没事不许出去，免得到外面惹是生非"。我能说什么呢？很多时候，想到他在外面做事也不容易，挣钱确是一件辛苦的事情，我就以此来安慰自己，觉得自己的丈夫毕竟是在为这个家四处奔波。但有次好不容易盼到他从东北出差回来，他回到家里的第一件事却是向儿子盘问"家里的情况"。此时我感到受了侮辱和欺骗，接下来的吵架是免不了的。但我的声音弱小，他却"理直气壮"，所以像往常一样，吵架时失败者总是我。

为了儿子，也想着丈夫毕竟有一些别的男人所没有的长处，所以我还是决定保持这个家的完整。直到儿子上了大学，写信回来说："妈，爸常年在外，您要学会照顾自己，不要总是想着别人"的时候，我内心深处才猛然感悟：我真的是为别人活了一生。除了儿子，其实我一无所有。原以为与这样一个有条有理、生性严肃的丈夫结伴而行一定可以达成一桩安全可靠的婚姻。直到人老珠黄时，我才渐渐明白，自己20年来苦苦经营的婚姻，不过是一座孤独而悲怆的监狱。

也许明天，我会走出这个冷冷清清的屋子，也许明天，我会考虑与丈夫离婚，彻底地走出这座婚姻孤城。但同丈夫离婚与否似乎并不重要，重要的是为自己找回一份属于自己的工作。在我这个年龄，找份工作可能不那么容易，但哪怕是做清洁工或淘粪工人，我也会考虑的。

3.《外遇也"遗传"吗？》

钟教授：

您好！

有一个问题，一直令我惶惶不安，我不知道如何是好。

13岁那年，我发现了父亲对我母亲不忠。那天下午我从学校回家，看到爸爸躺在床上，旁边有另外一个女人，是妈妈的闺中好友。

父亲与另外一个女人相好实在令我无法接受。此前我对父亲有一种难以言说的依恋和尊敬。我曾认为他是位出色的父亲，做事能干，充满活力，且伟岸如史泰龙。但自那天下午以后，一切都开始改变。

"父亲喜欢另外一个女人，母亲是否知道？父亲会不会抛弃我及弟弟呢？"夜深人静时，我常常蒙在被子里想这些问题。

看来爸爸有外遇，最受打击的似乎还不是母亲，而是我这个女儿。我常感到被父亲遗弃，遭遇背叛，变得不再相信别人，也失去了往日的自信。

19岁那年我总算懵懵懂懂地进了一所师范院校。大学四年期间，我不断地提醒自己绝对不可以理睬男同学的约会。有一段时间我坚信独身有益，誓不与男人谈婚论嫁。

不过，毕业留校后，我却草草地选择了既不爱也不厌烦的阿斌做丈夫。我嫁给他，除了敌不住他频献殷勤，还有另外的原因：我有把握他肯定不会对我不忠。

阿斌在一家公司做文案工作，每天日出而作，日落而归，在家里毫无怨言地承担了洗衣做饭的工作。"我爱他吗？"当屋里剩下我一个人，我时常问自己。日子一天天过去，我在阿斌身上却仍找不到感觉。

一年后我不得不承认我已爱上了另一个男人。他曾教过我法语，我叫他麦教授。

麦其实算不上英俊，衣着总是不整，堪称邋遢。有次竟将一件褪色的深红棉质秋衫披在肩上，一屁股坐在偌大的讲台上给我们作演讲。私下也不断地听同事议论他年少时乃是花花公子，至今仍绯闻不断。但不知何故，我却爱上了这位玩世不恭的有妇之夫，且疯狂地爱上了他。在春末的那个下午，在他的卧室里发生了那种我期待已久的关系。

麦事实上对我并不在意。我对他亦无过高的期望，从未想过要他娶我为妻。我知道这样做不道德，也对不住阿斌，但我说服不了自己。每天阿斌出门上班之后，我就忍不住往麦的家里去。我曾经憎恨父亲对婚姻不忠，怎么也想不通我自己为什么会重蹈父亲的覆辙。

听朋友说，外遇是一个家族的遗传行为。它会像身高、眉毛、双眼皮一样代代相传。

难道我的外遇真的与父亲有关吗？如果真像朋友说的那样，外遇是家族遗传的结果，那么不就说明外遇是注定了的、不可避免的吗？既然是注定了的、不可避免的，那我还能拯救我的婚姻，建立一个正常的稳定的家庭吗？

钟教授，我该怎么办？

北京读者小靳

靳读者：

你好。血型、基因可以遗传，行为是不可以遗传的，但环境的影响可以改变一个人的行为、心理。

心理影响的极端形式是"报复"或"改造"。女儿因为小时候察觉到父亲在外面拈花惹草，长大后就以"不断变换男朋友"的方式来打击、报复她从小就痛恨的男人。或者，由于小时候以为母亲没有很好地改变花心的父亲，于是偏偏找一个类似父亲的花花公子，然后"改造"他，以此证明自己的力量。

更常见的是，有些女孩子因为亲眼看到父母由亲密无间转而风波骤起，相互猜疑，则有可能对亲密关系产生一种不信任的心理情结，长大后便逃避类似夫妻之间的那种亲密关系。

也有另外的可能：若父母感情走私，子女则在潜意识里认为对婚姻不忠是正常的事情，于是轻易就到家庭之外去寻欢作乐。或由于担心自己成为受害者，便可能先下手为强，化被动为主动，背叛自己原本就不那么信任的婚姻。这些原因导致了一些祖传几代都发生外遇的现象。因而，人们便产生了外遇也可遗传的想法。

根据你的情况来看，父亲的外遇显然影响了你对婚姻的看法。当你坚信"独身有益"时，内心深处其实是在逃避两性间的亲密关系，认为所有男人都会像你父亲一样风流放荡。也因此当你不得不谈婚论嫁时仍然将"不会对我不忠"作为选择丈夫的标准。这使你的婚姻从一开始就孕育了危机。而爱的饥渴使你重复了父亲的行为，寻找另一个异性来补偿这种空白。以你目前的心态，即使你没有爱上麦教授，也可能会爱上别的男人。

所以，若希望建立一个正常而稳定的家庭，你得走出"父亲外遇"的阴影。找一个可靠的男人做丈夫是对的，但更重要的前提是两个人必须彼此了解并爱着对方。从你的来信中看得出你的丈夫对你情有独钟，但他对你并不了解，而且你似乎也不那么了解的丈夫。你们现在最需要的是安排一个合适的时间，坐下来好好地交流一下各自的感受，将隐藏在内心深处的不安或不满尽量坦诚地倾吐出来。哪怕因为说了真话而引起大吵大闹，也好过表面的平静而沉闷的婚姻。

对你而言，交流之后可能只有两个结果。要么因为你发现了丈夫真实的喜怒哀乐而开始珍惜你丈夫的感情；要么完全失望，重新寻找适合自己的伴侣。而对你丈夫而言，无论选择何种方式，我认为都比现在这样的"既不爱也不厌烦"要来得公平。不过，既然"不厌烦"，说明你们的婚姻是有基础的。因为真正一见钟情、天崩地裂不变心的爱情在现实生活中出现的几率并不大，而且即使有也多半不能持久，所以，若有"不厌烦"作为基础，你们完全有机会由交流而两情相悦。但愿下次收到你们的来信时，你们已经彼此相爱，不再将外遇"遗传"给你们的下一代。

钟教授

走进华南师大

一、我的教学

1. 我对学生的几点要求

凡是听我讲课的学生，我在第一节课都会提出我的要求。我的要求如下：

你可以选择不听课，申请免修。申请的程序是：提交一篇或几篇你的作品给我看，让我知道你是一个"怪才"。

如果你选择了听课，你得守住几条底线：

第一，不迟到，迟到5分钟算迟到。如果迟到了，请不要进教室。你进来也可以，但我心里会充满仇恨。可是，如果你不进教室，每旷课一次，就扣2分。做老师的人喜欢用分数来吓唬学生，如果你来到大学这个地方却"不学无术"，我也会动用分数来吓唬你。

第二，上课不要喧哗，比如同桌之间讲话、接听手机。我所理解的"没修养"的人有两个恶习，一是迟到，二是喧哗。

第三，如果你既不迟到，又不喧哗，大体就守住了底线，但你最好不要在我的课堂里"读书"或者"打瞌睡"。我认为那样是对我的侮辱。我的老师曾经对我们说："我讲得那么好你都不听，你也太笨了。"我也常常想重复这句话。孔子一生光辉，但因为骂有些学生是粪墙和朽木而留下污点。有时候，我也想骂同样的话。在我的课堂上请注意你身体的姿势。曾经有学生在我讲课的时候频繁地摇头，那样让我感到很紧张。下课期间，我问他："请问，你有什么反对意见？"他说："没有啊！"我问："没有反对意见，我上课的时候你为什么不断地摇头？"他竟然说："哦，对不起，那是因为颈椎不好，脖子不舒服。"我建议："脖子不舒服可以不断地点头，不要摇头。"

第四，我的课程基本没有考试，由听课状态和平时作业折合为课程成绩。每个人的基础分是 80 分，每次作业合格，就守住了 80 分。如果作业优秀，获得 A+，就加 2 分；获得 A++，就获得 84 分，以此类推，获得 6 个 A+，就成为 92 分。如果不做作业或者作业严重不合格，一次扣 2 分，你的成绩变成78 分；两次不做作业呢，就扣 4 分，你的成绩变成 76 分；如果三次不做作业，就成为 0 分。我的课不用请假，在我这里，任何请假都是借口。任何人都可以两次不来上课，每次扣 2 分；三次缺课，就成为 0 分。

（我把学生的平时的课程作业看得比考试更重。学校规定平时成绩占30%，考试成绩占 70%。但是，我个人拒绝这个规定。我的平时成绩占 70%，考试成绩占 30%。我不会公开反对学校管理的规定，但我悄悄地作了转换：我设计的考试试卷中有 3 道论述题，每道论述题占 25%。其中前两道论述题后面加了括弧，括弧里面注明了"如果平时课程作业已经做了此题，可以不做此题"。）

第五，除了完成我布置的看得见的课程作业，每个人还得完成另一个看不见的作业。看不见的作业比看得见的作业更重要。这个作业的主题是："成为安静而有活力的人"。大学生活只有四年的时间（研究生只有三年），但这四年将决定人的未来。你的专业，你的业余爱好，你的朋友圈子，你的性格，你的生活态度，将在这四年的时间内逐步成型。大学生活是人的成长链条中的关键环节。

2. 追求有用和有趣的讲座

我在备课或讲课的时候有一个习惯：我总是尽量将自己还原为听众的角色。备课时，我会不知不觉地想象我的书桌前面坐着一排听众，他们正在看着我，于是，我会尽可能从听众的角度来备课。备课时写出来的是文字，但文字背后有口语和声音。当我觉得自己的教学方案过于炫耀理论而没有实际的用处时，或者，当我觉得我的教学方案过于重视"有用"（有思想）而忽视了"有趣"（有趣味）时，我会断然放弃原来的思路。

为了让我的讲课或讲座变得有用和有趣，我想了很多办法，比如，我会四处搜寻一些有用而且有趣的案例。看书时，如果遇到某个适合用于讲座的观点或案例，我会迅速记下来，纳入相关的讲座提纲。有一段时间，我集中查阅教育小说和教育电影，从小说和电影中寻找可用于讲课或讲座的观点和案例。在设计我的讲座内容时，我会使用两把筛子，每一个观点和案例都必须接受有用和有趣这两把筛子的筛选，"不达目的誓不罢休"。这大概是一般大学教师没有留意或者不愿意花时间去做的事情，但是，我愿意。也许很多人认为这不重要，而我认为这恰恰是决定讲课或讲座质量的关键。成败得失，在此一举。悠悠万事，唯此为大。

为了形成有用而且有趣的观点和案例，我在备课时会花大量的时间。我在讲座中可能会讲"教育的段子"，但仅仅用搞笑的方式赚取学员的笑声和掌声并不高明。其实，大学本科生或中小学老师、校长并不是傻瓜，如果某个老师为了追求搞笑而天马行空、插科打诨地讲一些与讲课主题无关的话题，他们会觉得这个老师在哗众取宠。

我采用的办法是：尽量把严肃的学术知识安放到比较有趣的生活背景之中。知识依然是讲座的焦点，不同的是，我要让焦点获得背景。孤立无援的没有背景的焦点是冰冷的，有生活背景、来龙去脉的焦点就获得盎然的生机。这个背景可能是教学实践，也可能是生活事件。它可能是对当下社会现象的反讽，也可能是对自己的学术或人格的调侃与自嘲。那些日常教学实践或日常生活事件、自我调侃往往会赢得学员的笑声或掌声，但在学员的笑声或掌声中，我会悄悄地插入严肃的学术知识。

有用而且有趣的标准在我给本科生讲课时已经显示出它的实力和魅力，当我带着这两个标准去给在职教师或校长作讲座时，我的讲座立刻就变得与众不同。最初在广东省各类教师培训、校长培训中产生影响，后来参加教育部"新课程"教学专业支持小组的活动，我的讲座开始在全国各地产生影响。

二、教学的效果

1. 个性教师[1]

初见先生时，您给予我的是强大的压迫感。诚如先生所说的，您是"一脸死相"地给我们上了一堂至今为止对于大学来说印象最深的第一堂课。您的压迫感是无形的，在您的一举一动中，我看到了一个严谨治学的学者。

然而先生您于我而言又是熟悉的。我的初中数学老师也和先生您是同一类人，表面很严肃，但严肃有度。在不苟言笑的外表下，内里实则隐藏着一颗热爱学生的心。先生您又是让人捉摸不透的类型，喜怒不形于色，因此，对您，我是有一股无可名状的敬畏，大概人类总是习惯于对未知的事物心存畏惧吧。

可是在经过几堂课的了解之后，我发觉先生您其实也不是一个很可怕的人。正如上面所说，您严肃，但有度。我想对于一个教师来说，他是必须对他的课堂有掌控权的。掌控权是与威严密切相关的。一个没有取得学生敬佩与信服的老师，同时也是无法取得课堂的掌控权的。

先生的学识很渊博，是我现阶段所不能达到的。听先生的课，必须善于思考，而且思维跳跃性要大，若不，就无法跟上先生您的节奏。看先生手中无稿，却能侃侃而谈，令我羡慕之至。先生您的课，使我明白，书是怎样去改变一个人，学者与白丁的差别在于哪里。出口成章，这是我所渴望的。

先生在课程中提到的某些学者和某些书，给了我一个读书的方向。先生

1　本节来自两位同学的教学评价。从"初见先生时"到"先生说过"由杨灼群提供；从"这是一个有个性有激情的老师"到"这是大学里唯一一门专业课让我有这样的感觉"，由"云端漫步"（笔名）同学提供。

所说的重要他人，我已经找到。我喜欢先生要求的作业，看一本书，写一些感想。从前我一直找理由，总是说，没时间看书。很惭愧，在先生的要求下，我才真正静下心来看书，用心去体会书中蕴含的道理。这使我意识到，作为一个学生，我以前做得远远不够。

先生说过，能给我们上课是您的荣幸，而我却觉得，能成为您的学生，坐在教室里听您讲课，是我们的荣幸。

这是一个有个性有激情的老师。我相信在我们班里，99% 的同学和我一样，发自内心地钦敬，佩服！

学生遇到好老师，就像千里马遇到伯乐一样（难求）。千里马常有，伯乐不常有也。在学校里，不知道是否过分要求老师出学术成果的原因，很多老师上课缺乏激情，不重视教材，不重视教学方法，一点革新精神都没有。记得，大学二年级必修课教育学，用的竟然是 1981 年版的教材。天啊！从我出生那一年，一直用到 21 世纪。看来中国教育学这 20 年来一直没有什么发展。那个上课的老师，我们除了记得他是男的，其他的都不记得了。语调一个学期保持在同一个分贝值上，枯燥地忽悠而过。这是大多数老师上课的状态：沉闷、枯燥、内容只限于课本。有时候，我在想，有必要上课吗？我又不是不识字。我看书的效果不会比他看书的效果差。所以，本科期间，这些理论课能逃则逃。也不能完全怪老师，也许体制也有点问题。明明是师范学校，却要搞什么综合性大学，想全面发展，结果全面平庸。最基本的师范生技能，没人理会了。无言！我也是受害者。要有本事，唯有靠自己。第二年我就明白了这个道理。

可是，就在这种背景下，他出现了。这样的背景衬得他与众不同！第一天上课，我对他印象不是很好。因为那家伙一上讲台就给了我们一个"下马威"："上我的课，任何人，不管是谁，迟到 5 分钟，不要进课室！"真够拽的了。

"如果老师你迟到呢？"有人不服气。

"我不会迟到。"斩钉截铁。

"万一呢？"

"不会有万一。"很洪亮。

大学四年级的我们，松散惯了，这下子被震住了！

"如果有万一，任你们处置。"那家伙竟然笑了，竟然还笑得很可爱。下面"哇"声一片，顿时气氛又轻松起来了……

他又补充："我的课，虽是必修课，但你们可以选择不来，只是你要告诉我你不来的原因，并且保证一定能通过考试，这没关系！如果你觉得，你要做的事比上我的课更有意义，我赞成你不来。如果你选择了来上课，我保证，你不会失望。"我们能感受到他说这番话的力量与自信。

后来验证，果如其言，我们没有失望。整个学期，没有一个同学逃课，也没有人迟到，包括我。逃课，是家常便饭。有的老师，只要不妨碍自己上课，就置之不理；有的老师，不知是出于尊严还是面子问题，"恶毒"地用考勤点名来"威胁"。他不是，他完全靠个人魅力吸引我们。他跟我们讲过一个事：每次他们到导师家的时候，约好了8点钟，他会准时地、一分不早一分不迟地到她家。为了不迟到，他每次都会提早10分钟到她家附近，在她家楼下的花园里转。不能提前进去，等转到差不多到点了，才上导师的家。我们问他为什么不能提前进去。他说了两个字：敬畏。后来，我们懂得了要"心怀敬畏"。

说起印象，先从表面印象谈起。严肃，是他的根本，不论是内在还是外在，最有特色的，是他的眼睛，酷得像周杰伦。所以，我们私底下也叫他"周杰伦"。但他笑的时候很可爱，就像一个小孩子，还露出两个小酒窝。这个世上还有这么奇妙的组合。我们班都觉得和他挺亲近的。在我的印象中，他是一个真切地热衷于教育和教育改革的人。他给我们上的"教育行动研究"，是我最喜欢上的课之一。教材是他自编的，倡导的理念是教师通过写教师日记来推动研究。其中，叙事研究的方法，尤其吸引我。后来，虽然我"改嫁"中文系了，但他每次在《师大青年》上发表的文章，我必定收藏。

有时候在想，等有了时间，我还是会在这方面的研究上下点工夫的。短暂的一门课上完了，但长远的影响还在继续。

这是大学里唯一一门专业课让我有这样的感觉。

2. 专制、暴力与无常[1]

三十开外，身高不足一米七，短平头发，体格健壮（恕我不才，找不出更好的词语），古铜色皮肤（先生自诩是世界上最健康、最完美的肤色）。眼神犀利无比，仿佛能把人看透，不免让人觉得惶恐，不敢与之对视，久而久之，未闻已先惧三分。先生教授"叙事教育学"。

先生的自信是我从未见过的。他在给我们上课时两个半小时从未间断过，滔滔不绝，口若悬河，而且思路清晰，语气十分肯定。但他却有一次和我们讲起他其实很自卑，并解释可能和童年经历有关。我诧异人是否本身就是一个矛盾体，极端到了顶点就会出现异化。

他行事"专制"。上他的课，近乎"苛刻"。第一节课，他便宣布一系列规矩：不能迟到（话音未落，一女生疾步走进，于是全体学生哄堂大笑），上课保持绝对安静，包括同桌不能交流（对小学生尚可，怎可如此待成人？），等等，诸如此类。并一再强调你可以不上他的课，但上了课却没有按要求做，他会"憎恨"他。他用了"憎恨"二字，让我们不禁毛骨悚然。他还说他的要求没有商量的余地，"民主"过多就会滥情或放纵。并自言如果他当官，一定是一个"专制"的官。终于在上课期间，我们领略了他的"专制"。他的教育理论雄辩有力，论据充足，讲完理论并向我们推荐了一些研究的方法，但末尾总加上一句："希望你们一定要接受我的建议。""专制"得有点可爱。

他文字"暴力"。"暴力"是我们同学对他文字的评价。但我更愿意把它看成是一种快意的复仇或挑衅，在他的文字里充满了无惧和果敢。他的文字极富雄辩，铿锵有力，如笼中的野狼在千般地撕扯，不断打破框架的束缚，不停地敲击着人们脆弱的神经，唤起人们对当前教育的反思和探索。他曾自言他最喜欢做如关汉卿般的"蒸不烂、煮不熟、捶不扁、炒不爆响当当的一粒铜豌豆"这样的人，真乃字如其人。

有时候，他的语言也夹杂着一些诙谐和幽默。词语新解是他的拿手好戏。诸如"要不断更新自己的生活，永远保持精神流浪的状态，否则，你的生活

1　作者佚名。

就没有新的主题，没有了可讲的故事。你知道什么叫无聊吗？没得聊的了，简称无聊"。看似无理，却透露着智慧和哲思。

他生活"无常"。他的生活倒也有规律，只不过是"日出而息，日落而作"。所以，准确地讲是"反常"，他也常常自嘲要改过，但终未改成。（不知尚有尝试否。）反常的理由是他是一个十足的"网虫"，不过，与其说他喜欢网络，倒不如说他爱他的博客。他每天坚持在博客上写教育日志，并转摘一些教育案例和自己的理论专著。悉闻他的博客短短几个月跟帖量已超过300万人次，其影响可见一斑。博客已成为他的第二个"家"。有时候我们笑谈：如果哪天他家电脑失窃，他会彻夜失眠（不对，应该是整日失眠，谁让他是白天睡觉呢）；倘若他知道小偷是谁，我想他会杀了他。

生活方式如此的人却能保证充沛的精力着实让人吃惊。他说话声如洪钟，高亢有力。我敢确信，站在教室三十米外能一字不漏地听出他所说的每一句话。对于他这样"日出而息，日落而作"的人，却能有如此好的体力和嗓音，我一直抱有深深的怀疑。

他却也有一项优点，便是重视劳作。他说喜欢劳作的人一定是一个负责任的人，一个对生活有责任感和使命感的人，也才是一个真正的人。他自己就是这样一个人。他平生最看不起的人是轻生的人，不管是什么理由。他说："只有脑子进水的人才会去自杀。"他曾经崇拜过三毛，但三毛自杀后，他的偶像也就破灭了。他说尽管她的自杀是有原因的，但她依然是不可原谅的。

3. 屠龙刀与倚天剑[1]

今年我有幸来到华南师大学习，有幸聆听教科院的"怪才"（不是我的个人评价，而是华师多数学子的评价）扈中平和刘良华两位先生的课。

记得扈中平先生第一次出现在我面前是在9月13日，给我们上的课是"教育目的论"，在一教的206室。此人给我的第一印象是甚黑，形象不太好，看上去有点像旧社会过来的人，脸带苦相，一副苦大仇深的样子，也有点像新时期经常接受烈日和暴雨的洗礼的农民工。总之，大学教授的温文儒雅、

1　本节由程方森撰写。

大家风范一点没有。

刘良华先生第一次出场给我的印象也好不到哪里去。第一次听他的课是在 10 月 15 日晚，由于去晚了，没能占据有利地形，加之光线不够，未能看清此人真面目。依稀判断此人个子不高，块头不大。但此人一上来就给我等一个下马威，首先宣布他所不喜欢的几种类型的学生，并且早有准备，用他的博客显示给我们看，吓得我等两股颤颤，纷纷关掉手机，暗暗告诫自己下次可要早到，坐在前排，并纷纷记下他的博客。

大概过了 5 分钟，我们在他的威吓声中开始上课。听上去他的嗓门很大，但音色不美，缺少男人声音的磁性、沉稳。过了一段时间他给我们放了一段他作的一个报告的录像。我才得以识其庐山真面目。呵呵，人如其声，此君看上去颇强悍，眼光犀利，甚至有点凶光流露，颇具打手或保镖的职业气质，根本缺少一个人民教师的职业特色。但此人却偏偏还总结了一条教师的职业特征：长相不善的人不适合做教师。晕倒！

在不好的第一印象中，我开始接受两位先生的"洗头"（扈中平先生把洗脑叫洗头）。听了几次课之后，两位先生渊博的学识，演说家般的口才，厚重的积累令我等五体投地，也彻底改变了二人原来在我心目中的"委琐"形象，逐渐丰满高大起来。甚至连他们那颇具风格但"有损教师形象"的台风也不再那么滑稽可笑了。

两位先生颇有共性，但又各有千秋。我们将两位先生作一比较，忽然想到了屠龙刀与倚天剑。扈先生的风格沉稳大气，让人感觉很厚重，有点像屠龙刀，出手势大招沉，威力惊人。他的观点常常是发人之所未发，一些理论颇具前瞻性。讲课是纵横捭阖，横扫八方，放时如天马行空，离题十万八千里，常常引得台下听众哄堂大笑，而他本人则在台上乘机抹一把鼻子，甚至在裤子上蹭两下；收时也能自圆其说，滴水不漏：真是动如脱兔，静如处子。

刘良华先生在台上则是疾言厉色，观点往往略显极端，经常出险招、怪招，以怪取胜。这一点颇有点像倚天剑，剑走偏锋，出招凌厉，剑气逼人。而他本人也颇像灭绝老尼姑的风范，声色俱厉。不过偶尔也有柔情的时候，他在演讲过程中常提到"高师妹"这个人，并且言语中颇为尊重。我在台下以他的逻辑推断可能是他的一个师妹，个子高挑。再一打听，原来是他的夫人。

他们的优点也都甚多，都属于实力派选手，凭自己的三寸不烂之舌征服台下观众。这一点颇像歌坛上的韩红、田震之流。

江湖上流传"武林称雄，唯有屠龙，倚天不出，谁与争锋"，意思是说屠龙刀、倚天剑威力无比，所向披靡。可以设想如果刀剑联手，可练成天下无敌的神功。像周芷若同时得到屠龙刀和倚天剑，可短时间内练成连武当七侠尚且难以匹敌的武功。我们期待华师的屠龙刀和倚天剑合二为一，更具威力的那一天。

三、新课程与校本教研

在我"读硕"期间（1993—1996年），中国曾经发起过"课程标准"的制订和相关的教学改革。当时我的专业是"教学论"，研究方向是"中外近现代教学改革比较研究"。我很渴望直接参与国家的课程标准的修订和教学改革，总觉得研究课程与教学论的人不能亲身参与国家的课程与教学改革，而只能私下揣测教育杂志上的"只言片语"，只能通过杂志上的"二手货"来了解课程与教学改革的动态，那是一辈子的遗憾。

2000年，教育部发起新一轮基础教育课程改革（简称"新课程"）。在此前后，全国各地的课程专家已经多次在北京汇聚，讨论《基础教育课程改革纲要》（2001年教育部颁布）和各个学科的课程标准。那几年，我经常听到有关"新课程"、"新课标"的谈论和专题讲座，但"新课程"、"新课标"究竟是什么，哪些人在参与这场大规模的课程改革，我不知道。我当时想，要是我提前几年就获得博士学位，现在就有可能是新课程的专家组成员，而不是像现在这样，只是一个通过杂志了解新课程的信息的遥远的旁观者。

2001年我博士毕业后进入华南师范大学工作。那年，吴刚平师兄建议我把博士学位论文《行动研究的史与思》扩展成为《校本行动研究》，纳入我们主编的"校本研究丛书"，由四川教育出版社出版。

2002 年初，我提交《校本行动研究》的书稿。吴刚平在参与新课程的研讨会时，顺便把书稿转交给教育部基础教育司的副司长朱慕菊，请她为丛书写序。据说，朱司长对我们所做的这套丛书很感兴趣。经过吴刚平师兄的推荐和朱司长的提议，我被邀请加入新课程专家组。

2003 年初，新课程工作会议在深圳召开，我第一次参与新课程工作会议，第一次见到传说中的朱慕菊和刘坚，他们两位领导了新课程的系列活动。

在那次研讨会上，我作了有关"行动研究的原理与方法"的发言。那次发言虽然时间短，但还是比较清晰地解释了我所理解的行动研究以及行动研究对于推行课程改革的意义。从那以后，我开始频繁参与新课程的研讨与培训活动。

也正是在那次深圳会议上，我接触到了新课程的一些新概念。在那次研讨会上，不少教研员和中小学校长大谈"课程资源的利用和开发"的条件与困难。作为研究课程与教学改革的专业研究者，我此前很少关注"课程资源的利用与开发"的问题。那次研讨会对我触动很大，促使我学习更多的材料，以便让自己尽快融入新课程各类研讨与培训活动。

由于全国各地的"新课程"实验迅速推行而"教师培训"相对不足，教育部决定借鉴香港、台湾和国外的课程改革经验而提倡"建立以校为本的教学研究制度"。2002 年年底，教育部召集部分专家在江苏昆山召开"建立以校为本的教学研究制度"研讨会。参与会议的只有十几位课程研究专家和行动研究专家，由于酒店需要接待别的会议，校本教研的会议地点由昆山转移到周庄。当天晚上的会议一直延续到第二天凌晨 3 点。在那次会议上，我和吴刚平、余文森几个人强调校本教学研究中的"自我反思"，丁钢老师重点推荐"同伴互助"（peer coaching），顾泠沅老师强调"专家引领"并以此避免"土豆炒土豆还是土豆"的现象。

在昆山会议上，我见证了"校本教学研究"、"自我反思"、"同伴互助"和"专业引领"这一组新概念的产生过程。会后我向刘坚老师建议，应该详细记录新课程改革中那些重要概念的产生和发展过程。比如，"自主学习、合作学习、探究学习"这一组新概念是如何产生的？"为了中华民族的复兴，为了每位孩子的发展"这个新理念或新口号是如何产生的？此外，"综合实践活动"、"研究性学习"、"走班制"、"课程资源的利用与开发"等新概念是如何产生的？这些概念的产生过程值得完整地记录和保存。

2003年春节过后，教育部在北京教育行政学院召开全国地市的教育局局长、教研室主任以及重点学校校长的工作会议。几位负责"校本教学研究"的专家分别发言，我发言的题目是"怎样做'校本教学研究'"。两个月后，《人民教育》（2003年第5期）发表了有关"校本教学研究"的系列文章。由此，"校本教学研究"迅速成为全国各地的新课程培训的主题。

2003年8月，我将有关"校本教学研究"的讲座材料和我在广东省所做的"校本教学研究"的经验整理成书，书名为《校本教学研究》，由四川教育出版社出版。

在给中小学老师和校长作讲座的过程中，我发现老师和校长们感兴趣的首先不是用什么"研究方法"去研究教学问题，而是什么是真正的"有效教学"，什么样的课才是"新课程"的好课。于是，2004年，我开始将有关"校本教学研究"的主题转换为"促进有效教学的校本教学研究"，并由此形成我所理解的"有效教学论"。在作讲座的同时，我在广东省广州市、佛山市、韶关市、茂名市、东莞市等地建立"促进有效教学的校本教研"的合作研究基地。该年底，我和高师妹合作出版《有效教学论》，由广东教育出版社出版。

在推行"有效教学"和"校本教研"的合作研究的过程中，我和几位朋友一起倡导"教育叙事研究"，鼓励中小学老师和校长以"教育自传"的形式反思自己的教育经验。2005年，海南的蒋敦杰院长邀请我参与"新思考"网站和"赛埔学院"的课程设计。

2005年5月，我在"新思考"网站（"赛埔学院"）建立了"教育叙事研究"博客。12月，我参与了"赛埔学院"新课程远程研修班的课程设计并主讲"叙事教育学"课程。

2006年，教育部发起新一轮的教师培训，主要形式是"教师远程研修"。我负责的课程是"教师成长"。为了配合这次"教师远程研修"，所有主讲教师都需要将自己的教案编辑成为教材。在该年教师节前夕，《教师成长》由华东师范大学出版。2008 年，该书更名为《教师专业成长》出了修订版。

自从加入"新课程"的研讨与培训工作，那几年几乎每周都会外出参加全国各地"校本教研"的研讨会或讲座。乘飞机时，我往往会保留"登机牌"。这些"登机牌"既可以作为纪念，也可以作为书签。到 2012 年前后，我的书柜里的每一本书几乎都夹带了一张"登机牌"式的特别书签。

那段时间我发表的论文和出版的专著几乎都与"新课程"相关。如果没有参与"新课程"的系列研讨与培训活动，我也会出版相关的专著，但思考的主题与言说的话语就可能是另外的形态。

尽管"新课程"一直遭受非议和批评，但就我个人的体验来看，"新课程"虽然在实施过程中遇到了一些具体的困难或问题，但它终将成为中国课程史上值得记录的"大事记"之一。

四、在广州的写作

写书是严肃而严谨的事业，也因此，一辈子，一本书，这是常事。十年一剑，本在情理之中。我的写书方式比较特别：先讲课或讲座，在讲课或讲座中积累观点、思路和案例，然后汇聚成书。因此，我在广州的写作都只是一些讲稿或案例。这是我写书的特点和优点，也是我写书的缺憾。有人惊叹于我写书的速度与口语化的独特风格，也有人会认为我的写作速度太快，不那么严谨。

在华南师范大学工作 11 年（2001—2012 年）。其间，在 CSSCI 教育期刊发表 25 篇论文，出版专著 8 部（朋友戏称"天龙八部"），涉猎教育研究方法、课程与教学论、教师教育、家庭教育四个领域。

1.《校本行动研究》

2002 年出版第一本专著《校本行动研究》，四川教育出版社出版。这本书由博士学位论文《行动研究的史与思》扩充而成。

书稿在博士学位论文的基础上，增加了有关行动研究中的伦理问题、行动研究的方法、教育研究中的"叙事学转向"、"扎根理论：寻找'叙事'的结构"，等等。

本书前言说：东西方学界为行动研究操心的人不在少数，有关行动研究的专著和论文每年都在不断地上涨，唯对行动研究的理解却一直众说纷纭。无论在我国还是美国、英国、澳大利亚等英语国家，对行动研究的理解一直存在大量的争议。行动研究在某种想当然的幻想中被解释或炒作，这使系统地追究行动研究成为必要。在行动研究容易被想象为某种"随意性问题解决"的境况中，行动研究作为一种"研究"，倒真的需要人们对它怀有必要的"敬畏感"。

2002年初，我提交《校本行动研究》的书稿。几个月后，《校本行动研究》正式出版。也由于这本书和吴刚平师兄的推荐，我被邀请参与教育部"新课程"专家组的一些研讨会和培训活动。

2.《校本教学研究》

2003年出版第二本专著《校本教学研究》，四川教育出版社出版。2002年，教育部在江苏昆山召开"建立以校为本的教学研究制度"的研讨会，与会专家提出"自我反思"、"同伴互助"、"专家引领"的校本教学研究。研讨会期间，四川教育出版社陶明远先生与我和吴刚平商议，确定在我们主编的"校本研究丛书"中增加一本《校本教学研究》。

在这本书中，我个人第一次比较系统地思考教育研究方法的问题。本书前半部分讨论"叙事研究：校本教学研究的方法"，重点解说教育研究的基本方法以及适合中小学教师的三种"成果表达"的形式（教学叙事、生活叙事和自传叙事）。这个部分实际上已经为后来出版的《教育研究方法：专题与案例》提供了基本框架和内容。

在这本书中，我个人第一次比较系统地思考有效教学的问题。本书后半部分正式讨论"有效教学：校本教学研究的眼光"，重点解释"中国教学传统的源流"、"中国近现代教学改革"和"有效教学的关键词"、"教学改革的课程意识"。这个部分实际上已经提示了我后来出版的《有效教学论》的大致内容。

在这本书中，我个人第一次比较系统地思考语文、数学和外语三个学科的课堂教学改革的问题。在数学学科教学改革方面，我主要受益于张奠宙的《数学教育研究导引》（江苏教育出版社 1998 年版）。经由这本书，我决定重点参考三个数学教育家的书：一是美国学者波利亚的《数学与猜想：数学中的归纳和类比》和他的《怎样解题》，二是荷兰学者弗赖登塔尔的《作为教育任务的数学》，三是德国学者克莱因的《高观点下的初等数学》。此外，为了考察"大众数学"观念的历史来源和新进展，我参考了刘兼主编的《21 世纪中国数学教育展望》（北京师范大学出版社 1995 年版），经由这本书，我追踪阅读了"科克罗夫特报告"[1]。在语文教学改革方面，我重点参考了孔庆东、摩罗、余杰主编的《审视中学语文教育》（汕头大学出版社 1999 年版）和王丽主编的《中国语文教育忧思录》（教育科学出版社 1998 年版）。在外语教学改革方面，我比较信任美国学者克拉申的"自然法"，重点参考了他的《第二语言教学理论与实践》以及中国学者强海燕所做的"浸入式教学研究"及其"听领先"的思路[2]。

在这本书中，我个人第一次正式将陆九渊和王阳明心学与孟子关联起来，而且，我将孟子、陆九渊和王阳明与老子哲学想象为同一条"战线"。为了打通老子与心学的关系，那段时间我特别通读了《孟子》和《道德经》，甚至一度停止写作，专门研究《道德经》。当时参考的本子是朱谦之的《老子校释》（中华书局 1984 年版）。在后来出版的《教育哲学》中，我延续了心学与道家相互关联的思路，甚至将颜回纳入道家路线。

在这本书中，我个人第一次正式思考"中国教学传统的源流"以及"孟荀之争"和"朱陆之争"的问题（详见该书第五章）。为了考证有关"孟荀之争"和"朱陆之争"的具体消息，当时大量参考了冯友兰的《中国哲学史》。最初看的是冯友兰的《中国哲学简史》（涂又光译，北京大学出版社 1985 年版），后来大量参考和引用了他的《中国哲学史》（华东师范大学出版社 2000 年版）的资料和观点。虽然冯友兰的《中国哲学史》资料更详实，论说更深

1　　该报告详见：[英] 科克罗夫特，《数学算数》，范良火译，人民教育出版社 1994 年版，第 9 页。

2　　详见：强海燕、赵琳，《中外第二语言侵入式教学研究》，西安交通大学出版社 2001 年版。

入周全，但是，他的《中国哲学简史》更简明、清晰、通达。

《校本教学研究》见证了我在广州激情写作的岁月。那时年轻，浑身是劲，热气腾腾，写作出现高潮时，感觉头上在"冒烟"。在最后冲刺的三个月里，没日没夜地写作、找书、阅读、引用、修改。每天睡眠不超过 6 小时，饮食简单，有时上厕所也会"适当延期"而"见机行事"，尽量不因此而中断写作的灵感。

尽管这本书有一些缺憾，比如案例较多，论证过于口语化，脚注和引用也不太规范，但是，这本书仍然是我自己最喜欢的专著之一。这本书的表达方式也代表了我个人的语言风格。十年之后，我进入华东师范大学工作时，需要重新申报教授资格，我将《校本教学研究》作为校外评审材料的代表作之一。

3.《有效教学论》

2004 年出版第三本专著《有效教学论》，广东教育出版社出版。教学改革或有效教学原本是我在硕士期间关注的主要问题。国内已经出版多种有关"课堂教学改革"或"有效教学"的教材，但我总感觉那些教材偏重理论而对教学改革关注不够。在华南师范大学入职之后，尤其是参加"新课程"教学专业支持小组之后，我开始撰写并发表了一系列有关"有效教学"的文章，在《校本教学研究》的第二部分大量讨论"有效教学"的问题，并发表《问题还是方法？——走出校本教研的"方法中心"》，对当时的校本教学研究偏重"研究方法"而忽视有效教学的问题提出不同的意见。

2003 年，高凌飚老师主编"高中新课程教师丛书"，邀请我参与丛书的写作。我决定利用这个机会，正式撰写《有效教学论》。书稿包括三个部分：一是"有效教学"的基本原理与策略；二是有效教学的历史经验；三是有效教学的资源开发。我请高师妹帮我整理"西方近现代教学改革"，我自己负责其余部分的写作。2004 年，我和高师妹合作出版了《有效教学论》。

本书比较完整地介绍和分析了近现代教学改革中的经典案例，这也使本书更多地显示为"教学改革论"而非一般意义上的体系化的"教学论"。本书重点介绍了中国近现代教学改革的经验，比如"八字教学法"、"异步教学法"、"尝试教学法"、"尝试指导·效果回授"、"自学辅导教学"、"有指导的自主学习"，等等。

这本书出版之后，我开始将"兴发教学"作为"有效教学"的基本原理与核心策略，因此，我的讲座主题一度由"有效教学的原理与方法"转向"兴发教学的原理与方法"。

4.《教育自传》

2006 年出版第四本专著《教育自传》，四川教育出版社出版（高等教育出版社 2010 年第二版）。

2005 年，福建的张文质老师邀请我为他主编的《福建论坛（社科教育版）》撰写教育自传式的专栏文章，每月写一篇。当时在《福建论坛（社科教育版）》发表《学生的精神》《狮子的性格》《骆驼的样子》《能够动的事物叫动物》《做人要厚道》《宽容还是不宽容》《评价的秘密》《影响我的重要他人》《不是教训，是关心并帮助》9 篇文章。同时，在《福建教育》发表《"赏识"还是"训斥"》和《一两"帮助"胜过一打"教训"》两篇文章。2006 年 8 月，我将系列"教育自传"整理成书，由四川教育出版社出版。

那几年在"新思考"网站建立了"教育叙事研究"博客，在博客上与"赛埔学院"（CERSP）的老师们对话。很多老师参与本书各个章节的讨论。我在各节的后面附上几条"赛埔评论"。

这本书直接以"教育忏悔"的主题讲述了我曾经动手"打学生"的事件。除此之外，本书其他大量的故事都可以视为某种意义上的教育忏悔。当我讲我的乡村生活、我的祖父祖母、我的外婆、我的父亲母亲、我的姐姐妹妹、我的老师、我的朋友、我的学生、我的爱人和孩子的故事的时候，教育忏悔几乎可以成为所有故事的主题。

这本书出版之后，书中的故事大量地转化为我讲座的基本案例，我的讲座由此走向一个新的阶段：以前只是收集和列举别人制作的案例，现在我有了自己制作的案例。这本书也直接推动了"叙事教育学"的写作。

本书给我带来更重要的影响在于：它既让我清晰地记住了那些曾经帮助过我的人并心怀积善之决心，也让我清晰地意识到某些人的猥琐与作恶并发愿以此为戒。"积善之家必有余庆，积恶之家必有余殃。"[1]

5.《教育研究方法：专题与案例》

2007年出版第五本专著《教育研究方法：专题与案例》，华东师范大学出版社出版。自从进入华南师范大学教科院，我一直想承担两门课程的教学：一是教育哲学或教育学原理；二是教育研究方法。第一个目标很快就实现了，我多次承担教育哲学或教育学原理的课程或专题讲座。第二个目标在2003年终于得到一个机会：当时华南师范大学研究生处张晓明老师一直在寻找适合给教育硕士讲授"教育研究方法"这门课程的老师。他请华南师范大学教科院的扈中平老师商议此事，扈中平老师扬言：我举荐一人，保你满意。从那以后，张晓明老师邀请我担任"教育研究方法"的主讲教师。一年之后，他提议，将教案扩展为教材并提供资助。2006年初稿形成后，华南师范大学研究生院打印了1000多本"征求意见稿"，免费送给相关的研究人员和教育硕士，并发放了相应的问卷，调查他们对本书初稿的修改意见。张晓明老师先后安排了三次关于书稿的研讨会。

在此之前，我对教育研究方法的思考，主要来自两个方面的支持：一是有关行动研究和实验研究的思考；二是有关历史研究和文献研究的思考。在此之前，我的《校本教学研究》前半部分的"叙事研究：校本教学研究的方法"已经讨论了教育研究的基本方法以及适合中小学教师的三种"成果表达"的形式（教学叙事、生活叙事和自传叙事）。这个部分实际上已经给出了《教育研究方法：专题与案例》的基本框架和内容。

2006年，我受邀去北京参加学前教育教师培训并作了有关"幼儿教师如何做叙事研究"的讲座。当时华东师范大学出版社王焰老师邀请我出版《教育研究方法》。

这本书和此前的《校本行动研究》和《校本教学研究》以及此后的《教师专业成长》一起构成了我在广州写作的高峰。

1　详见《易传·文言》。

6.《教师专业成长》

2008 年出版第六本专著《教师专业成长》，华东师范大学出版社出版。那几年在全国各地作过一些教育讲座，讲座的主题往往与"教师专业成长"相关。在有些讲座的现场，我有时将这个主题直接转换为"成为受学生欢迎的老师"、"教师的教学智慧"、"促进教师成长的行动研究"等等。

2006 年，教育部组织全国中小学教师网络教研培训，我承担的专题是"教师成长"。在这次专题讲座中，我第一次比较完整地追求讲座的有用和有趣。为了实现既有用又有趣的两个效果，我邀请了时任海南省教育研究培训院院长蒋敦杰、武汉市武昌区教研室沈旎老师、武汉市武昌实验小学徐莉老师等人参加"教师成长"的课程设计。根据他们的建议，我将讲座内容确定为五个专题：（1）教师应具备哪些课程智慧。最初我只关注教师如何更新教材以及如何开发课程资源，后来接受蒋敦杰、沈旎和徐莉三位老师的建议，将课程智慧分解为三个步骤：先"吃透教材"，再"补充教材"，最后才"更新教材"。（2）教师应具备哪些教学智慧。重点讲传道、授业、解惑三个部分。（3）教师应具备哪些管理智慧，包括民主管理、管理技巧和教师威信三个部分。（4）教师应具备哪些人格魅力，包括主动精神、乐观心态、生活情趣。（5）怎样通过行动研究促进教师专业成长，包括教师学习、教师行动、教师发表。为了强化趣味性，我特意在"导言"中推荐了十部教育电影，以此呼应"最受学生欢迎的十种老师"。

为了配合当时的远程培训，我编辑了相应的学习材料，后来汇集成《教师成长》书稿，于 2006 年 9 月由华东师范大学出版社出版。由于时间仓促，当时来不及整理完整的演讲稿。《教师成长》书稿一半以上的内容脱离了我讲演的脚本。《教师成长》出版之后，许多读者坚持认为"书稿离录像太远"或"书稿不如讲稿"。华东师范大学出版社建议根据当时的系列教育讲演重新整理书稿，尽可能保持讲演的内容和讲演的口语化风格。书名调整为《教师专业成长：刘良华教育讲演录》。

自从那次承担"教师成长"的专题讲座任务并写成书稿之后，前后将近五年的时间，每次讲"教师成长"、"教师专业成长"或相关的专题时，我很难超越那个框架。那段时间每周至少有一两次受邀去全国各地作有关这个主题的讲座，我每次都不得不重复类似的观点和案例，重复的次数多了，感觉就很难受。我多次想突破那个框架，弃之不用。但是，每次都不成功，一旦放弃了那个框架和相关的案例，讲座的有用和有趣就会大打折扣。直到写《教育自传》和《教育研究方法：专题与案例》，我才终于有了新的专题、新的观点和新的案例。后来写成《西方哲学》、《教育哲学》两本书之后，我的讲座几乎完全放弃了《教师专业成长》这本书的框架和案例。这并不意味着《教师专业成长》这本书的框架和案例不好，而是说，再好的观点、再好的案例，不可过度重复示人。

如果某个所谓的专家，每次讲课，总是重复同样的观点甚至同样的案例，就没有真实的情感，其情其境，形同风尘女子。

7.《新父母学校》

2009 年出版第七本专著《新父母学校：刘良华家庭教育讲演录》，北京师范大学出版社出版（2013 年第 2 版）。1993 年我在黄石市十五冶子弟中学第一次作家庭教育的讲座，15 年后，正式出版家庭教育的专著。从那以后，我正式开始在全国各地作家庭教育的讲座。

2008 年前后，我和张文质老师多次讨论家庭教育的问题，我们一致认为，家庭教育比学校教育更重要。家庭教育是学校教育的根本和根据。如果家庭教育出了问题，无论学校的校长和老师多么能干，他们很难改变学生成为"差生"的命运。我们的想法得到北京关海先生的支持，打算在全国各地推广我们的家庭教育计划。为此我们在北京一度成立了"文海华教育咨询有限公司"。

我们雄心勃勃，"上穷碧落下黄泉，动手动脚找东西"[1]，希望搜集古今中外有关家庭教育的好书、好文章和电影、录像，由此总结出家庭教育的基本原理和经验。经过搜索和讨论，我最终确定了九份重要的参考资料。一是"科尔曼报告"。该报告网上可下载英文版，但该报告属于美国政府文件，至今没有公开出版。二是日本学者三浦展的《阶层是会遗传的》（现代出版社 2008

1　详见傅斯年《历史语言研究所工作之旨趣》。

年版）。三是英国哲学家洛克的《教育漫话》（教育科学出版社 1999 年版）。四是王东华的《发现母亲》（中国妇女出版社 2003 年版）。五是美国学者斯波克的《斯波克育儿经》（南海出版公司 2007 年版）。六是池莉的《来吧，孩子》（作家出版社 2008 年版）。七是日本学者木村久一的《早期教育和天才》（河北人民出版社 1979 年版）。八是薛涌的《精英的阶梯：美国教育考查》（新星出版社 2006 年版）。九是德国哲学家康德的《论教育学》（上海人民出版社 2005 年版）。

在这九份文献的基础上，我形成了家庭教育讲座和书稿的基本框架和核心观点。在出版之前，我和张文质各自整理了"家庭教育的 100 个信条"。在关海先生的支持下，我们制作了家庭教育讲座的录像。这样，这本书有两个附件：一是"家庭教育的 100 个信条"；二是我本人的家庭教育讲座录像光盘。为了降低出版成本，2013 年第 2 版时，删去了讲座录像光盘。也许正因为如此，第 2 版出版之后，仍然有不少学校和家长愿意购买第 1 版。

给家长作讲座，写一本适合家长阅读的书，这是我一直以来的一个梦想。2009 年，我终于实现了这个梦想。

8.《叙事教育学》

2011 年出版第八本专著《叙事教育学》，华东师范大学出版社出版。我在撰写博士学位论文时就开始关注叙事研究，将它视为行动研究报告的一个重要方式。那时华东师范大学丁钢老师已经开始给学生开设"教育叙事研究"的讲座。2002 年，我发表第一篇有关叙事研究的论文《论教育"叙事"研究》。从那年起，开始为各种类型的教师培训班、校长培训班提供"教育叙事研究"的专题讲座。2003 年，我给华南师范大学本科生开设"教育叙事研究"的选修课程。2004 年，我与刘朝晖教授给华南师范大学本科生合作开设"教育小说与教育电影叙事研究"的选修课。2005 年我给海南"赛埔学院"远程教师研修班开设"叙事教育学"。那是第一次正式以"叙事教育学"的名义给学员作讲座。2007 年，我给华南师范大学教育硕士开设"叙事教育学"的选修课。2009 年暑假，我给华南师范大学教育科学学院举办的研究生课程班（深圳福田班）开设为期 5 天的"叙事教育学"课程，以此置换此前设计的"校本教学研究"。2010年暑假，我给华南师范大学教育硕士开设为期6天的"叙事教育学"课程。同时，我在华南师范大学网络教育学院录制了《教育小说与教育电影研究》系列录像，将此作为华南师范大学本科生的选修课程。这些课程的教学方案和专题讲座的思路构成了本书的最初模型。

关于"教育叙事研究"，我最初的思路是写两本书：一是《教育电影叙事研究》，二是《教育小说叙事研究》。后来改变了写作计划，将"教育小说叙事研究"、"教育电影叙事研究"和"科学的教育叙事研究"一起整合为《叙事教育学》。

本书是吴刚平师兄和我主编的"教育叙事研究丛书"之一。本丛书将叙事研究分为调查的叙事研究（或称之为"叙事的调查研究"）、行动的叙事研究（或称之为"叙事的行动研究"）以及解释的叙事研究（或称之为"叙事的解释研究"）。本丛书包括三本书：一是由陈华博士撰写的《名校与名校长的诞生》；二是由扈永进撰写的《走向批判的行动研究》；三是《叙事教育学》。这三本书分别对应于叙事的调查研究、叙事的行动研究和叙事的解释研究。

五、在广州的同事与朋友

1. 迟胖子

在广州，我交往最多的人，是一些打乒乓球的球友、打牌喝酒的酒肉朋友。我在华南师范大学工作，高师妹在广东教育学院（后来更名为广东第二师范学院）工作，我的朋友主要来自这两所大学。

打球或打牌、喝酒是一种对手文化或对等交往文化。棋逢对手，将遇良才，讲究游戏规则和公平竞争。[1]这样的生活比较轻松，大家因意气相投而聚在一起，不用担心有复杂的人际关系问题。

---

1 美国学者怀特在《街角社会》里提出过一个重要的社会现象："一个人玩保龄球与他在群体中的地位有着密切的联系。"是否所有打球或游戏活动都存在类似"街角社会"的现象，这是值得深究的问题。详见：［美］怀特，《街角社会》，黄育馥译，商务印书馆2005年版，第36页。

2003年"非典"期间，举国焦虑，但对于我们这些幸存者而言，"非典"给我们带来了"人生几何，譬如朝露"的生命哲学。那一年是我们打球、打牌、喝酒最多的一年。

我们最初打球的时间是每天下午5点半前后。下班之后，我们各自带上自己的球拍，比较准时地出现在乒乓球场。"非典"期间，不用上班了，我们打球的时间也提前到每天下午4点。快要到4点时，就感觉坐卧不安，浑身发毛，赶紧拿上球拍，下楼，直奔球场。除了冬季，广州三季燥热，所以，打球的时候，我们会赤裸上身，甩开膀子，厮杀震天。

除了球友和牌友，也有酒友和"教学之友"。在华南师大工作期间，与迟胖子交往较多。他是教科院喝酒猛将，亦是教学高手。

初到华南师大工作时，教育学和心理学尚未"分家"。我的专业是教育学，迟胖子的专业是心理学。我们两个人有一些共同的特点：我们的太太都在广东教育学院工作，而且，我们两个人的太太都显得性情温顺、与人为善、心宽体胖。

最初我只知道迟胖子讲课效果不错，但对迟胖子的性情和讲课风格并不了解。2005年，由于承担了海南省的网络教学培训项目，我除了自己负责"叙事教育学"这门课程的教学之外，也请迟胖子负责"教师心理辅导"这门课程的教学。我在电话里告诉迟胖子：课程费比较高，但需要现场讲座1天，一个月的线上交流，需要在"新思考"网站建立自己的博客并在博客上与老师们交流互动。

这门课程结束之后，我在博客上写了一篇关于迟胖子的文章——《几个"没想到"》。

第一，最初我只知道他讲课效果不错，没想到他讲课这么幽默。他延续了东北人那种特有的幽默感。

第二，我能够想象他的写作能力可能也不错，没想到他文字功夫竟然那么出色。他不仅能说，也特别能写。无论说还是写，都有特别的语感。

第三，我只知道他可能会比较懒，没想到他这么懒。我几次叮嘱他，尽量更新博客，尽量与老师保持网上的交流互动，但他坚守他的慢节奏和慢生活。

尽管节奏比较慢，但我依然从"迟氏幽默"或"迟氏段子"那里受到震撼并受益。在他那里，我至少记住了三个段子：

第一，论文答辩时，如果你不知道如何回答老师的提问，就死劲地表扬这个老师提问多有水平。他之所以那样提问，并不是要让你难堪，而是要显示自己有水平。知识分子最大的特点就是小心眼，只要你表扬他提问很有水平，他就自己帮你回答那个问题。

第二，老师不要总是教训学生，这样对学生不好，对老师自己也不好。有一种老师，在学校做班主任，总是训学生，回家还训丈夫。人家原本想找个女人做太太，结果，一不小心找了一个班主任回家了。

第三，不同年龄的孩子，对老师有不同的期待。幼儿园和小学的孩子最喜欢像妈妈一样的老师。因为他在家里最爱妈妈，离开妈妈来到幼儿园之后，他会感到恐惧。于是，一旦看到像妈妈一样的老师，他就喜欢，因为有安全感。中学生喜欢漂亮的女老师或帅气的男老师，因为他们正值青春期，性发育在萌动，对性别和外貌比较敏感。于是，谁漂亮，就喜欢谁。大学生喜欢有思想的老师，大学就是专门把一帮长得奇形怪状的人聚集在一起，专门生产思想。

他会说："你们不要以为我长相难看，其实比我长得难看的大学教授一大把，你们没见过。比如，有一个叫刘良华的教授，就长得比我难看嘛。"

2. 扈老大

2001 年，我到华南师范大学教育科学学院入职。入职之前，我已找机会拜访过教科院扈中平老师。我之所以拜访他，并不因为他是学术界的长辈或权威，而是因为他是有情有义的学者。我看过他的文章：文风剽悍，论证细密。更有趣的是，此人相貌扁平，平淡无奇，"望之不似人君"[1]，却性情幽默，满身飘散湖北、四川那一带独特的搞笑才情。

扈老大出生于四川，父亲曾是西南石油学院（后更名为西南石油大学）

1　详见《孟子·梁惠王上》。

的俄语教师，从小在大学校园里长大。1978年他考入西南师范学院教育系（以此观之，他是我们的大师兄）。本科毕业后他考入华中师范学院，由四川进入湖北地界，师从王道俊先生。1985年硕士毕业后留校任教。1994年，调入华南师范大学工作，由湖北进入南粤。先后担任华南师范大学校长助理和华南师范大学教育科学学院副院长、院长等职务。

扈老大发表过不少有影响的论文和专著。比较神奇的是，他发表的论文和专著，似乎皆发源于他的硕士论文。1988年，以其硕士论文为基色，他出版第一本专著《人的全面发展：历史、现实与未来》（四川教育出版社1988年版）。1989年，他发表《人是教育的出发点》（《教育研究》1989年第8期），对当时片面强调人的社会性和集体性提出批评，一举成名。他的这篇成名作以及他的硕士论文为他后来的整个学术生涯播下了人学或人性论的种子。他后来所有的论文和专著，几乎都是为他的人学或人性论作注脚。对人性的研究有多种切入方式。英国学者休谟关注人的"情感"，提出理性是情感的奴隶以及教育（或文明）就是女性化的重大教育原理。[1] 此前，英国学者霍布斯已经注意到人性中的"虚荣"本性，将虚荣心视为契约国家或契约社会的起源，由此发展出为承认而斗争的"主奴之争"的重大教育原理（黑格尔延续了这个教育原理）。[2] 扈老大对人性的思考，既隐含了中国传统哲学有关人性论的延续性，又加入了类似英国学者道金斯的"自私论"。从那以后，扈老大长期致力于"利己的必然性和合理性"以及"道德教育的重要目的就是引导和规范人们通过利他而合理利己"的论证（可称之为"新自私论"）。他后来发表《教育人学论纲》、《对我国道德教育虚伪性的批判》等文章，皆与其"新自私论"的人学根基直接相关。扈老大对他的这个新发现念兹在兹，一以贯之。山盟海誓，沧海桑田，扈老大不离不弃。

扈老大的学术研究不仅以"新自私论"为其人学灵魂，而且以无休止的

1　[英]休谟，《人性论（下册）》，关文运译，商务印书馆1980年版，第453页。引用时对译文有所调整。

2　霍布斯有关"持续地胜过任何他人"、"没有别的目标，只有位居最前"的说法在尼采的"权力意志"那里得到完整的延续。

批判性思维使其学术观点从芸芸众生中拔地而起，超凡而脱俗。扈老大的写作与讲课的基本追求是："宁可讲不成熟的新观点，也不讲成熟的老观点"。一言以蔽之，曰：不落俗套。"千夫诺诺，不如一士谔谔"。[1]

能够在学术上做到不落俗套，已经令人折服。此人却又因为坐拥四川、湖北一带人的性情与口才，讲课水平超人，听众被其批判性思维征服的同时，又被他故作镇定的冷面幽默作弄得前仰后翻。卿本教授，何故搞笑？

扈老大的观点其实只是一些常识，问题是，周围人被肤浅的说教淹没久矣，一旦扈老大像《皇帝的新装》里的小孩戳破那个谎言，周围人就会冒汗或欢笑、鼓掌。比如，扈老大说："宁要片面的深刻也不要全面的肤浅。"这不是常识吗？比如，他说"唯心主义与唯物主义"、"学术与思想"、"科学与人文"、"利己与利他"、"素质教育与应试教育"、"教育管理与教育治理"、"教育基础与教育创新"，等等，都不要顾此失彼。这不是常识吗？

更大的问题在于，扈老大所擅长的批判性思维或辩证思维本身难道不是常识吗？试问天下谁没有批判性思维或辩证思维？而问题的严重性恰恰就在于：天下熙熙，皆为教材思维而来，天下攘攘，皆为标准答案而往，当扈老大重新祭出批判性思维或辩证思维的大旗时，他就可以化腐朽为神奇。

我个人佩服扈老大，主要不在于他的学问及其思维方式，也不在于他的故作镇定的幽默耍酷。扈老大真正令我佩服的地方在于：因参透人性而自我反思、宽以待人。

一般人尚能做到自我反思，扈老大却能够做到自我嘲讽。一般人尚能做到自我嘲讽，扈老大却能够做到宽以待人。严于律己不易，宽以待人更难。

正因为参透了人性，扈老大既对他人有所期望，求贤若渴，爱才惜才，也决不对他人期望过高。一旦有人向他抱怨和告发某年轻人如何无礼、如何犯错时，他会息事宁人，求同存异。"鸢飞戾天，鱼跃于渊。岂弟君子，遐不作人？"[2]一旦有人认为受中小学教师或校长欢迎的讲座就是忽悠并为此哄笑

1　　详见《史记·商君列传》。
2　　详见《诗经·大雅·旱麓》。

时，扈老大就会严肃地告诉他们，身为教育学人，他的讲座若能受中小学教师或校长欢迎，此乃教育学的骄傲与高贵。这既要深入，又要浅出。不深入教育学理论，不足以给中小学老师或校长带来思想的震撼；不以自己的语言形象地演绎、归纳、类比，则不能实现通透、浅出的效果。讲座受中小学老师或校长欢迎，必须钦佩而不必哄笑。其实，一般人哄笑并不可怕，"不笑不足以为道"[1]。

除了思想独特、讲课幽默、待人宽厚三大特点之外，扈老大还有一个过人之处：虽不拒绝权力，但也不贪恋权力。他曾做过校长助理和教科院院长，也算是学校一方诸侯，而且是有强大的学术实力作为基础的一方诸侯。但是，当他发现他人有意接替他的位置时，他也慨然腾空，至多只在聚会喝酒时，以"扶上马，送一程"的方式调侃将来的继承者。人们固然可以将此视为扈老大的一个缺憾，比如，"怕麻烦"、"少心机或心计"、"没有政治智慧"。但是，更合情合理的解释可能是，倘若扈老大没有自己的学术地位和学术实力，他或许也会像其他人那样贪恋权力或玩弄权术。但是，扈老大有自己的学术地位和学术实力，这使他比一般人多了一个或几个人生的选项。不排除有些人天生具有领袖气质或政治智慧而适合"从政"。但是，一般而言，恋权者或弄权者，往往是那些别无爱好、别无退路的人。那些人迫不得已，只能将手头的一点可怜的权力作为最后的救命稻草。也正因为如此，此类人一旦失去权力，便魂飞魄散，魂不守舍，面如死灰，各种心理或生理疾病，纷至沓来。

思想独特、讲课幽默、待人宽厚、不贪恋权力，作为一个大学教授，有此四项中的任何一项，则堪称大学精英。扈老大一人拥有四项实力与魅力，实属非凡人物。他之所以有如此实力与境界，固然与他对人学或人性论的参悟有关，但是，如果将某人的人格魅力仅仅归因于遗传基因或对人性的参悟，不免失之简单。

扈老大之所以能够与人为善、不整人、不恋权，还有一个重要原因：他的爱人是朝晖老师。据说，如果爱人相貌难堪或性情乖戾，丈夫可能会为此

1　详见《道德经》四十一章。

对社会心怀仇恨，会有社会攻击性，至多也只是像苏格拉底那样生无可恋而追求学术。幸运的扈老大遇上了朝晖老师。很难说，扈老大之所以性情温和、怡然自得、心胸豁达，全拜品貌双全的朝晖老师所赐。但至少可以说，朝晖老师的善良品性与美好形象，给扈老大带来了多种影响。

在华南师范大学工作的 11 年里，我一直蒙受扈老大的关照，也受朝晖老师的爱护。2008 年，朝晖、闻戈、海燕三位老师邀请我一起去新疆作调研。在途中，根据各人的实际饭量，我们四人分别被称为三月、四月、五月、六月。

从那以后，扈老大的朝晖，成为我们的"三月"。

3. 尾声

2007 年我被评为教授。按以前的规矩，获得教授资格之后，很快就会获得博士生导师的资格。但是，华南师范大学那几年突然停止博士生导师评选，理由是：博导人满为患。

2011 年，学校重新启动博士生导师评选。按惯例，申报博士生导师需要达到一定的要求，比如，必须公开发表论文 N 篇，主持省部级以上课题 1 项，等等。

学校采用两级评审制，先经过教科院评审。教科院评审过关之后，才进入学校"高评委"评审。

我和教科院吴老师等几位教授提交了申报材料。

那天下午评审时，我去教科院打球。评审结果出来后，吴老师来找我。他告诉我："结果出来了。你我都未评上。真是混账。"我问："你从哪里看到的结果？"他说："已经张榜公示了。"我提着乒乓球拍，去教科院一楼 125 教室前面的布告栏。橱窗里果然有公示，我和吴老师没有入选。

我跟吴老师说：第一，这是错的。第二，我不接受这个结果。第三，他们会改过来。

然后，回到乒乓球室，继续打球。吴老师很生气。他说："你别装好不好，你还有心思打球？"我说："你放心，他们一定会改过来。你先回家，我打完球之后，再去找你。"

吴老师对我的说法并不"将信将疑"，他完全怀疑。

打完球之后，我去吴老师家里。吴老师问："有什么办法？"我说："办法很简单。把这件事详细地描述出来，然后在网上公开。领导都受过专门培训，他们知道如何及时处理舆情。我们分三步走，把三步走完，他们一定会改过来。"

那天晚上7点我去吴老师家。晚上9点，走完三个步骤之后，我回家吃饭。

当天晚上，院领导找我们谈话并承诺：请给我们一天的时间，我们需要向校领导汇报，保证给你们一个满意的答复。

第二天中午，校领导找我们谈话并承诺：请给我们一周的时间，保证给你们一个满意的结果。

一周之后，教科院重新评审，通过了我的申请。

一年之后，我离开华南师大，回到华东师大。

第
15
章
CHAPTER

回到华东师大

一、我的教学

1. 我的教学原则

2001 年在华东师范大学教育学系博士毕业后，我到华南师范大学任职，在那里工作了 11 年。2012 年，我又回到华东师范大学，在课程与教学研究所（也是课程与教学系，系所合一）任职。我爱人和孩子不愿意去上海，我只身一人去上海工作。每个月会有一两次回家探亲。

课程所没有本科生，学校没有规定我们必须给本科生上课。但我们有研究生培养的任务，需要承担研究生的教学任务。在课程所列出的课程中，我比较感兴趣的是"教育研究方法"、"课程与教学论"、"教师专业成长"、"课程思想史"。在我进入华东师大之前，这些课程都有相应的主讲教师。我比较感兴趣的另一门课程"教育哲学"尚未列入研究生培养方案。

2013 年，柯政老师提议由我接替他主讲"教育研究方法"。从那时起，一直到 2015 年，我连续三年主讲这门课程。

跟以往一样，我特别看重我的教学。第一次上课时，我就向学生宣布我的教学原则和要求：

第一，我本人上课绝不迟到，也不允许学生迟到。为了保证自己绝不迟到，我每次上课都会提前 10 分钟到达上课的地方。上课时间一到，我会准时进入教室。

第二，我绝不调课或停课。为此，我拒绝参加一切与我的教学时间相冲突的学术会议或培训讲座。教学成为头等大事，任何事情都必须为教学让路。我只是一个普通教师，没有承担任何行政职务，原本没有所谓的重要会议或培训工作。有几次，我在上课前一天和上课后一天在广州有讲座的任务。为了兑现不调课、不停课的承诺，我前一天晚上乘飞机回到上海，第二天上课之后，当天再飞回广州。虽然这样比较辛苦，但为了不给自己找调课或停课的借口，我愿意付出这样的代价。不给自己任何退路，也就没有什么克服不了的困难。相反，一旦某一次给自己找了调课或停课的借口，一旦开了这个头，接下来就会一泻千里。

第三，每次上课都会有"课程作业"，学生需在新浪博客上提交自己的作业，课程作业必须在下次上课的前一天中午 12 点之前提交，以便我评改作业。班长链接所有同学的博客，我会经由班长的博客进入每一个人的博客，会认真评改作业并在下一次上课之前给出反馈意见。由于课程作业都是在网上或微信平台提交，同学之间可以相互看到对方的课程作业及其评改结果。最后的课程成绩主要取决于平时的课程作业及其评分结果。

由于第一次上课我会宣布这些教学原则和要求，所以，我的第一次课往往会显得压抑而紧张。从第二次上课开始，我的教学气氛会变得比较轻松和欢乐。我不仅讲教育研究方法或原理，而且会穿插大量有用而有趣的案例。

我的这些办法在学生那里迅速引起反响。课程结束时，我会要求学生撰写"课程印象"，并将此作为课程作业的一个部分。

2. 弟子规

新生见面第一天，我会给我的硕士生或博士生提出"刘门弟子规"，共八条建议或要求。

第一，研究生或访问学者每周或每月提交周末或月末进展报告。把提交周末或月末进展报告当作学习的头等大事。提交周末或月末进展报告的邮件内容包括信件正文和附件两个部分。信件正文是对附件的解释，告诉导师有哪几个方面的进展。附件标题为论文初稿 1 或初稿 2、初稿 3……依此类推。凡是改写或扩充的部分用黄色字体标明。提交周末进展报告的时间为星期天晚上 10:30 之前。提交月末进展报告的时间为每月最后一天早晨 10:30 之前，不能提前或推迟。发送周末或月末进展报告邮件的同时，在微信群里提醒导师："我的周末（或月末）进展报告已提交，请老师查收。"第一个学期提交周末进展报告，第二个学期调整为月末进展报告。如果月末进展缓慢，随时调整为周末进展报告。寒暑假可不提交月末进展报告；遇到放假一周左右的国庆节或五一节可不提交周末进展报告。

第二，进入学校的第一天就开始思考自己的选题。可以根据自己的兴趣提出选题，也可以由导师提出选题。选题大致确定之后，可以再次更换，但更换选题之前必须有比较深入的阅读和试探性的写作。

第三，尽早进入"以写带读"的状态，通过"有主题的写作"带动"有主题的阅读"。尽可能多阅读教育史学和教育哲学方面的论著，教育史学的论著提供课程与教学改革的实践经验，教育哲学的论著提供课程与教学改革的理论视角。阅读名著时最好采用三个步骤：第一步，翻阅原著，读不懂时不要硬读，可借助名家的解读；第二步，不能满足于他人的解读，借助名家解读获得了大致的意向之后，必须回到名著本身，再次直接阅读名著；第三步，阅读过程中随时摘录精彩的观点并及时写下阅读引发的感想，随时将精彩观点引入正在撰写的论文并做完整脚注。若某些精彩观点暂时无法进入正在撰写的论文，可以做成"《……》读书笔记"。即便做读书笔记，也要在摘录的引文处加上引号并做完整的脚注，以便将来在写作中派上用场。

第四，学会撰写英文论文，大致做到五个步骤：一是寻找与本专业相关的若干本英文期刊，用逆向法翻阅这几本杂志中最近 15 年的所有论文。从中找出一到两个可模仿研究的关键词，比如教师动机（teacher motive）。二是带着已经确定的一到两个关键词，重新搜索英文杂志中的相关论文，下载或复印这些论文，逐行阅读，重点关注其文献综述（有些论文的文献综述隐含在引言中）、研究方法和研究结果中的数据。三是确定一篇可模仿的英文论文，关注这篇论文的研究方法尤其是收集数据的方法。四是到新的情境中去收集数据，以便模仿这篇论文，用新的数据撰写论文。五是模仿他人的英文论文，撰写自己的论文，重点模仿三个部分：（1）引言或文献综述；（2）研究方法；（3）结果与讨论。若初学者缺乏基本的英文论文写作经验，可逐行逐句模仿他人的英文论文，琢磨其语言表述方式。另外，英文论文的摘要一般呈现为比较稳定的结构和格式，也值得逐行逐句模仿。

第五，尽量采用史论结合的方式作为学位论文的研究方法。重点阅读《教育研究方法》（华东师范大学出版社2014年版）第6章"怎样做历史研究"和刘小枫的《〈爱弥儿〉如何论教育》。学位论文尽量避免实践研究或哲学研究（小论文除外），学位论文的大小标题禁止出现或隐含"要"、"让"、"必须"、"应该"等词语。严禁任何形式的抄袭，严禁引用或注释不规范。区分直接引用和间接引用，尽量避免转引。注释和参考文献重点参考《教育研究方法》第9章"学术规范与学术失范"。可以阅读二手文献，但必须追踪并引用原始文献。

第六，尽快掌握"学分类、找关系、作比较"三种思维。尽可能使自己的分类隐含对立统一关系或否定之否定关系，至少应隐含递进关系或因果关系，尽量避免采用"并列思维"陈述自己的观点。有关"学分类"的详细解说，重点参考《教育哲学》（华东师范大学出版社2017年版）第3章。

第七，放假回家须以短信或微信的方式提前告诉导师。准时返校，并于返校当天短信或微信报告导师。珍惜在校的学习时间，鼓励暑假不回家。平时通过短信、微信或邮件联系导师。若非必要，勿打电话。

第八，教师节或毕业季可以给导师送笔芯作为礼物。除此之外，严禁任何形式的请客送礼，避免师生交往的庸俗化。

3. 我的教学方法

2016年，我获得华东师范大学研究生教学优秀奖。按照学校要求，我总结了我的教学方法。

第一，把讲课变成讲座，尽量让每一堂课成为一场受学生欢迎的专题报告。

第二，重视课程资源的利用和开发，不仅给学生提供文字教材，而且提供相关的影像资源和网络资源。

第三，尽量利用跨学科的知识和方法，让学生在"学科教学"中享受"跨学科学习"的丰富与欢乐。

第四，把重要观点转换为形象的容易记忆的说法，比如：选择教育思辨研究的人可能"笑着走进去，哭着爬出来"；选择教育实证研究的人可能"哭着爬进去，笑着跑出来"；"教育研究中的三大禁忌八项注意"；"走向有理论视角的实证研究"。

第五，参与式讨论可能比讲授教学更能激发学生主动学习，但是，参与式讨论也可能成为某些大学教师不认真备课、不认真教学的借口。

第六，只要能够给学生带来思想的震撼，一讲到底的课也可能是受欢迎的。

第七，适当采用合作教学。连续两年独立承担"教育研究方法"这门课程之后，2015 年开始邀请柯老师和杨老师参与这门课程的教学。我们三人组成合作教学小组。

第八，我个人采用的教学方式是以"讲授法"、"案例教学法"和"做中学"三种教学方式为主，辅之以"合作教学法"、"网络指导"、"参与式讨论教学"，同时通过"课堂行动研究"及时调整和改进教学。

第九，以"行动研究"的方式促进本课程的教学改革。在"问题—行动—反思—新问题—新行动—新反思……"的过程中及时改进教学。

第十，每次上课都布置"本周课程作业"，老师在网上批改学生的作业。每次上课时用半个小时左右的时间归纳学生作业中出现的问题并进行点评。讲授新知识时采用"案例教学"与"讲授教学"相结合的形式。解释"著名案例"时，尽可能介绍该案例相关的"著名人物"，以此兴起和引发学生对著名案例的学习激情并促进学生产生相关的缄默知识。每次课堂教学都安排专门的时间让学生相互讨论或以"闪问闪答"的形式对学生提出的问题作出回应。借助网络平台，使"教师课堂教学"与"网络教学"一以贯之。每人建立一个新浪博客，全班学生的博客由班长链接，班长博客链接到老师的博客。每次上课的前一天中午 12 点前将作业提交到博客上。老师在网上给出评语和改进建议。老师在网络上批改学生作业虽然是一件比较繁琐的任务，但是，这样评改作业的好处是能够给学生的"做中学"提供及时的反馈和矫正。课程结束时，让学生撰写"课程印象"并发布到自己的博客上。[1]

二、教学的效果

下面三份"课程印象"，分别代表 2013 年、2014 年和 2015 年我在上海的教学状态。每次给研究生主讲"教育研究方法"，我都会要求学生在新浪网上建立自己的博客，他们在博客提交课程作业，我在博客上评改。这些作业和学生撰写的课程印象可以在博客上看到。

1."三多"课堂[2]

课一开始，刘老师就以较为严肃的口吻把他的课程要求讲得简洁明了。而随着课堂的进行，我发现他那一开始严肃的状态并不是他真实的课堂状态，他渐渐地自我沉浸在整个课堂中，满堂演讲，"滔滔不绝"。奇怪的是，这样一门课程名听起来如此乏味的课程，在第一节课中，我竟被不自觉地"绕"进去了。整堂课他都一个人不断地讲，不断地像在表演。当然，一个老师上课，肯定需要不断地讲话来撑起整节课的，但话多并不意味着课上得精彩和充实。而刘老师为什么能使课堂不冷场，究其原因，一方面是以深厚的学术知识作支撑，另一方面我觉得是课中欢乐多。

课中欢乐多并不是刘老师故意为之。在课堂中，我努力尝试去感受他在一张冷峻的面孔后面藏着的一颗忧郁着和思考着的心，而往往他那时会冷不丁地冒出几句让人听起来严肃而实则令人笑喷的话语。有人说境界高的幽默

---

1 详见：http://blog.sina.com.cn/phenomenonogy9999.

2 这是华东师范大学 2013 级硕士研究生董泽华同学撰写的课程印象。详见：http://blog.sina. com.cn/s/blog_76354d520101r5cs.html.

是自己轻描淡写地叙述后，旁人早已笑得一塌糊涂。而学术幽默是需要用语言来表达的，这样的学术幽默加上一定的智慧、学识，才能调制出刘良华老师的刘氏幽默，才能让人在笑完后仍然对学术内容记忆深刻。这样的讲课实在让人感觉课堂时间过得很快。如果你在课堂上有心留意的话，刘老师上课时，他的学生观众几乎很少走神。

最后一个特点就是课后作业多。每周都有刘老师的作业，有时多，有时不太多，但给我的印象总体是多的，同学之间的聊天往往会以"你完成了'教育研究方法'作业了吗？"为话题的切入口。当然，通过对刘老师布置的作业资料的查找和完成，接触到了以前从未接触到过的且惊奇地发现是自己感兴趣的知识和内容。实话讲，通过完成每个礼拜刘老师多多少少布置的作业，还是学到了不少相关的或不太相关的知识，拓展了兴趣点。所以，刘老师作业一定程度的"多"对我本人来说还是有很大好处的。

2. 欢笑的课堂[1]

虽然第一次被老师一大堆的要求给吓着了，但是慢慢地我开始适应了老师的授课风格，老师讲课内容的丰富性、幽默性开始越来越吸引我，对这门课从刚开始的排斥，慢慢变成了一种享受。回顾这门课，我记得每节课教室都是爆满，稍微晚点就没座位，后来只好在大家的要求下，换到了一楼阶梯教室，但是感觉人仍然是爆满。刚开始的时候老师就让我们写自传，后来又重写自传，且每周都得更新，再后来老师开始让我们用内容分析法研究华东师范大学教育学中某一专业的学位论文的研究方法。在那段时间，大家真的感到压力很大。每天都在做老师布置的作业，似乎永远都做不完。但是，如今回想起来，那段时间的训练和付出都是值得的，因为就在那段时间自己才真正有所收获，真正有所成长。

虽然这门课上，大家有时候感到很累，作业很多，但每次下了课走在回宿舍的路上，我和室友们的话题都离不开这门课：谈论老师讲的有趣的段子，

1　这是华东师范大学2014级硕士研究生张卉同学撰写的"课程印象"。详见：http://blog.sina.com.cn/s/blog_b00ac61b0102vb3i.html.

模仿老师那湖北口音的普通话，讨论老师的爱好，等等。就这样每次上完课，就会期待着老师下节课又会讲什么有趣的话题，期待着每周二晚上 6:00—8:30 那段专属于我们的"教育研究方法"的快乐时光。

虽然这门课结束了，但是老师的教诲我将一直践行下去：保持身体和精神的灵性；寻找一位远方的精神导师；努力读懂一本书，读懂一个人，三年后实现自己的华丽转身。

3."加座"的课堂[1]

最初接触这门课程，见到老师，一次课，就像一次演讲。外在张力、表现力给我留下的印象，远远超过了课程本身。随着逐渐习惯、熟悉，我才能抛开形式，关注内容。在这一学期中，有过彷徨与纠结的时刻，也有冲破迷雾与阻碍的欢欣，不敢说在教育研究方法上有多大的成就，但至少我在不断成长。

作为本学期唯一的每次都要"加座"的课程，座无虚席已经不足以形容这门课程的"盛况"了。因为我们学会了从旁边的教室搬来椅子，将一间不算大的普通教室，变成了阶梯教室，教室可容纳的人数也一次次地不断刷新纪录。夏末秋初的闷热，深秋初冬的凉意，不变的是乌压压一片赶来上课的我们。

作为本学期唯一的每次都要"占座"的课程，小到一包纸巾，大到书包，都可以成为占座法宝。和教室容纳人数一起刷新的还有我们提前占座的时间，从提前一小时，到两小时，再到三小时。我想，在周二下午很多路过教室的人都会感到诧异，为何教室空无一人却每个座位上都放了一样东西？那是因为晚上六点，"教育研究方法"与我们不见不散。

"不凡之子，必异其生；大德之人，必得其寿。"见到老师从门外走进来，第一感觉就是：不像老师，也不像个学者。但是反过来想想，学者和老师到底是个什么样子？恐怕没个定论，难不成都得打扮成一个老学究的样子？暂且

1　这是华东师范大学 2015 级硕士研究生王奕婷同学撰写的"课程印象"。详见：http://blog. sina.com.cn/s/blog_1533c1b970102wzfi.html.

看看这位老师的课上得如何。如果你问每周二晚在田家炳楼听到的笑声来自何处，估计百分之八九十来自一楼走廊尽头的那间属于我们的教室。

一直觉得老师像个矛盾体的结合。对自己得意之作赞不绝口，话语中流露出自傲；可在介绍自己崇拜的刘小枫、施特劳斯时却又俨然成为了一个小粉丝。给我们每周布置的作业花样百出，占时很长；可临近期末大关，却又突然减少任务量。果然与众不同，任性张扬。相信这位看着不像老师的老师，会把老师的形象在颠覆中重释。

一学期，18周，每周的作业从不缺席。起先，我总是嚷嚷着，每周末的时间都贡献给"教育研究方法"了，只为在截止日期之前能够火速提交。到了11月份，有时竟然惊奇地发现，在完成作业之余，也能有片刻空闲。再后来，每周都能有整整一天的时间好好休整。然而，伴随着几次"困难"的作业，这一平衡又随之打破。老师看似每周准时而来的任务，却在无形中调控着我的节奏。在我暗自窃喜已经安然度过适应期时，老师又加大任务难度，不断逼迫我前进。在连续接到 A+ 的成绩后，又转化评分等级，督促我不可懈怠。我不知道这是不是老师有意为之，只知道对于我而言，十分有效。整个学期基本处于时刻备战状态，每次作业如临大敌。

课程虽然结束了，但相信我们和老师的缘分不会断，接下来的两年半，希望还有机会能与老师交流，再来一睹课堂盛况。

三、在上海的写作

自2012年我回到华东师范大学以来，至今已经六年。六年期间，在 CSSCI 教育期刊发表14篇论文，出版专著4部。我的主要研究领域仍然是教育研究方法、教育哲学、教师教育、家庭教育。

1.《新父母学校》

2013年出版第一本专著《新父母学校：刘良华家庭教育讲演录》（第二版），北京师范大学出版社出版。

自从2009年出版《新父母学校》第一版之后在家庭教育的讲座和相关的

阅读、思考中，在与家长的对话中，产生了一些新想法和新思路。五年之后，决定重新修订这本书。修订本延续了第一版的基本观点，但对整体结构作了比较大的调整，更新了将近一半的文字，删除了第一版中大量的案例。

第一章重点谈论"科尔曼报告"和"三浦展报告"，补充了我和我的学生所做的有关家庭教育对学生成绩的影响的调查研究。比较了"别国的孩子与我们的孩子"，介绍了英国和美国的"用橄榄球培养精英"。分析了中国家庭教育尤其是农村家庭教育的危险和危机，以此解释了农村孩子为什么考上重点大学的比例越来越小的原因。

第二章从家庭教育与学校教育的分工的角度分别为"野蛮其身体"、"文明其性格"、"意志第一"提供了具体的建议。直接提出家长需要"培养孩子三个重要习惯"、"帮助孩子建立三个成长优势"。

第三章重新解释了孩子成长的关键期并建议父母为孩子的关键年龄提供关键的教育：3 岁前后的自然教育、9 岁前后的规则教育和 13 岁前后的独立教育，建议让 3 岁前后、9 岁前后和 13 岁前后的孩子分别拥有宽容型父母、权威型父母和民主型父母。

第四章重新讨论了"男孩和女孩的差异"、"男孩穷养，女孩富养"的依据，在引证心理学的调查研究的基础上，建议父母培养"双性化"、"双性气质"的孩子。

第五章针对家长来信中频繁提到的如何辅导孩子学习的问题，增加了"让孩子学会自学"，重点讨论"怎样引导孩子自学语文"、"怎样引导孩子自学数学"、"怎样引导孩子自学外语"。

第六章针对家庭教育讲座中听众现场提出的和家长来信中反复提出的"问题儿童"的问题，增加了"与家长对话"，并把"道法自然"作为全书的灵魂，对家长普遍关心的问题集中作了回应：比如，"网瘾"有什么不好，我对"早恋"的态度；如何面对"自闭儿童"，为什么要"少吃药，少吃营养品"，以及父母如何"教孩子学会考试"。

2.《教育研究方法：专题与案例》

2014 年出版第二本专著《教育研究方法》第二版，华东师范大学出版社出版。第二版虽然保留了第一版的框架，但更新了将近95%的内容。

2012年回到上海之后，在将近两年的时间里，同时做两件事情：一是修改《教育研究方法》；二是撰写《西方哲学：“生命·实践”教育学视角之思》。除了偶尔有讲座或回广州探亲，每天8点准时到文科大楼1622室，晚上10:30离开办公室，过了三年类似“清教徒”的生活。

本书直接指向本科生或研究生的学位论文写作，把“有视角的实证研究”作为一个值得追求的方向。本书开篇就指出，为什么实践研究不适合作为学位论文的研究方法，为什么哲学研究是艰难的，为什么要“走向实证研究”。

本书提出，只有哲学研究和实证研究适合作为学位论文的研究方法，而不宜采用实践研究的方式提交学位论文。在哲学研究和实证研究之间，本书重点推荐实证研究。实证研究并非只讲事实而不重视理论研究或哲学研究，相反，本书真正推荐的研究方法既不是纯粹的哲学研究，也不是纯粹的实证研究，而是“有理论视角的实证研究”或“有分析框架的实证研究”。

本书推荐大量的案例，读者可以从中选择值得自己敬畏和仰望的作者。本书建议初学者拥有两个导师：一个在你的身边，另一个在远方。

本书提出，教育学虽然有自己独立的研究对象，但并没有自己独立的研究方法。教育学综合采用哲学（主要借用其思辨研究法，思辨研究法也可直接称为哲学研究法）、自然科学（主要借用其实验研究法）、社会学（主要借用其调查研究法）、史学（主要借用其历史研究法）等各个学科的方法。不过，这并不意味着教育学的不发达或不成熟。恰恰相反，教育学不仅综合采用了其他各个学科的“方法”，而且综合了各个学科的“视角”并以此来解决教育问题。研究视角的综合性、复杂性决定了教育学是一门高级形态的学科。

3.《西方哲学》

2016年出版第三本专著《西方哲学：“生命·实践”教育学视角之思》，华东师范大学出版社出版。

2002年我就开始了本书的构思和写作，并先后给华南师范大学本科生和研究生开设“教育哲学专题研究”、“教育现象学”的选修课。2012年，本书纳入叶澜老师主编的丛书之后，我开始调整讲稿，正式投入写作。

我对西方哲学的阅读兴趣大概呈现为三个阶段：第一个阶段是本科期间阅读朱光潜的《西方美学史》和罗素的《西方哲学史》。第二个阶段是重点关注康德和胡塞尔哲学。有了朱光潜的《西方美学史》和罗素的《西方哲学史》这两本书的整体铺垫之后，我开始重点研究叔本华、尼采的意志哲学，并由此关注康德意志哲学与胡塞尔意志现象学以及两者之间的内在关联。我对胡塞尔现象学的理解主要受益于康德哲学以及邓晓芒先生的引介和解读。如果说本书主要从现象学的视角来理解西方哲学，那么，这里的现象学首先是康德现象学和黑格尔现象学，其次才是胡塞尔现象学。第三个阶段是重点阅读施特劳斯的著作以及刘小枫先生的引介和解读，采纳其"隐微解释学"的解经思路。

本书第一部分重点解说西方古典哲学；第二部分讨论西方现代知识哲学；第三部分关注西方现代政治哲学。本书重点讨论了27位哲人。限于篇幅，还有一些重要哲人和哲学流派暂时未作专题讨论。讨论哪些哲人，不讨论哪些哲人，以及某些哲人在本书中所占的篇幅，大体显示了本书的选择和倾向。

有关"西方哲学"的著作和教材已经够多，为什么我还要写一本吃力不讨好的同类主题的书？本书力图在两个方面作出一点贡献：

第一，本书叙述某个哲人思想时，虽然也用"简述"的办法，但尽可能引用原著的原话，更重要的是，言必有据，凡引用，必有完整的脚注，便于读者查看哲人的关键思想及其原始出处。当然，我阅读和引用的原著主要限于商务印书馆的中译本。偶尔遇到难解难分处，才追溯其英文版。以往有关"西方哲学"的专著或教材几乎只概述而不注明出处，这让读者无法知道某个哲人的某个观点、某句话究竟出自何处甚至会出现以讹传讹的现象，比如有关柏拉图的"黑马与白马"的隐喻，目前学术界普遍以讹传讹。为了给出准确的注释，我不得不大量阅读原著，至少阅读我要引用的某个观点的相关章节。有时为了考证某个哲人的某个说法，我会花半天甚至更长时间去追查原始出处。

第二，本书并不完全拒绝采用"传统解释学"的方式去"简述"某些哲人的思想，但是，本书更重视从发生学研究和比较研究尤其是施特劳斯式的隐微解释学的视角为历史文本提供解释。在解读色诺芬、柏拉图、伊壁鸠鲁、马基雅维利、霍布斯、洛克、卢梭、尼采、海德格尔以及施特劳斯等哲人的文本时，本书区分了"文本的表面"和"文本的背面"所隐含的隐微教诲，追寻其言外之意或难言之隐。

4.《教育哲学》

2017 年出版第四本专著《教育哲学》，华东师范大学出版社出版。

当我出版《西方哲学："生命·实践"教育学视角之思》之后，我的《教育哲学》已经呼之欲出。

中国教育界已经出现多种《教育哲学》，以往的教育哲学虽然各有其存在的理由，但以往的教育哲学教材或专著不同程度地有三个缺憾：一是只有教育，没有哲学。貌似教育哲学，其实形同教育原理。二是只叙述各种教育流派，并不触及教育哲学的基本问题。或者说，貌似教育哲学，其实不过是教育哲学史。何况，教育流派是否就是教育哲学史，也难说。三是缺乏教育哲学的元研究与方法论思考，这让读者阅读了教育哲学之后，仍然不知道何谓"哲学方法"。

出于以上三个缺憾的考虑，我一直想写一本我所追求的教育哲学，而且，既不是多人编写的教材，也不是专题研究式的专著，我追求的是专著式的教材。唯一的问题在于，各个出版社已经出版了各自的教育哲学教材或已经确定了作者人选。我也无意于联系出版社，请求出版社准许我写一本专著式的教育哲学教材。"青青子衿，悠悠我心。纵我不往，子宁不嗣音？青青子佩，悠悠我思。纵我不往，子宁不来？"[1] 奇妙的是，2014 年春节之前，我接到华东师范大学出版社吴老师的电话，她邀请我撰写《教育哲学》。

这本书是我在上海写作的高峰，我对教育学的所有阅读和思考在这里汇聚。

本书出版之前，连续几年，我要么端坐在文科大楼 1622 室写作，要么一个人在丽娃小区 633 栋 601 闭门写作，足不出户，一连几个星期不下楼。一个人在家里写作的时候，每隔几天，就让阿姨帮我买菜，我自己做饭。后来，不想做饭了，就早晨出门买一堆馒头包子回家，饿了就热馒头包子。

1　详见《诗经·子衿》。

本书出版之后，连续几个月，我都保持一个习惯：午餐之后，回到办公室，躺在沙发上，拿着新书，看书的封面，看书的目录，看书的后记，看书的正文，然后感叹："写得真好！"

本书重点关注陆王心学和康德－胡塞尔主体主义哲学，但是，重点关注陆王心学和康德－胡塞尔主体主义哲学并不意味着完全否弃程朱理学或柏拉图－黑格尔实体主义哲学。从陆王心学与康德－胡塞尔主体主义哲学的理论视角出发，本书重点阐发四个教育原理。这四个教育原理构成本书的灵魂。

第一，社会转型必导致教育在刚性教育与柔性教育之间重新作出选择。乱世必重视"奖励耕战"之刚性教育。太平世必重视"休养生息"之柔性教育。处于乱世与太平世之间的小康社会则不得不重视刚柔相济的"新六艺"教育（文武双全、劳逸结合、通情达理）。

第二，有效的体育要么依赖于劳动，要么依赖于运动。劳动是平民的运动，运动是贵族的劳动。科技与艺术的进步并不总是有助于强身健体，相反，人类在追求"文明其精神"的同时，必须强化"野蛮其身体"。

第三，有效的道德与法治（德育改革）总是立足于情理冲突并由此走向情理交融。人虽然属于情感动物，但情感主义或纵欲主义必导致国破家亡。教育的首要问题是"尊德性"之德育，有效的德育总是既符合人性并由此承认人的情感欲望同时又需要以理制欲、以礼改情。

第四，有效的知识学习（智育改革）的关键在于如何处理心物冲突并由此走向学思结合、知行统一、"尊德性而道问学"的兴发教学。与之相关的问题是，在何种意义上可以认为，心物二元论以及由此派生的先验论与经验论之争（也可称为主体主义与客体主义之争、建构主义与实体主义之争）构成了历来的课堂教学改革或学习方式变革的基本分歧？为何说有效教学的关键在于情理交融（尊德性与道问学的互动）、学思结合、知行合一？在什么意义上，三者可统称为兴发教学？

本书的另外一个追求在于，不仅为教育和教育学的基本问题提供哲学视角的解说并提示相应的教育原理，而且为相关的解说提供中外教育哲学的历史根据。也因此，不同的读者可以从本书中获得不同的支持。对教育改革及其教育原理感兴趣的读者，可以重点阅读第一部分"教育哲学的基本问题"；愿意查找教育改革的中国智慧和西方智慧的读者，可以继续阅读第二部分"中国教育哲学"或第三部分"西方教育哲学"。

四、《全球教育展望》的兼职工作

2016年8月，我开始在《全球教育展望》编辑部兼职。在主编钟启泉老师和编委会主任崔允漷老师的指导和领导下，我与柯政、安桂清两位老师一起组成三人工作小组，承担杂志的常务工作。安桂清老师出国期间，由胡惠闵老师承担编辑部主任工作。在胡惠闵老师的帮助下，我们不仅更新了杂志的封面、版式和印刷纸张，而且建立了比较规范的投稿审稿制度和财务管理制度，进一步强化了《全球教育展望》的办刊特色。

2016年，编辑部制定了"投稿须知"。经过几次调整，逐步形成比较稳定的投稿制度。自2016年12月1日起，本刊一律采用投稿系统投稿。投稿地址为：http://www.kcs.ecnu.edu.cn/globaledu 或 http://wgjn.cbpt.cnki.net。

收到作者投稿之后，编辑部将在两周之内（节假日例外）向作者反馈"初审通过"或"初审未通过"的意见；初审通过之后，编辑部将安排两位专家"匿名审稿"（二审），作者可在投稿系统随时查看审稿进展和审稿意见。作者须根据专家审稿意见进行修改并在一个月内提交修改稿以及修改情况说明。编辑部会尽快将专家的审稿意见、作者的修改稿和修改说明三份材料一起提交定稿会讨论（三审）。二审时如果两位外审专家中有一位明确提出"建议不发表"，则不能提交定稿会讨论因而不能发表。定稿会将提出"同意发表"、"修改后发表"或"退稿"的终审意见。

另外，为了保证杂志每期有一个"大专栏"，除了作者自动投稿之外，编辑部邀请各个领域的知名专家协助本刊组稿。组稿程序一般为三个步骤。

（1）组稿人与编辑部协商组稿的选题。每次组稿的数量为三至五篇。组稿人负责督促作者撰写文章并组织初审。

（2）作者在本刊投稿系统投稿。编辑部将安排一位外审专家审稿。外审专家将作出通过、修改或不通过的意见。稿件经过外审专家审稿通过后，进入定稿会讨论。

（3）组稿人本人或邀请本领域有影响的专家针对本次组稿的各篇文章撰写一篇 6000 字以上的评论文章。

本刊实行初审、二审和三审（也称定稿会或终审）三级审稿制度。

（1）初审。作者投稿后，编辑部将在两周内给出初审通过或不通过的邮件通知。投稿系统每天收到大约 10 篇投稿，每月收到大约 300 篇投稿。初审通过率大约 10%，也就是说，每月初审通过的稿件大约 30 篇。

（2）二审。初审通过之后，编辑部安排两位专家外审。外审专家将作出通过、修改或不通过的结论。若作出"修改"的结论，外审专家将提出比较具体的修改意见。外审通过率大约 50%。每月二审通过的稿件大约 15 篇。

（3）三审（定稿会）。每月上旬第二个周三下午召开定稿会，若遇特殊情况，则灵活调整。定稿会采取"集体审议＋实名投票"的方式对稿件进行审议。编辑部对投票结果进行统计，形成通过、修改或退稿的结论。若作出"修改"的结论，定稿将会提出具体的修改意见，由编辑部或参与定稿会的某位委员专门向作者传达修改意见。定稿会通过率约为 90%。定稿会通过的稿件纳入刊发范围，择期发表。

编委会委员作为独立作者或第一作者投稿或其他特约稿不经过初审和二审，直接进入定稿会讨论。

《全球教育展望》的第一个特色是教育期刊与学术团队相结合。杂志所依托的主要学术团队是华东师大课程与教学研究所（简称"课程所"）。本刊之所以比较成功，正因为课程所为本刊提供了强大的学术支持。本刊之所以为外界非议，也还是因为课程所对本刊的影响太大，本刊所发表的论文较多出自课程所。这导致外界一度讥讽《全球教育展望》乃是"所刊"。后来编辑部作出调整：必须扩大本刊的作者来源，尽量使作者多样化。本校博士生投稿前必须先在其他 C 刊发表一篇论文。

《全球教育展望》的第二个特色是审稿专业化。课程所每一个老师都承担了审稿任务。崔允漷老师称之为"举全所之力办杂志"。"举全所之力办杂志"

不仅指课程所每年拿出专项经费支持杂志的经营，也不仅指全所老师每人每年给杂志投稿一篇文章，更重要的是，课程所的老师为杂志承担另外两项重要工作：一是全所老师都承担审稿任务。二是课程所的所有教授作为编委会常务委员，参与定稿会的审议工作。

《全球教育展望》的第三个特色是将"课程与教学"研究作为核心栏目。我个人最初希望改变这个办刊方向。改变的理由是：如果本刊过于突出"课程与教学"这个栏目，就会使"全球教育展望"这个杂志名称显得名不副实，它使"全球教育展望"变成了"全球课程展望"。但是，后来我们形成共识，继续将"课程与教学"研究作为本刊的办刊特色和办刊方向。理由是：任何一份教育期刊都需要有自己的专栏特色，这个专栏特色就是杂志的灵魂。如果本刊真能实现和维护这个办刊目标，那么，国内外研究者若想了解全球范围内的课程与教学改革的前沿理论或历史经验，他们很可能首先想到的就是去查阅《全球教育展望》。按照这个定位，本刊形成了比较稳定的九个主要栏目：国际教育改革前沿、课程教学基本理论、学科教育新视野、学习研究与课堂转型、课程改革中国经验、海外中国教育研究、教师教育研究、考试与评价改革、教材研究。

我做《全球教育展望》兼职的主要任务是和柯政老师一道负责约稿、审稿并编辑每一期将要刊发的论文。具体的排版和校对工作由编辑部主任安桂清老师全面负责。

在约稿、审稿和编辑的过程中如何既坚持审稿的原则性，又保持必要的灵活性？这不是我的工作重点，却是我的工作难点。

约稿的难题是：既要向名人约稿，又要妥善处理名人投稿之后的审稿与刊发程序。比较麻烦的问题是：向某个名人约稿之后，所获得的稿件未达到本刊发表的基本要求。

审稿的难题是：既要对所有的投稿者或作者一视同仁地审稿，同时又要适当关照周围的同事、朋友以及他们的学生的投稿。偶尔还要妥善完成个别领导嘱咐的特别任务。

本书第一版由四川教育出版社出版（2006 年）。第二版由高等教育出版社出版（2011 年）。本书是第三版。最初出版《教育自传》时，我就暗自决定，以后每五年左右，再版一次。

2006 年前后，那是我在华南师范大学入职以来最得意的一段时间。生活轻松，教学被认可，学术上已形成比较稳定的研究领域和研究方向。那时女儿年幼，尚未进入幼儿园，正是天真、可爱、无邪的年龄。

2011 年前后，陆续出版《教育研究方法》、《教师专业成长》、《新父母学校》和《叙事教育学》。那时女儿已经进入小学。我的生活、教学和学术研究出现第二个小高潮。

2016 年，回到华东师范大学工作之后，我的生活发生了比较大的变化。我的学术研究也因为《教育研究方法》（第二版）和《教育哲学》这两本书的出版而走向新的方向。于是，我开始修订《教育自传》，准备形成第三版。

与前两版相比，第三版更新了 60% 以上的内容。增加了"我的堂兄"、"我的 UNCLE"，重写了"陈老师教语文，也是班主任"。尤其重要的是，大量增加了"我的硕士生活"、"我的博士生活"、在华南师范大学的教学与写作以及同事与朋友、在华东师范大学的教学与写作。此外，特别讲述了在《成人教育》、《家庭医生》和《全球教育展望》等编辑部做兼职的故事。

我已经撰写了"在上海的同事与朋友"、"华东师范大学课程所的风格"，考虑到涉及太多真实而具体的人事关系，为避免不必要的情绪波动，计划留待下一版再完整呈现。

很多朋友问我：当初为什么会想到要写这么一本书？我之所以写这本书，至少有以下几个原因：

第一，为了积累案例。我讲家庭教育和教师教育时，经常回忆我的父母如何教育我和我的老师如何影响我的经历。这些真实的经历比别人的故事更具有案例教学的证据魅力。

第二，为了表达感激。我写了我的祖父母、我的父母、我的伯伯叔叔、我的兄弟姐妹、我的朋友、我的老师、我的同事、我的爱人和我的女儿。我用"教育自传"的方式回忆和确认他们给予我的爱和帮助，我用文章表达对他们的感激。比如，当我写我的祖父祖母、我的父亲母亲时，我发现这是我送给他们最好的礼物。

第三，以历史代宗教。中国人并非没有宗教，中国人以历史代宗教。人之所以愿意行善而不敢作恶，就因为人的行善或作恶会被历史记录下来。我以"个人生活史"的方式记录自己和他人的善恶。任何人的行善或作恶，都可能被历史记录而为历史担责。

第四，为了自我反思。教育自传可以把曾子的"吾日三省吾身"或萧恩的"成为反思性实践者"实现出来。在这本书里，我写了我的朋友和爱人。我写他们如何友善的同时，也反省我自己人格上的缺憾。有些缺憾几乎不可能获得改善，比如，我虽向往"宠辱不惊"、"唾面自干"的斯多葛学派式的不动心境界，但我的日常生活更接近范睢"必偿必报"的心胸。尽管如此，有些缺憾还是可以经过反省而得到改良的，比如，尽量像李臣之师兄那样低调而尊敬长辈，尽可能像高师妹那样宽容而不臧否他人。

第五，为了教育的忏悔。教育自传有时就是教育忏悔。我做过正确的事，也做过那么多错误的事。那些犯过的错误让我感到难堪，我把它写出来，既作为一种道歉，也为未来的年轻人立一个警示。

　　初稿形成后，我请高师妹、堂兄刘文华、华南师范大学刘朝晖老师帮我审阅书稿。他们提出了不少修改意见。特此感谢！

刘良华

2018 年 9 月 9 日

上海苏州河畔·文沁苑